# 미 래 중 독 자

# THE INVENTION OF TOMORROW

# 미 래 중 독 자

## 오늘을 버리고 내일만 사는 별종, 사피엔스

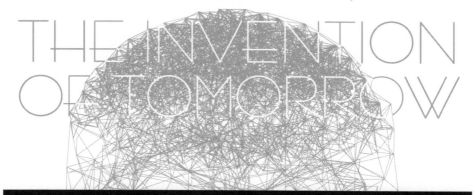

THE INVENTION
OF TOMORROW

멸종 직전의 인류가 떠올린
가장 위험하고 위대한 발명, 내일

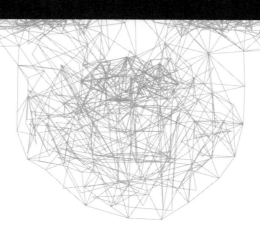

다니엘 S. 밀로 지음

양영란 옮김

추수밭

한 그루의 나무가 모여 푸른 숲을 이루듯이
청림의 책들은 삶을 풍요롭게 합니다.

# 한국의 독자들께 드리는 글

　내 책이 한국에 소개된다는 소식을 듣고 당연하겠지만 한국에 대해 더 많이 알고 싶다는 생각이 들었다. 그리고 한국에 대해 관심을 가지고 더 많은 자료를 찾아 읽어볼수록 내가 왜 진작 한국의 고대 문명에 대해 알지 못했을까 하는 부끄러움을 느꼈다. 아마도 한국에서 '서양인'이라고 부를 이 가련한 사람들이 '한국'이라는 단어를 들었을 때 가장 먼저 떠올리는 이미지는 삼성과 핵폭탄일 것이다. 한국의 누군가는 삼성과 핵을 동시에 떠올리는 데 불쾌감을 느낄지도 모르겠고, 반대로 한국의 어떤 이들은 그 둘이 묘하게 어울린다는 짓궂은 생각을 할지도 모르겠다. 이에 대해 한국의 독자들께서는 너무 노엽게 생각하시지 않았으면 좋겠다. 이러한 무례는 한국인들이 '이탈리아'라고 하면 가장 먼저 떠오르는 것이 피자와 마피아인 것이나, '이스라엘'이라고 하면 탈무드와 팔레스타인부터 떠올리는 것과 그다지 다르지 않을 것이다. 아마도 그럴 것이라고 믿는다.

　새삼스럽지만, 나의 책이 한국의 독자들께 다가간다. 그리고 한국에 대해 이것저것 배워가면서 문득 이런 생각이 들었다. 한국에서는 저 멀리 '서양'에서 출간된 《미래중독자》의 존재를 알고 먼저 손을 내밀어줬다. 하지만 서양인들 가운데 '코리아'라는 이름이 고려에서 유래했으며 고려라는 이름 또한 저 멀리 고구려에서 온 것임을 아는 사람들은 얼마나 될까? 고구려가 로마제국과 같은 시대에 존재했던 강력한 국가 가운데 하나였으며 만주 지역과 현재 러시아 지역의 일부를 지배했었다는 것을 아는 사람은 또 몇이나 될까? 불교 선종Zen Buddhism의 한국 버전인 '선禪', '젠'이 아닌 한국의 선이 가진 특별함에 대해서는 몇 명이나 알고 있을까? 이와 동시에 서양인들은 한국 인구의 4분의 1이 기독교를 종교로 삼았다는 것도 알고 있을까? 나와 내 친구들이 그리는 한국은 과연 어떤 모습일까? 이러한 이유에서 한국 독자들에게 《미래중독자》를 소개하며 인사하는 것이 멋쩍게 느껴지기도 한다.

　여기까지 읽고 혹시 눈치 챈 한국의 독자들이 있을지도 모르겠다. 나는 이 글에서 나의 책이 다가갈 독자들을 '남한사람South-Korean'으로 한정짓지 않고 그저 '한국인Korean', 한국의 독자들이라고 적는다. 이런 나의 단어 선택이 한국의 깊은 역사와 복잡한 사정을 모르는 데 따른 천진함에서 비롯된 것일지도 모르겠다. 그럼에도 불구하고 내가 확신하는 것이, 확신하고 싶은 것이 있다. 이 책은 남한뿐만 아니라 모든 한국 독자들에게 전하고 싶은 이야기라는 것이다.

　이 책은 '내일'의 역사를 이야기한다. 이 책은 과거―현재―미래로 흘러가는 시간의 화살이라는 것은 허구에 불과하다고 말한다. 오직 과거와 현재만이 실재하고, 반면에 미래라는 것은 인간이 만든 발명품이라고 이야기한다. 자연에서 '미래'라는 것은 없다. 모든 생물, 심지어 미생물까지도 기억을 가지고 있으며, 모든 생물은 현재를 경험하고 있다. 그러나 오직 인간만이 과거를 기억하는 것을 넘어 다른 것을 상상할 수 있다. 그리고 인간은 비현실인 것을 상상하는 것에만 그치는 것이 아니라 그것을 타인과 공유하고, 이전에는 존재하지 않았던 것을 계획하고 실현해낸다. 멸종 직전의 인류는 어느 날 문득 '내일'이라는 것을 떠올렸고, 그 순간 폭발하면서 아프리카를 떠나 지금에 이르는 위험하고 위대한 길을 걷게 되었다. 그렇게 인간은 삼성 핸드폰을 만들었고, 불행히도 핵폭탄도 만들었다. 내일은 우리 인류를 이끌었고 동시에 인류를 옭아맨 속박이 되기도 한 것이다.

이처럼 내일이 '발명'된 이후 한 번도 일어나지 않았거나 또는 아마 앞으로도 절대 일어나지 않을 것 같은 일이 바로 우리 삶의 중심이 되었다. 상상하기 어려운 일들이 내일 일어날지도 모른다는 아주 작은 가능성은 우리 인간의 머리 위를 맴돌았고, 급기야 꿈으로까지 나타나게 되었다. 그것에 대해 한국에 사는 사람들보다 더 똑똑하게, 그리고 더 깊이 아는 사람이 있을까? 민족과 지역을 막론하고 '내일'이라는 개념은 막연한 기대와 희망을 전제로 한다. 그리고 동시에 '내일'은 불행의 원천이 되기도 한다. 특히 오늘날 한국의 젊은이들은 희미하기만 한 '내일의 희망'을 위해 기꺼이 오늘의 즐거움을 포기해가며 누구보다 치열하게 노력하는 한편, 다가오지 않은 내일에 얽매여 그 두려움 때문에 노후 계획이나 결혼, 출산 등 많은 것을 포기한 채 오늘에 만족한다고도 한다. 인류가 미래라는 발명품에 중독된 별종이라고 한다면, 한국인들께서는 인류의 어떤 상징이 될지도 모르겠다.

낙천적으로 말을 걸었으니 일관성 있게 낙천적으로 마무리하고자 한다. 인간이 가진 위대함의 원천인 미래가 동시에 우리 각자 또는 전체 인류에게 불행, 불교에서는 번뇌煩惱라고 부르는 것을 가져 오기도 한다는 것을 가끔 떠올려 보는 것도 어떨까. 6만 년 전 아프리카 대륙 북동부 '아프리카의 뿔the Horn of Africa'에서 생겨난 미래라는 발명품은 인류에게 그 전까지는 들어보지 못했던 선택지와 가능성을 줬다. 그리고 미래와 더불어 인간에게는 환상, 불안, 초조함 또한 생겨났다. 다시 이쯤에서 눈치 빠른 한국의 독자들께서는 눈치 챘을지도 모르겠다. 판도라의 상자에 마지막까지 남아 있는 것은 희망이었다. 부디 한국 독자들의 내일에는 불안을 이겨낸 희망이 있기를 기원한다!

다니엘 S. 밀로

사피엔스는 뇌의 유혹을 받고
'내일'이라는 선악과를 떠올렸다.
이제 사피엔스는 더 이상 '영원한 오늘'을 사는
행복한 동물로 돌아갈 수 없게 되었고,
내일을 상상하며 불안해하는
최초의 동물인 인간이 되었다.

"지금 여기만 아니면 어디든 좋다."
그렇게 인간은 다가오지 않은 내일을 상상하며
오늘을 사는 낙원인 아프리카를 떠나
잉여를 축적하는 낯선 세상으로 나서게 되었다.

제 1 장
거품

인간은 왜
너무, 넘치게, 지나치도록
진화했을까?

## 제 3 장
# 전이

내일을 발명한
인류의 내일은
어떻게 진행될까?

## 나가는 글을 대신하는         과잉

THE INVENTION OF TOMORROW

아담과 이브.
아당 요르덴스 Jacob Jordaens. 1640년경.

## 들어가기 전에

이 책은 당신에 대한 이야기입니다. 이 책은 당신을 위해 쓰였습니다. 비록 이 책에서 당신 이름이 인용되거나 당신의 사생활이 소개되지는 않을지라도, 이 책의 주인공은 분명 당신입니다. 한 개체로서의 당신이 아니라 인간이라는 종種으로서의 당신 말입니다. 이 책은 우리, 즉 당신과 나를 특징짓는 것, '지나침'에 관한 해석을 제안합니다. 과연 그럴까 하고 의심하실지도 모르겠습니다. 그렇다면 주변을 둘러보시기를, 그리고 스스로의 내부를 들여다보시기를 권합니다. 우리에게는 얼마나 많은 물건들과 얼마나 많은 생각들이 산재해 있을까요. 그것들 가운데 반드시 필요한 것은 단 한 가지도 없습니다. 그 같은 지나침의 바탕에는 미래를 내다보며 대안적인 현실을 상상하는 능력이 있습니다. 지금으로부터 5만 8,000년 전 아프리카에서 '내일'이 발명되지 않았다면, 우리 인간도 다른 동물들처럼 간소하게 살았을 것입니다. 이 책에서 우리는 지나침의 결정체에 대한 계보, 이를테면 인터넷이라는 괴물이 탄생하기까지의 계통 발생을 따져보고자 합니다.

# 최고의 축복이자 저주, 내일

> 내일이 무엇으로 이루어질지는 아무도 알지 못한다.
> 오직 인간만이 내일이 존재한다는 것을 안다.

이 책은 한 철학자가 진화론을 탐구한 끝에 내놓은 보고서다. 동료들이 거의 발을 들여놓지 않은 영역으로의 여행에는 지나침의 기원을 찾아내겠다는 명확한 목표가 있었다. 이 세상엔 너무 많이 있으니까. 많아도 너무 많이 있으니까. 무엇이 너무 많으냐고 물어볼지도 모르겠다. 모든 것이 너무 많다. 가령 어제 맛있게 먹은 음식만으로 만족하기에는 메뉴판에 너무 많은 종류의 음식이 있다. 《리트레Littré》 사전에는 'étonnant(놀라운, 뜻밖의, 감탄할 만한 등을 뜻하는 프랑스어)'이라는 표제어와 관련해 어느 한 단어만으로 만족하기엔 너무 많은 동의어가 수록되어 있다. 의미라는 것이 있는지는 모르겠지만, 어떤 인물을 놓고 보더라도 의미를 갖기에는 그에 관한 정보가 너무 많다. 올림픽에는 종목이 너무 많고, 각종 법이며 변호사도 너무 많고, 헛된 희망도 실현되는 꿈도 너무 많으며, TV 채널도 너무 많고, 아파트 현관을 칠할 크림색 페인트도 종류가 너무 많다.

다이앤 폰 퓌르스텐베르크Diane von Fürstenberg가 옳았다. "우리 모두는 옷을, 지방을, 모든 것을 너무 많이 생산했다. 더 이상 뭔가를 필요로 하는 사람은 아무도 없다. 지금 옷장 안에 있는 것만으로도 얼마든지 충분하다."1

상황은 갈수록 나빠지고 있다. 1840년 미국에서 실시된 조사에서는 광기와 백치라는 두 가지 종류의 정신질환이 언급되었다. 그런데 1880년 미국의 정신과 의사는 강박증, 우울증, 편집증, 부전마비(운동 신경의 부분적인 마비), 치매, 주기적 폭음, 간질 이렇게 일곱 가지 범주의 정신질환을 다루게 되었다. 그러더니 1994년에는 정신과 의사들의 성경이라고 할 수 있는《정신질환 진단 및 통계 편람Diagnostic and Statistical Manual of Mental Disorders IV》(DSM-IV)에 오른 정신질환이 297가지에 이르게 되었다. 2013년에 발표된《DSM-5》에서는 300가지를 가뿐히 넘어서는 정신 줄 놓는 방식이 열거되었을 것이다. 그러므로 우리에게는 자연선택을 향해 어떻게 해서 이처럼 본질적으로 불필요한 것에 마음을 쏟는 피조물들이 태어날 수 있었는지에 대해 설명을 요구할 권리가 있다.

우리는 외부적으로든 내부적으로든 우리에게 잠시의 휴식도 허용하지 않는 너무도 많은 선택지에 시달린다. 공급이 풍부할수록 사람들은 수요를 느꼈던 데 대해 훨씬 더 빠르게 후회하게 된다. 그럼에도 삶은 우리에게 선택을 강요한다. 우리는 선택하고 또 선택해야 한다. 제아무리 햄릿이라 한들 언제까지고 선택을 미루는 마비상태에 머물 수만은 없다. 불필요한 선택을 해야만 하는 것은 인간의 조건이며, 가지 않은 길에 대해 한탄할 수밖에 없는 것 역시 그러하다.

아무도 벗어날 수 없는 지나친 풍요의 굴레를 낳은 원흉은 두말 할 나위 없이 우리의 뇌다. 우리의 두개골 내부에서 지나치게 비대해진 이 신체기관은, 요구가 있든 없든 항상 보다 많은 옵션을 만들어냄으로써 그 기관의 소유자로 하여금 진정성이 결여된 삶, 후회로

**너무 I_** 평균값에서 현격하게 멀어질 경우, X는 너무 나가지만, 그렇다고 해서 X가 위험이 놓이는 것은 아니다. (예) 호모 사피엔스는 땀샘을 가진 다른 종들에 비해서 땀을 더 많이 흘린다.

**너무 II_** 평균값에서 멀어질 뿐 아니라 그로 인해서 위험할 정도로 재앙에 다가간다. "너무한 건 너무한 거라고" 말할 때처럼 말이다. (예) 피의자가 동일한 하나의 질문에 대해 어찌나 자주 이랬다 저랬다 말을 바꾸는지 판사는 그의 말이라면 한마디도 믿지 않게 된다. 그런데 도대체 '너무'가 몇 개나 모여야 너무한 게 되는 걸까How much is too much?

**인간homme_** 상상 가능한 거의 모든 분야에서 '너무 I'을 밥 먹듯이 실천에 옮기지만, 그렇다고 해서 '너무 II'로 넘어가지는 않는 동물.

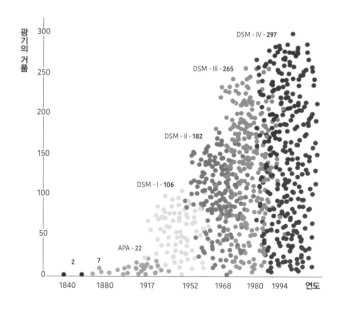

정신 질환의 범주

미 래 중 독 자

가득한 삶을 살게 만든다. 창조의 보석이자 우리의 영광이며 구세주인 뇌는 동시에 어쩌다가 그토록 많은 낭비와 불편함의 원천이 되었을까? 생존을 위해 가차 없이 투쟁해야 하는 피조물이 어떻게 스스로에게 그 같은 낭비와 불편함을 허용할 수 있다는 것일까?

이 두 문제에 대해서라면 인간이라는 종이 최후의 투쟁에서 승리를 거두었기 때문이라는 단 하나의 답만이 가능하다. 인간이 최후의 승리를 거둔 까닭은 인간의 뇌가 영원불패를 보장해줬기 때문이다. 그리고 인간이라는 종 일반이 지닌 지적 능력 덕분에 개별적인 종의 구성원 각자는 '다윈식'의 종족 보존을 확고히 하기 위해 그들이 지닌 대부분의 능력을 사용하지 않아도 되었다. 가령 우리의 조상들 개개인은 태곳적부터 강으로 물 길러 가기, 동굴을 적정 온도로 데우기, 먹을거리 사냥하기 등의 임무를 수행해왔다. 그런데 이제는 개인이 아닌 사회가 그와 같은 임무를 수행한다. 자연에서는 개미와 꿀벌 등을 제외하면 생명체 각각이 개체의 보존을 이루어 왔다면, 오늘날 우리가 필요로 하는 것들의 대부분은 공동체에 의해 조달된다. 이런 의미에서 보자면 인간은 어른 흉내를 내는 영원한 어린아이라고 할 수도 있다.

인간이라는 종 일반이 인간 각각을 보살필 경우, 우리의 대뇌 피질을 구성하는 150억 개의 뉴런들 가운데 대다수는 사실상 기술적 실업 상태에 놓이게 된다. 그렇다면 이 뉴런들은 과연 남아도는 시간을 어디에 쓰고 있으며, 자신들의 능력을 어떤 방식으로 발휘하는 것일까? 그 뉴런들은 인위적으로 문제를 만들어 내고, 그 문제들을 해소하기 위한 인위적인 해결책들을 만들어낸다. 그 과정에서 다시금 새로운 문제들이 발생하게 되고, 그렇게 되면 새로운 해결책이 뒤따르게 되는 방식이 계속 이어진다. '고르디우스의 매듭'은 이와 같이 문제와 해결책이 끊임없이 이어지는 현상의 좋은 사례라 할 수 있다.

프리기아에 왕이 없던 시절 사람들은 각자 제멋대로 행동했다. 프리기아인들에게는 다행스럽게도 올림피아산 정상에 아직 신들이 남아 있었고, 그 신들의 생각을 읽을 줄 아는 신탁도 건재했다. 신탁은 주민들에게 제일 먼저 소달구지를 끌고 시내로 들어오는 자에게 왕관을 씌울 것을 명했다. 고르디우스라는 이름을 가진 농부가 소들이 끄는 수레에 그날 시장에서 팔 채소들을 싣고 그 자신도 수레에 올라탄 채 시내로 들어오는 성문을 통과했다. 마가목 껍질로 꼬아 만든 동아줄로 수레를 신전의 한 기둥에 묶자마자 주민들이 그에게 몰려왔다. 놀란 농부는 얼떨결에 왕좌에 올랐다. 주민들은 수레를 옮기려 했으나 성공하지 못했다. 왕좌에 오른 농부 고르디우스마저도 자기가 맨 매듭의 어느 한쪽 끝조차 풀지 못했다. 수레를 끌던 소들은 고르디오스의 아들 미다스가 신들에게 제물로 바쳤다.

기원전 333년, 마케도니아의 젊은 왕 알렉산드로스의 귀에 프리기아에 절대 풀 수 없는 매듭이 존재한다는 소문이 들렸다. 소문에 따르면 고르디우스의 매듭을 푸는 자가 아시아 전체를 차지한다고 했다. 매듭을 풀 수 있는 끄트머리를 찾아내지 못한 알렉산드로스는 검을 들어 매듭을 두 동강 내고는 유유자적하게 인더스강까지 진격했다.

역사는 아리스토텔레스의 제자로 어려운 문제를 맞아 간단명료하고도 직접적인 해결책을 제시한 이 젊은 대왕에게 찬사를 보냈다. 그런데 이 신화에서 진정한 문제는 매듭 자체가 아니라 고르디우스다. 그는 시장에 오면서 자신이 왕이 되리라고는 짐작조차 할 수 없었을 것이므로 그가 그런 식으로 매듭을 맨 동기에 대해서 궁금해하지 않을 수 없다. 도대체 그는 집에는 어떻게 돌아가려고 했을까? 수레를 두고 걸어서 가려고 했을까? 뚜렷하게 드러나는 이유도 없으면서 그가, 그 무지한 농부가 그런 식으로 절대 풀 수 없는 매듭을 지은 이유는 도대체 무엇이었을까?

물론 이는 공허한 수사학적 질문에 불과하다. 일을 저지른 장본인은 우리 모두가 아주 잘 아는 우리의 뇌, 뇌라고 하는 악마니까 말이다. 뇌에게는 문제가 있을 때 해결책을 제시하는 기능이 있다고 여겨진다. 그런데 뇌의 입장에서 보자면 해결책이라고 하는 것은 사실 독이 든 휴식일 뿐이다. 일단 해결책을 찾아낸 뇌는 멜랑콜리에 빠지게 되고 이는 곧 우울증으로 이어진다. 만일 빠른 시일 내에 해결책을 찾아내야 할 다른 문제가 없다면, 다시 말해서 앞선 문제보다 더 치열하게 파고들어야 할 문제가 주어지지 않는다면, 우리의 뇌는 틀림없이 의기소침해질 것이다. 따라서 150억 개의 뉴런이 원하는 것은 해결책이 아니라 문제들이다. 우리는 아주 어릴 때부터 우리의 부모에게 퍼붓는 "하느님이 정말 계실까요?", "석양은 왜 빨개요?", "아빠 엄마가 없으면 나는 어떻게 되나요?"처럼 알쏭달쏭한 질문들에 대해 자부심을 느꼈다. 그런데 부모의 뒤를 이어 우리 자신이 부모가 되었을 때, 우리는 아이 질문에 답하는 것을 전염병처럼 피한다. 그러면서 우리의 뇌는 잽싸게 미리 준비해놓은 변명을 늘어놓는다. "그건 그렇게 간단하지 않거든!" 또는 "사정은 그보다 훨씬 복잡하지" 같은 말들이 바로 이러한 변명에 해당된다.

질문하지 않는 뇌는 원래의 소명을 저버린 뇌다. 1900년 파리에서 열린 국제 수학학회에서 다비드 힐베르트David Hilbert는 미래 세대가

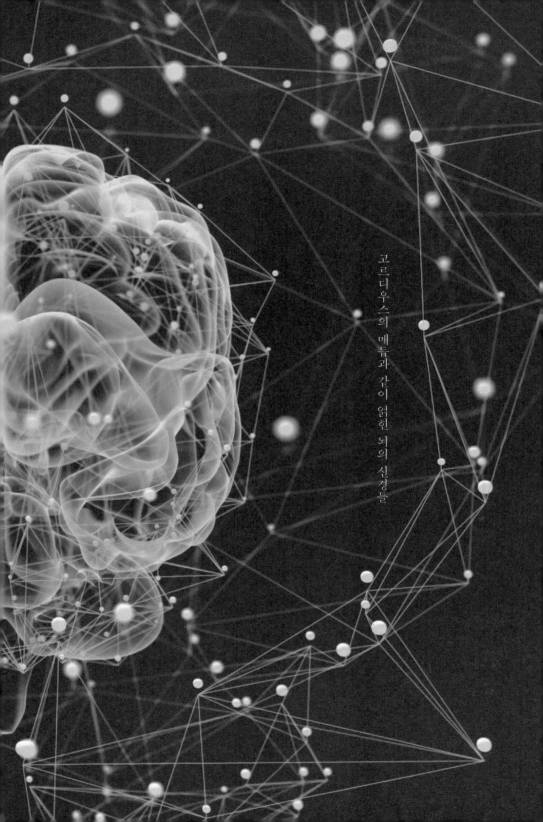

고르디우스의 매듭과 같이 얽힌 뇌의 신경들

풀어야 할 스물세 개의 문제를 제시했다. 20세기 수학자들이 그 문제들을 물고 늘어진 결과 우리 세기엔 스물세 개 가운데 이제 여섯 문제만 남았다. 운이 좋았는지 일부 논증에 대해서는 부분적으로만 합의가 이루어졌으며, 다른 논증들은 새로운 문제점을 낳았다. 그러므로 '끝'이라는 단어를 발설하기에는 아직 너무 이른 감이 있다. 따라서 그를 기리기 위해 용감한 농부 고르디우스를 본 딴 조각상을 세우고, 미로와 풀리지 않는 매듭을 경배하는 것도 아주 그릇된 처사는 아닐 것이다.

한편 알렉산드로스 대왕의 검에 대해서는 지루함의 상징으로 경멸함이 마땅하다. 그의 끝없는 정복욕은 마르지 않는 불행의 샘이었으며, 그 불행들 가운데 일부는 오늘날에도 커다란 반향을 일으키고 있다. 단지 인간의 뇌를 지녔다는 이유만으로 오래도록 풀리지 않는 수수께끼를 만들어낸 일자무식 농부야말로 이 책의 주인공 가운데 한 명이다. 그의 미친 짓에 경의를 표하기 위해 나는 고르디우스 척도를 고안했다. 이 책을 전개해나가는 과정에서 만나게 되는 주요 난점들에는 0에서 3까지의 **'고르디온 지수'**가 수여될 것이다.

선사시대식으로 말하자면 호모 사피엔스가 보여주는 첫 번째 지나침은 바로 뇌 크기다. 호모 사피엔스의 뇌 용량은 적어도 20만 년 이래로 줄곧 1,350㎤ 정도를 유지해왔다. 반면 비슷한 체격을 가진 영장류의 뇌는 400㎤ 정도에 불과하다. 그렇다면 호모 '사피엔스'라는 타이틀을 얻기 위해서는 뇌 용적이 어느 정도 되어야 하는 걸까? 황당하게 들리지만 이 질문은 구석기학뿐만 아니라 이 책에서도 핵심을 이룬다. 도구를 창조하고 불을 길들이는 데 성공한 네안데르탈인의 뇌 용적은 무려 1,600㎤인 반면, 호모 에렉투스는 불과 1,000㎤짜리 뇌로도 같은 업적을 이루었다. 호모 하빌리스는 600㎤으로도 도구를 만들었지만 불까지 길들이지는 못했다.

2003년 두개골의 용적이 뚜렷하게 하강 곡선을 그리게 되는 사건이 발생했다. 아시아에 거주했던 호모 사피엔스와 최초로 오스트레일리아를 식민지화한 호모 사피엔스 사이를 이어주는 연결고리를 찾는 데 열을 올리던 구석기학자들이 인도네시아의 플로레스섬에서 거의 손상되지 않은 상태로 남아 있는 작은 크기의 호미니드 해골을 발견한 것이다. 아주 작은 크기의 이 유골은 여성의 것으로 신장은 1미터, 두개골 용적은 380㎤에 불과했다. 두개골 용적이 특히 관계자들을 놀라게 했는데, '호모' 급도 되지 않는 미라 루시의 두개골 용적만 해도 그보다 훨씬 더크고 몇몇 침팬지의 경우도 마찬가지였기 때문이다. 함께 발굴된 십여 개의 유골들 역시 유사한 크기였으므로 수수께끼는 커져만 갔다. 이들은 과연 우리와 같은 종에 속했을까? 같은 종에 속하지만 어린아이 혹은 난쟁이, 그것도 아니면 소두증에 걸린 성인들인 것일까? 그러나 거의 모든 구석기학자들은 이 세 가지 가설을 모두 배제했다. 시대적으로 맞지 않는다는 이유 때문이었다. 작은 호미니드들은 4만 년 전 호모 사피엔스에 의해 섬이 식민화되기 훨씬 전부터 플로레스섬에 거주했던 것으로 판명되었다.[2]

이제까지 알려진 그 어느 종에도 속하지 않는 이들 13인의 피조물에게는 호모 플로레시엔시스Homo floresiensis, 또는 '호빗'이라는 이름이 붙었다. 재레드 다이아몬드Jared Diamond는 이들을 가리켜 "모든 분야를 통틀어 지난 10년 동안 이루어진 가장 놀라운 과학적 발견"[3]이라고 평했다. 확실히 "이들은 치장을 하지 않았고, 화장도 하지 않았으

며 죽은 이들을 매장하지도 않았다. 하지
만 이들은 긁는 연장과 모루, 끌 종류를 비
롯해 돌로 만든 각종 도구들을 다루는 데
능했다."[4] 이들에게는 불의 사용도 낯설지
않았다.

호미니드Hominidae_ 인간 계보를 가리키는 공식적인 용어는 호미닌hominines이지만 침팬지와 분리된 이후의 인간과 인간의 조상을 지칭하기 위해 호미니드라는 용어를 사용하고자 한다. 원래 호미니드는 인간을 포함해 우월한 원숭이들을 일컫는다.

　호모 플로레시엔시스의 쾌거는 우리에게 많은 화두를 던진다. 3분의 1 정도의 용량만으로도 하나의 문명을 이룰 수 있다면 과연 $1,350cm^3$에 이르는 뇌 용량으로 우리가 얻을 수 있는 이점은 무엇일까(고르디온 지수3)? 이점은 모르겠지만 약점은 명백하다. 호모 사피엔스의 뇌는 생물계에서 가장 왕성한 식욕을 자랑하는 기관이다. 호모 사피엔스의 뇌는 그를 소유한 자가 필요로 하는 전체 열량의 22퍼센트를 소비한다. 이는 영장류 8퍼센트, 포유류 평균 4퍼센트와 비교할 때 엄청난 비중이다. 호빗들로 말하자면 호모 사피엔스에 비해 세 배나 적은 에너지로 동일한 결과를 이루었다.

　이 최초의 낭비는 그 후로도 계속 나타나게 될 낭비들 가운데 하나로, 자연선택은 최소의 투자로 최대의 이익을 추구하는 경제성을 선호한다는 진화 이론의 중심 교리와 대놓고 배치된다. 너무 많은 수의 뉴런, 머리카락, 백혈구 등으로 무장한 신체 기관은 생존과 번식을 위한 투쟁 과정에서 적정 수로 무장한 경쟁자에게 밀려나게 된다. 다윈과 더불어 진화론의 창시자인 앨프리드 러셀 월리스Alfred Russel Wallace는 "자연선택에 따르자면 원시 인간은 원숭이의 뇌보다 약간 우월한 정도의 뇌를 갖는 것만으로 만족할 수 있었을 텐데도 철학자의 뇌에 비해 아주 조금 열등한 정도의 뇌를 소유하고 있다"고 주장했다.[5]

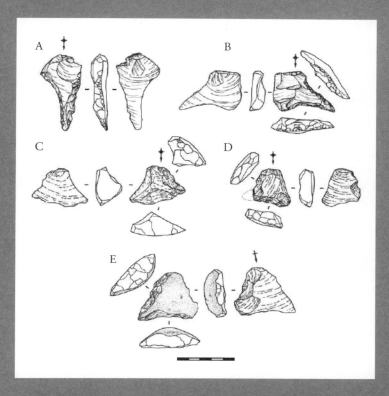

400㎤의 뇌 용적을 가진 호모 플로레시엔시스가 사용했던 도구(A, B)와 1,000㎤의 뇌 용적을 가진 호모 에렉투스가 사용했던 도구(C~E).

아담 브룸 외Adam Brumm & al, "Early stone technology on Flores and its implications for Homo floresiensis", 《네이처Nature》 441호, 2006년.

이렇듯 최초로 나타난 거품은 뇌의 과도한 성장이다. 인구 거품(적응도fitness)은 이보다 훨씬 뒤에 나타난다. 인간이라는 종의 수는 약 6만 년 전까지만 하더라도 5만(5,000을 기점으로 병목 현상이 등장하기 시작한다!) 주

**의인화_** 이 책에서도 가장 널리 확산되어 있으며 가장 치명적인 진화생물학의 오류인 자연선택의 의인화를 피하지 못했다. 자연선택이란 하나의 힘 또는 기제가 아니라 상식에 근거한 확률, 곧 주어진 환경에서 지배적인 조건에 잘 적응하는 개체는 같은 조건에 놓인 경쟁자들에 비해서 생존할 확률이 더 높다는 의미다.

위를 맴돌았다. 여기서 한 가지 역설이 드러나는데, 우리 조상들의 뇌는 조상들이 도구를 만들고 불을 제어하며 고래 같은 동물들에 비해서 월등하게 풍부한 언어 구사를 가능하게 해주었지만, 그로 인해 우리 조상들이 이렇다 할 혜택을 누린 것은 아니었다. 그도 그럴 것이 당시 아프리카에는 인간보다 침팬지의 개체 수가 훨씬 많았다. 자손 증식이라는 관점에서 보자면 소뇌의 적응도가 대뇌의 적응도에 승리를 거두었다고 할 수 있다.

한 가지 고백할 것이 있다. 생물학에 몰입하기 전까지는 나 자신도 인간 종의 황금빛으로 찬란한 전설에 경도되어 있었다. 심지어 파리 사회과학고등연구원(École des hautes études en sciences sociales, 이하 EHESS)에서 내가 맡은 세미나에서는 "인간은 이미 100만 년 전에 승리를 거두었다"는 오만한 슬로건을 내걸기도 했다. 그런데 이러한 승리는 그보다 20배는 더 최근의 일임을 알게 되면서 나는 아연실색할 수밖에 없었다. 더구나 이러한 특급 뉴스가 교과서에 수록되지 않았음은 물론이거니와 대학의 생물학 전공자들에게조차 알려지지 않았다. 이 발견으로 말미암아 진화론과 관련된 나의 여정은 크게 둘로 나뉘었다. **도대체 무엇이 과도하게 무장한 종의 적응도를 그토록 우습게 만들어버리는 걸까? 그럼에도 과도하게 무장한 종이 승리를 거두게 되는 건 또 무슨 연유에서일까?**

다시 이야기로 돌아간다. 인간이 "생존을 위한 투쟁에 있어서 최후의 판결"(다윈)을 부여받게 된 계기는 유난히 큰 뇌 때문이 아니다. 아니, 그 정도가 아니라 그 반대라면 어떨까? 이 책의 두 번째 장 〈뿌리〉에서 우리는 오히려 뇌의 지나친 성장 때문에 극도로 취약한 입장에 놓이게 된 우리 조상들을 만나게 될 것이다. 기술적으로 진보를 거듭하는 뇌의 효율은 신진대사에 투입되는 '비용'과 영아 사망률을 보상할 정도로 월등하지는 못했다. 도구와 불의 사용으로 인한 이점에도 불구하고 호미니드들은 100억에서 150억 개에 달하는 뉴런에게 제대로 영양을 공급할 수 있는 처지가 되지 못했다. "어제"까지만 하더라도 우리 조상들은 분수에 맞지 않게 커다란 기관을 달고 살았으며, 이제까지 발견된 스물두 종의 호미니드 가운데 스물한 종이 멸망한 까닭은 이러한 사치 때문이었다.

지금까지 이어져온 인류 역사에서 99퍼센트에 해당되는 시기 동안 인간은 생존과 멸망 사이에서 줄타기를 계속해왔다. 만일 선사시대에 살았던 침팬지나 영양, 치타 등에게 환경과 관련된 의식이 있었다면 당시의 국제자연보호연맹(The International Union for Conservation of nature) 측에 호모 하빌리스, 호모 에르가스터, 호모 에렉투스, 심지어 호모 사피엔스까지 모조리 요주의 인물 명단에 올려놓기를 요구했을 것이다. 데우스 엑스 마키나deus ex machina('기계장치를 빌어 무대로 내려온 신'. 문학작품에서 끝맺음을 하거나 갈등을 풀기 위해서 뜬금없는 사건을 일으키는 수법을 가리킨다._옮긴이)가 아니었다면 현대의 호모 사피엔스 역시 다른 호미니드들과 마찬가지로 비극적인 최후를 맞았을 것이다.

케냐와 에티오피아 중간쯤 되는 어디에선가 기적이 일어났다. 동굴에 살던 웬 인간이 동굴에 살던 다른 인간에게 **"내일 보자!"라는 인사말을 건네면서 세상이 완전히 달라진 것이었다.** 지금으로부터 140억 년 전에 일어난 빅뱅 이후 그 같은 일은 그때까지 단 한 번도 일어나지 않았다. 그때까지는 전자, 양자, 태양, 별, 미생물, 동물, 식물 등 모든 존재가 영원한 현재의 포로였다.

이 대목에서 독자들께서는 미래란 발명할 수 없는 것이라고 반박할지도 모르겠다. 미래란 "과거—현재—미래"로 이어지는 시간의 화살에서 세 번째이자 마지막 부분으로서 영원한 것이므로 그런 미래를 '발명'한다는 일이란 불가능하다는 논리일 것이다. 그러면서 북유럽에서 아프리카로 날아오는 두루미들의 이동이나 일정한 궤도를 따라 자전하는 행성들의 움직임을 증거로 제시하려 할 것이다. 그러나 두루미나 별은 "어디로 가느냐?"라는 질문을 받으면 우리를 한참이나 쳐다보다가 "나는 지금 날고 있어"라고 대답할 것이다.

물론 다가올 겨울을 준비하는 짐승들도 있다. 그러나 가을을 맞이하는 다람쥐 또는 곰들의 노고는 개인적인 것이 아니라 그들의 DNA에 이미 프로그래밍된 데 따른 움직임이다. 그 어떤 동물도 밤이라는 울타리를 뛰어넘어 다음날 일어날 일을 예견하지는 못한다. 그 어떤 동물도 동료들에게 자신의 계획을 설명하지 못한다. 그 어떤 동물도 창의적인 방식으로 미래를 수정하지 못한다. 그렇기 때문에 그들은 계획을 수립하고 이를 남들과 공유하는 존재를 당해낼 재간이 없으며, 만약 그런 존재가 있다면 "따라서 다른 어떤 형태의 생명체, 그에게 복종하는 모든 형태의 피조물보다 개체 수를 확대시킬 수 있게"(다윈) 된다. 여전히 회의적이거나 성질이 급한 독자들은 건너뛰어 '섹스에는 미래가 없다'라는 제목이 붙은 장을 읽어보기 바란다. **인간만이 번식을 위해 이따금씩 짝짓기를 하는 유일한 동물임을 알고 경악하게 될 것이다. 다른 동물들은 그 같은 행태를 보이지 않는다.** 글의 재미를 위해 여기서는 그 정도까지만 이야기해두겠다.

선사시대 인간이 동료에게 "내일 보자!"라고 말한 바로 그날, 역사는 '전pré—미래'와 '후post—미래'라고 하는 균등하지 않은 두 부분으로 나뉘었다. 스몰뱅Small Bang은 "두 시간 후", "내일 새벽", "다음 주" 등처럼 예측을 시간적으로 구분하는 것을 가리킨다. 거울 효과(호감을 갖고 있는 상대와 닮고 싶다는 생각에 무의식적으로 표정이나 행동을 따라하는 현상을 일컫는 심리학 용어. 인간은 거울을 보면서 잘못된 점을 발견하면 이를 수정할 수 있다. 곧 거울을 통해 다시 한 번 생각하는 효과가 발생한다_옮긴이)에 의해 우리는 동일한 시간 구분이 과거에도 일어났다고 전제할 수 있다. 하지만 우리의 운명에 결정적이면서 점점 더 커져만 가는 충격을 주는 것은 어제의 발명이 아니라 내일과 내일에서 파생되는 것들의 출현이다. 독자들께서는 이를 확인하기 위해서 어제의 사건들과 내일의 계획들을 비교해보기 바란다. 이러한 비대칭은 어디에서 올까? 프로이트식으로 말하자면, 기억은 영화 〈라쇼몽〉에서 보듯이 현실 원칙에 의해 통제되는데, 미래는 쾌락의 원칙을 작동시키며 이는 상상력이 바닥인 사람에게서도 관찰된다. 아직 도래하지 않은 것은 결코 마르지 않는 샘이다. 그러므로 지나침의 소용돌이는 내일의 발명과 더불어 시작되었다고 할 수 있다.

우리는 정확하게 언제, 어떤 상황에서 최초의 "내일 보자!"가 나왔는지 결코 알 수 없을 테지만, 그럼에도 미래라는 개념이 판세를 바꿔놓기 시작한 시점에 대한 상당한 단서를 가지고 있다. 지금으로부터 5만 8,000년 전, 인간 종을 구성하는 몇몇 구성원들이 그들의 고향, 즉 아프리카를 떠나 장도壯途에 오를 때가 바로 그 순간이었을 것이다.

자연에서는 생태적으로 가해지는 압력에 대한 반작용으로 집을 떠나는 것이 정석이다. 그렇지만 이 무렵 이들의 이주는 신선하기 이를 데 없는 호기심이 발동한 결과였을 것으로 짐작된다. 이 원정에 동참한 자들 가운데 더러는 2만 년에 걸쳐서 오스트레일리아로 간 반면, 더러는 유럽 쪽으로 방향을 잡기도 했다. 그로부터 3만 년 후, 또 다른 한 무리의 모험가들이 시베리아를 향해 베링해를 건너고 알래스카를 가로질렀으며, 아메리카에서 매머드들을 멸종시킨 후 남반구의 끝, 티에라델푸에고 제도까지 내려갔다. 불과 2,000년 정도 만에 이루어진 일이었다. 아프리카 출신 이민자들이 기록적으로 짧은 시간에 알렉산드로스 대왕이나 나폴레옹조차 감히 꿈꾸지 못했던 거대한 제국을 구축한 것이다. 그러니 이 책에 '다가오는 미래와 지구촌'이라는 제목을 붙여도 전혀 이상할 것이 없다.

무엇이 오늘날까지 그들을 전진하게 했으며, 전진하던 그들을 붙잡아 세웠으며, 또 다시 길을 떠나게 만들었던 것일까? 바로 모든 것이 다른 방식으로 진행될 수 있다는 가능성을 발견했을 때, 누군가가 "내일 보자!"라고 말한 그 날에, "우리에겐 선택의 여지가 없어"라는 식의 사고방식에는 조종이 울렸다. "다음날"의 도래는 곧 "가능한 것", 가상의 것, 상상세계, 현실이 아닌 픽션의 세계, 아직 오지 않았으며 십중팔구 앞으로도 오지 않을 것의 도래로 이어졌다. 여러 개의 선택지가 존재하게 된 이후 우리의 정신은 지금 여기에 만족하거나 과거가 변하지 않은 채 이어질 것이라는 생각을 더는 받아들일 수 없게 되었다. 모든 것을 각기 다른 여러 방식으로 할 수 있음을 발견하게 되면서 우리 뇌를 구성하는 150억 개의 뉴런은 '창의적'이라는 질풍에 휩싸이게 되었으며, 그 뉴런들의 소유주는 만성적인 불편함에 시달리게 되었다.

그렇다면 어떻게 해야 할까? 물론 지나침을 덜어내는 다이어트를 해야 한다. 역설적이게도 체중감량과 관련된 시장은 우리 시대에 가장 번창하는 비즈니스 가운데 하나다. 다시 말해서 지나침의 회오리바람을 막으려는 모든 시도가 실제로는 오히려 그것을 한층 더 키우는 결과를 낳고 있다. 덜어내려는 일에서조차 지나침이 지배하는 형국인 것이다. 뇌가 그토록 많은 시냅스들을 앞으로 올 것에 투자하니, 그런 **뇌가 건드리는 것이라면 무엇이든 지나침이란 거품으로 바뀌지 않을 수 없다.** 만지는 모든 것을 황금으로 변하게 했다는 고르디우스의 아들 미다스처럼 말이다.

이쯤에서 다시 정리를 해보자. 이 책에서는 지나침의 역사를 세 부분으로 나눠 기술할 예정이다.

첫 번째는 거품(현재)이다. 다윈식 패러다임에 따르면 두 개의 종 사이에는 언제나 하나의, 오직 하나의 계보만 이어진다. 그 선이 구불구불 굽이칠 수도 있으나, 그렇다고 선 자체가 계속되지 않는 것은 아니다. 그런데 다윈주의자들조차도 호모 사피엔스는 유일무이한 종이라고 선언한다. 이러한 호모 사피엔스의 특이성을 어떻게 정의해야 할까? 바로 지나침, 과도함으로 정의할 수 있다. 지나침이라는 현상은 너무도 명백하기 때문에 우리는 그것이 자연선택의 관점에서 볼 때 얼마나 일관성이 결여되어 있는지조차 깨닫지 못한다. 모든 생명체는 목까지 수렁에 빠진 채 버둥거리며 필사적으로 생존을 위한 투쟁을 벌인다. 현실적으로 우리는 글로벌화한 정글에 잠시 세 든 세입자에 불과하다. 그런 우리가 어떻게 우리의 생존에 도움이 되지 않을 뿐 아니라 심지어 해가 되기까지 하는 것들에 몰두할 수 있단 말인가?

두 번째는 뿌리(과거)다. 뇌의 성장, 기술의 성장, 인구의 성장, 이렇게 세 가지 성장이 함께 간다는 생각은 잘못되었다. 이 세 가지는 사실상 매우 다른 진화 양상을 보인다. 앞의 두 가지 성장이 세 번째 성장보다 백만 년가량, 아니 그 이상 앞서서 일어났기 때문이다. 뇌와 적응도의 관계는 수익률 하향 법칙에서 벗어나지 못한다. 요컨대 1단계에서는 호미니드의 뇌 크기에 따른 자연선택의 효과가 도구를 만들고 불을 통제하는 창의력을 향상시킴으로써 그 뇌를 보유한 자들의 번성을 가져왔다. 2단계에서 뇌는 계속 커졌으나 인구는 성장하지 않고 정체 현상을 보였다. 3단계에 오면 뇌의 크기가 여전히 성장을 멈추지 않는 가운데, 뇌의 보유자들이 점점 더 취약한 상태에 놓이게 되었다. 뇌의 성장과 인구의 성장이라는 거품들 사이의 상관관계가 없는 데에서 두 가지 수수께끼가 대두된다. 첫째, 각종 도구를 만들고 불을 제어하는 능력을 지닌 뛰어난 뇌 보유자들이 어째서 수백만 년 동안 멸종 위기에 근접하는 굴욕을 당하게 되었을까? 답은 지나치게 커져버린 뇌를 유지하기 위해 이들은 엄청난 양의 에너지 소모와 높은 영아 사망률을 감수해야 했기 때문이다. 둘째, 일부 아프리카 출신들은 무슨 이유에서 이민 길에 올랐을까? 답은 미래를 발명했기 때문이다.

세 번째는 전이(미래)다. 계획을 세우고 그 계획을 동료들과 공유하는 역량은 현대인이 가진 결정적인 장점이다. 생존을 위한 투쟁에서 최후의 승자로 등극한 인간은 그들의 조상들에게 강요되었던 임무, 쓰러져 가며 수행해야 했던 대부분의 임무들로부터 해방되었다. 그렇다면 인간은 그렇게 얻게 된 자유시간을 어디에 사용하게 되었을까? 할 일이 없어진 뉴런들을 어떻게 활용했을까? 인간은 아프리카로부터의 이주나 고르디우스의 매듭 풀기 등 각종 문제 상황과 수수께끼를 만들어내는 식으로 자유시간과 뉴런을 활용해왔다. 그렇게 내일을 발명한 이후 호모 사피엔스는 연속적으로 거품을 만들어내는 제조자가 되었다. 어쩔 수 없는 일이었다.

인간은 왜          너무,          진화했을까?
         넘치게,
         지나치도록

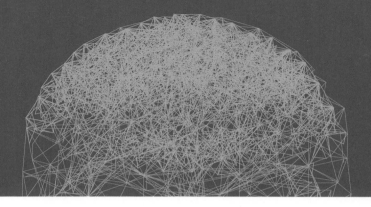

제1장
거품

많은 것들이 대단하다,
그렇지만 인간만큼 대단한 것은 아무것도 없다.

소포클레스, 고대 그리스의 시인.

아침에 눈을 뜨자마자 나의 두 눈은 온갖 잡동사니로 향한다. 그러면 얼른 눈을 도로 감는다. 고약한 기분이다. 방안에서도 머릿속에서도 모든 것이 조금만이라도 자기를 봐달라고 아우성을 친다. "1분만!" 나는 구름 속에서 피신처를 구한다. 저기, 저 하늘 위에 떠다니는 근사한 구름들 말이다! 평온한 광경이다. 돌아가신 나의 아버지도 그와 비슷한 풍광을 즐기셨다. 일어나자마자 주방으로 돌진한 나는 그곳에서 온갖 철제 집기류와 만난다. 사과나 훈제연어 조각을 우물거리며 내친 김에 시간을 죽일 겸 아파트 곳곳을 찬찬히 둘러본다. 누군가에게 전화를 해야지! 전화번호부의 A자 항목부터 펼친다. 전화번호부는 말하자면 사회생활을 위한 장비일습에 해당된다. 나에겐 모든 것이 가능하다. 진짜 필요한 것만 빼고.

텔레비전 앞에 앉는다. 방송 채널들은 적어도 아무리 돌려도 볼 것이 없다는 미덕이라도 지녔다. 여러 채널이 하나같이 공평하게 보잘것 없다. 덕분에 피로가 풀려 죽을 지경이다. 차라리 밖으로 나가자. 일단 나간 다음에 생각해보지. 그런데 저 많은 사람들과 경적 소리, 향수 냄새들은 다 뭐람? 도대체 뭣들 하는 거지? 그러는 나는 또 뭐고? 하지만 나는 곧잘 군중들 사이로 녹아들어간다. 군중이 마치 이불 같다고나 할까. 군중을 덮어쓴단 말이지….

집안에만 틀어박혀 있을 때에도 나는 지나치게 많은 선택을 한다. 일터에서도, 책상 앞에서도, 수첩을 들여다볼 때도, 심지어 영혼의 가장 깊숙한 곳에서도, 안과 밖 어디에서 무엇을 하든 나는 지나치게 많은 선택지 앞에서 곤혹스럽다. 차라리 구름 쪽으로, 파도 쪽으로, 금붕어들 쪽으로 방향을 바꿔볼까? 평생 그것들만 바라보면서 살아볼까? 열 번쯤 사는 인생이라면 그럴 수도 있겠지. 나의 정신은 지루하고 따분한 것들의 산더미 속에서 방황한다. 그 산더미를 구성하는 요소들은 다 거기서 거기인 만큼, 나름 가치가 있긴 하나 수를 헤아릴 수 없이 많으므로 지루하고 따분하다. 산더미처럼 많으면 무엇을 골라야 할지 알 수 없으므로 골치가 아프다. 모든 생명체, 관광객, 철학자, 바퀴벌레 등 그야말로 모든 존재는 자기와 전혀 상관없는 각종 자료들의 폭탄 세례를 받는다. 하루 24시간 내내 말이다. 그것도 태곳적부터 그래왔다. 인간은 반격에 나선다. 뇌여, 부지런히 일하라!

'너무, 정상을 벗어날 정도로, 터무니없이, 필요 이상으로'. '충분히'라는 표현은 그 이면에 '지나치게 많이'라는 의미를 숨기고 있다. 당연하게도 뇌는 자신이 가득 찼다는 사실을 인정하지 않는다. 그러나 인간의 병적인 허기는 뚜렷하게 드러나지 않는다. 적어도 진화생물학의 기준에서 보자면 그렇다. 자신이 필요로 하며 자신의 정상적인 식욕보다 더 많은 것을 원하는 동물은 비효율적이기 때문에 자연선택에 따라 스스로 완벽해지거나 도태되어야 하지만, '먹성 좋은 이 존재'는 발전하고 성장해 급기야 최적화된 다른 피조물들을 지배하기에 이르렀다. **문제 발생!**

내 귀엔 벌써 빗발치는 항의가 들린다. "과잉은 부자들이나 걸리는 병이다! 아프리카 사람들은 가진 것이 지나치게 적다!" 이러한 항의에 대해 나는 모든 것은 그들에게서 시작되었다고 대답하련다. 아프리카 출신 수십 명이 지금으로부터 6만 년 전 자신들이 태어난 검은 대륙이 제공하는 것들로 만족하기를 거부하지만 않았어도 그들의 후손들, 우리들은 오늘날에도 여전히 검소하고 소박하게 살았을 것이다. 그렇기 때문에 아프리카 대탈주를 인간의 불안정성이 시작된 시초로 보는 것이 타당하다. 이 문제에 대해서는 〈뿌리〉 장에서 다시 언급하겠다.

## 생물학적 연속성의 원칙
———————◇———————

2009년. 찰스 다윈 탄생 200주년이자 《종의 기원》 출간 150주년이 되는 해다. **생물학적 연속성**이야말로 다윈의 결정적인 발견이었다. 생물학적 연속성의 원칙은 미생물과 코끼리, 심지어 유칼립투스와 바퀴벌레, 요한 세바스티안 바흐를 하나로 이어준다. 자연에서 차이란 오로지 양적인 것일 뿐이다. 다윈은 이 생물학적 연속성의 원칙을 가장 신성한 분야로도 확대했다. "인간과 가장 발달한 짐승들 사이에 존재하는 지적 능력의 차이는 그 차이가 아무리 크다고 하더라도 정도의 차이일 뿐, 본질적인 차이는 아니다."[6]

다윈은 자신이 얼마나 적확하게 핵심을 짚었는지 스스로도 알지 못했다. 그는 이렇게 모든 생명체가 공통의 조상으로부터 파생되어 나왔다고 주장했다. 나아가 고세균archaea(높은 온도에서 진화하는 원핵생물), 세균, 곰팡이, 식물, 동물 등은 대략 500개 정도의 공통적인 유전자를 가지고 있다! 세균과 고세균이 약 20억 년 전에 분리되었다는 사실을 고려한다면 놀라움은 더 커질 수밖에 없다. 쌍봉낙타와 열대 우림에 사는 아시아 원숭이 또한 오래 전부터 하나가 아니었다. 유전학자들이 이 500여 개의 유전자를 가리켜 "불멸의 유전자"7라고 부르는 까닭은 이 때문이다. 다윈의 예언은 옳았다. 모든 생명체가 한 가족인 것이다. 생물학적 연속성의 원칙은 행동 양식에도 고스란히 적용된다. 인간이 하는 모든 행동은 짐승이었던 근원에서 유래한다.

| 불멸의 유전자 |
|---|

| | |
|---|---|
| 인간 | D A P G H R D F I K N M I T G T S Q A D C A V L I V |
| 토마토 | D A P G H R D F I K N M I T G T S Q A D C A V L I I |
| 효모균 | D A P G H R D F I K N M I T G T S Q A D C A I L I I |
| 고세균 | D A P G H R D F V K N M I T G A S Q A D A A I L V V |
| 세균 | D C P G H A D Y V K N M I T G A A Q M D G A I L V V |
| 불멸의 공통 유전자 | D   PGH   D      KNMITG      Q   D         L |

찰스 다윈은 정확하게 보았다. 그렇기는 하지만 우리는 윌리스가 우리에게 들려주는 말에도 귀를 기울여야 한다. 여기서 잠깐 기억을 상기시켜보자. 1858년 2월, 인도네시아의 테르나테 섬에서 앨프리드 러셀 윌리스라는 이름을 가진 가난한 무소속 학자는 말라리아에 걸려 환각을 일으키고 있는 가운데에서도 자연선택에 관한 최초의 논문을 단숨에 써내려갔다. 그는 이 논문을 종의 기원 문제에 관한 최고의 권위자로 알려진 찰스 다윈에게 보낸다. 런던의 곤충학자들에게나 이름이 조금 알려졌을 뿐인 소장학자가 자신이 15년째 서랍에 고이 간직해두고 있는 내용을 발표하려는 것을 알게 된 다윈은 덜컥 경계심에 사로잡힌다. 그래서 그는 자신의 오른팔 격인 리엘Lyell, 헉슬리Huxley, 후커Hooker 등으로 하여금 1858년 윌리스의 논문과 자신이 1843년에 쓴 논문을 공동 명의로 발표하도록 손을 쓴다. 이렇게 다윈주의가 탄생했는데, 다윈주의는 까딱했다간 '윌리스주의'[8]가 될 수도 있었던 것이다. 윌리스는 조상들의 뇌가 생존과는 무관하게 발전해왔다고 확신했다. 그가 보기에 인간은 완전히 독자적인 부류에 속했다.

진화론의 두 창시자들 사이에 존재하는 입장 차이에 대해서는 뒤에서 다시 살펴볼 것이다. 여기서는 두 사람의 의견이 일치하는 대목, 곧 우리 인간이 비록 다른 피조물들과 분리되었다고는 하나 그럼에도 여전히 그들과의 접촉이 완전히 끊어졌다고는 할 수 없으며, 이는 우리 인간과 그들에게 같은 조상이 있기 때문이라는 점에 주목하고자 한다. 창조주의자들은 현존하는 모든 종이 엿새에 걸친 천지창조 과정에서 창조되었다고 주장하며, 따라서 인간과 동식물들 사이의 어떠한 관계도 부인한다. 반면 진화론자들은 비록 그 관계를 확실하게 드러내지는 못할지언정 그러한 관계가 존재함을 인정한다.

우리는 자연선택을 신봉하므로, 그것이 어떻게 본질적으로 하찮기 짝이 없는 것들에 사로잡힌 피조물들을 양산하게 되었는지(고르디온 지수3) 설명해줄 것을 요구한다. 가령 놀이를 예로 들어보자. 인간의 놀이 습성은 한편으로는 어린 동물들 전반이, 다른 한편으로는 특별히 수컷들에게서 보이는 놀이 습성이 유별나게 두드러지는 양상으로 나타나는 일종의 변주일까. 아니면 그 습성의 유난스러운 복합성과 다양성으로 말미암아 인간이 자신의 뿌리와 아예 갈라지게 된 데 대한 징표일까?

## 놀이 거품
———◯———

아기 북극곰들의 사망 요인 가운데 80퍼센트는 놀이에 너무도 열중한 나머지 포식자가 다가오는 것을 눈치 채지 못했기 때문이다.9 그리고 유년기 사망 요인으로 보자면 북극곰은 예외적인 사례가 아니다. 시베리아 이벡스 야생염소들 가운데 3분의 1은 유년기에 놀다가 입은 중증 장애로 고생한다. 자연선택은 생존에 유리한 본능과 행태를 부추기는 것으로 알려져 있다. 만일 그게 사실이라면, 자연선택은 어째서 그토록 존재 이유에 배치되는 활동을 동물들에게 부추길 수 있는 것일까(고르디온 지수0.5)?

놀이는 유년기 동물들에게 성년 시기를 준비하도록 도와준다. 예를 들어 버빗원숭이chlorocebus pygerythrus의 경우, 어린 암컷들은 새끼 원숭이들을 데리고 엄마 놀이를 한다. 새끼들을 품에 안고서 쓰다듬어주

찰스 다윈과

앨프리드 월리스

며 물고 빨아 때로는 생물학적 어미들마저 위협할 정도다. 반면 어린 수컷들은 이와 대조적으로 전혀 유사한 경향을 보이지 않는다.

놀이는 유년기에 생존을 위한 투쟁을 준비하게 해준다. 어린 펭귄들은 몇십 번씩이고 물속에서 서로를 밀친다. 어린 영양들이 놀이를 할 때면 마치 파리라도 머릿속에 들어온 것처럼 법석을 떤다. 온몸을 세차게 흔들며 깡충거리는가 하면 몸을 비틀며 전혀 일관성이라고는 없는 방식으로 비비 꼰다. 그 녀석들은 언젠가 '그날'이 왔을 때 하이에나의 저녁밥이 되어버리는 비극을 피할 확률을 높이는 역량을 기르는 중인 것이다. 한편 어린 하이에나들은 다른 동물 수컷들이 바비인형과 켄인형을 가지고 소꿉장난을 하는 동안 병정놀이 혹은 경찰과 술래잡기를 하면서 먹잇감 사냥 역량을 키웠다.

어린 시절에 놀이를 즐기지 않은 북극곰이나 영양이 성년이 되고나서 생존할 가능성은 그다지 높지 않다. 손익계산서를 뽑아보았을 때, 어린 시절에 부지런히 땀을 흘려야 성년이 되었을 때 피 흘리는 일을 피할 수 있다. 자연선택은 위험한 놀이를 허락하는 것으로 만족하지 않고 이를 적극적으로 부추긴다. 자연에서 놀이는 유년기의 전유물이다. 따라서 성년이 될 때까지 걸리는 시간이 길면 길수록 놀이 시기도 길어진다. 호모 사피엔스의 유년기는 모든 생명체를 통틀어 가장 길다. 5년도 아니고 무려 20년 정도의 유년기를 물려받았다.

어린 고객들의 미래를 감안한 놀이의 중요성은 레고를 비롯한 각종 퍼즐 제조업자들에게 매우 효과적인 판매전략이 된다. 그런데 도대체 무슨 진화론적 이점이 있다고 성인들조차 골프나 주식투자 같은 놀이에 몰입할까(*고르디온 지수 1*)? 이 문제와 관련해서도 물론 그럴 듯한 답

성적 선택_ 가장 압도적인 2차 성징을 갖춘 수컷이 암컷의 환심을 살 확률이 높으며, 따라서 자신의 유전자를 널리 확산시킬 가능성도 커진다.

1차 성징_ 번식에 필수적인 성기, 가령 난자와 정자와 같은 성별 특징.

2차 성징_ 성기 외에 성별을 구분짓는 역할을 하는 다른 신체 특성. 예컨대 사슴의 뿔이나 공작의 꼬리.

변이 준비되어 있다. 심지어 두 개의 답변이 가능하다. 복잡하고 유식하게 답할 수 있는데 너무 간단하게 답하는 것도 예의가 아닐 것이다.

현대 인류는 점점 더 복잡해지는 도전에 당면하고 있다. 뇌를 단련시키는 데에는 놀이만한 것이 없으므로, 자연선택 역시 놀이를 부추긴다. 스티븐 제이 굴드Stephen Jay Gould가 현대 인류에게 "침팬지화된 피터팬"이라는 별명을 붙인 것도 그럴 만한 이유가 있다 .

수컷 둘이 싸우면 진 쪽이 물러난다. 그렇게 되면 세 번째 수컷이 나타나고, 다시 싸움을 벌여 진 쪽이 물러난다. 이런 식으로 주변에 오직 하나의 수컷, 진정한 수컷만 남을 때까지 싸움은 계속된다. 달리 말하자면 성인들의 놀이는 유년기 놀이의 단순한 연장이 아니라 자연선택의 후속이다. 공작 수컷은 암컷들의 마음을 사기 위해 멋진 깃털을 펼치며 처절한 싸움을 벌인다. 인간 수컷 또한 경쟁에 몰입되는 기질을 타고 났으므로 누가 제일 막강한 음경을 가졌는지 결정하기 위해 끊임없이 싸운다. 모름지기 하나보다는 둘이 나은 법이다. 그런데 제시된 두 개의 답은 곧 새로운 질문들을 낳는다(고르디온 지수 2).

놀이가 성인들로 하여금 인생에 대비하게 한다고 치자. 그렇다면 알츠하이머 질환의 출현을 늦추리라고 여겨지는 기억력 관련 놀이는 어떻게 되는 것일까? 아흔 줄에 접어든 노인들 또한 다윈의 생각처럼 생존을 위한 투쟁에 대비하기 위해 단련을 한다는 것일까? 또 놀이가 수컷들의 성적 선택을 극대화시키는 것이라고 치자. 그렇다면 암컷들은 어떻게 되는 것일까? 암컷들 역시 결혼을 한 후에도 '밀당 놀이'를 계속 어린 동물들은        놀이를 통해        평생 활용할 수 있는 생존기술을 연마한다.

한다. 놀이가 앞으로 다가올 생존 투쟁에 대비해 뇌를 단련시킨다고 치자. 그런데 극한 스포츠계의 올림픽인 X-GAME의 슈퍼스타 데이브 미라Dave Mirra는 일찍이 여섯 살 때부터 목숨을 걸기 시작했으며 자기 몸의 뼈란 뼈는 모조리 부러뜨렸다. 그러나 서른다섯 살이 된 그가 감수하는 위험이 자신의 후손을 널리 퍼뜨리기에 가장 적합한 자궁을 찾기 위한 노력의 일환이라고는 할 수 없다. 그는 이미 두 딸의 아버지다. 마찬가지로 세계에서 가장 빨리, 가장 많은 핫도그를 먹는 챔피언 고바야시 다케루小林尊의 경우도 가장 뛰어난 짝을 찾을 확률을 높이려고 10분에 핫도그를 69개나 먹어치운다고 보기는 어렵다. 요컨대 기네스북에 오른 기록보유자들의 대다수는 결혼상대로는 그다지 적합하지 않다. 코르넬리아 엔더Kornelia Ender와 그녀의 동독 출신 동료 수영선수들은 경쟁에서 우위를 확보하기 위해 테스토스테론을 복용했는데, 그 부작용으로 이들은 여성임에도 턱수염이 자라고 월경이 멈추게 되었다. 그런식으로 최고의 남편감을 찾아서는 안 된다.

진화생물학은 고위험을 동반하는 관광을 어떤 식으로 정당화할까? 오랑주 출신 소방수 열여섯 명이 다섯 명의 어린 지적 장애인들과 팀을 이루어 함께 높이 5,895미터의 킬리만자로 등반길에 올랐다. 무슨 일이 있어도 남들처럼 하지 않겠다고 굳게 결심한 이들은 하느님께서 뭐라 하시든 하산길에서는 스키와 낙하산을 이용했다. 이 모험으로 소방수들이 남프랑스에서 발생하는 화재를 더욱 효과적으로 진압할 준비를 갖추게 되었는지는 확실하지 않다. 하지만 모험이 온통 석재와 콘크리트 외장, 철골로 뒤덮인 까닭에 평소 거의 불이 나지 않는 상황에 놓여 있던 이들에게, 조금 꼬아서 말하자면 내재화된 뉴런의 기술적 실업 상태를 속수무책으로 받아들일 수밖에 없었던 이들 소방수들에게 일종의 보답이 되었을 것임은 확실하다. 로펌에 소속된 변호사들이 자기들의 사무실이 있는 고층건물 옥상에서 뛰어 내린다거나 알카텔 직원들이 헤엄쳐서 도버 해협을 건너는 행동 등도 이런 방식으로 설명할 수 있다.

'인간은 별종'이라는 월리스의 통찰과 나를 포함해 그에 동조하는 많은 이들의 의견을 어떻게 받아들여야 할까? 열성적인 신다윈주의자는 바오밥 나무가 말을 할 수만 있다면 우리에게 "모든 생명체 사이엔 연속성이 있겠지만, 바오밥 나무로 말할 것 같으면 다른 것과 완전히 다르다"고 말할 것이라면서 그런 통찰 따위는 쓰레기통에 던져버리라고 충고할 것이다. 고대 그리스인들이 그랬듯이 말들에게 신이 존재한다면 그 신은 말처럼 생겼을 것이다.

바다사자는 동물학자들과 서커스 단장들 사이에서는 특별히 영특하며 어린 시절에 유별나게 놀이를 좋아하는 동물로 알려져 있다. 갈라파고스 제도에서 바다사자들은 습관적으로 30초짜리 결투를 벌이곤 한다. 잠수 곡예를 펼치는 것이다. '우리랑 똑같이' 보글보글 거품을 만드는 녀석들이 관찰되기도 한다. 그렇다고 해서 이들의 이러한 퍼포먼스가 녀석들과 우리 사이에는 정도의 차이만 있을 뿐이라고 믿는 동물행동학자들의 감탄을 정당화해줄 수 있을까?

영양들과 시베리아 야생염소들을 갈라파고스 제도에 옮겨서 바다사자들이 노는 모습을 관찰하도록 한 다음 녀석들을 FC바르셀로나의 전용구장 캄 노우로 데려와 메시와 그의 동료들이 운도 없는 상대팀을 박살내는 광경을 지켜보도록 해보자. 그리고 시합이 끝난 다음 녀석들에게 과연 동일한 부류에 속하는 같은 급의 두 경기를 보았는지 물어보

자. 만약 녀석들이 축구란 "공 하나를 차지하겠다고 달리는 스물 두 명의 훌리건에 불과하다"고 말한 이스라엘 출신 철학자 예샤야후 레이보비치Yeshayahou Leibovitch의 말을 고집스럽게 인용하려 한다면 녀석들에게 축구 규정에 적혀 있는 오프사이드 규칙을 읽어줄 수도 있다. "한 선수가 같은 팀 선수에게 공을 받았을 때 자신의 위치가 공과 상대의 끝에서 두 번째 선수보다 상대의 골라인에 가까운 곳에 있을 경우 오프사이드 위치에 있다고 말한다. 즉 한 선수가 한 명을 제외한 상대팀의 모든 선수들을 뒤로 따돌린 상태에서 공을 갖고 있지 않은 채 골라인을 기준으로 공을 가진 선수보다 앞으로 나와 있다면 오프사이드 위치에 놓인다."

무슨 영문인지 몰라 어리둥절하던 녀석들이 조금이나마 마음을 추스르면 우리는 얼른 녀석들을 안심시켜줘야 한다. 너희들만 무슨 말인지 도통 못 알아듣는 게 아니란다. 그 증거로 매주 발행되는《네이처》지는 2000년에 '축구에 있어서 오프사이드 판단 오류'라는 제목의 논문 한 편을 게재했다.[10] 축구가 앞날을 준비하게 해준다는 사실을 인정하는 팬은 한 명도 없을 것이다. 축구란 삶 그 자체다.

자연에서 수컷들은 암컷들을 놓고 경쟁을 벌이지만 우리 인간 수컷들은 주변에 여성이 없어도 경쟁을 벌인다. 심지어 여성을 좋아하지 않아도 경쟁을 벌인다. 인간들은 이러한 경쟁이 우리 자신을 혐오스러운 존재로 만들지라도 경쟁을 벌인다. 남성들뿐만 아니라 여성들도 서로 경쟁을 벌인다. 여성들은 남성들과도 경쟁을 벌인다. 인간은 돈을 벌기 위해서, 위세를 떨치기 위해서, 승리를 쟁취하기 위해서 경쟁을 벌인다. 인간들은 경쟁에 대비해 교육을 받았으므로 경쟁을 벌인다. 우리 호모 사피엔스들 사이에서는 일이 그렇게 돌아간다. 처음엔 경쟁에 어떤 목적이 있었겠지만 지금은 경쟁 자체를 위한 경쟁이 계속된다.

인간이 예술 또는 스포츠로 승화시키지 않은 생물학적 기능이란 없다. 모든 동물들은 먹잇감을 포획하기 위해 또는 포식자의 예리한 발톱을 피하기 위해 이리 뛰고 저리 뛰지만, 인간은 마라톤 시합을 벌이고, 100미터 달리기를 하며, 군대에 가서는 훈련 기간 동안 배를 땅에 대고 기는가 하면, 달의 분화구를 가까이에서 살피겠다면서 우주를 날기도 한다. 코알라는 유칼립투스 잎사귀를 먹고 사는 반면, 일본인들은 내장과 간, 생식기관에 청산가리보다 더 강한 독을 잔뜩 품고 있는 복어라면 사족을 못 쓴다. 러시안 룰렛의 변형이라고 할 수 있는 이 생선요리는 수백 년 전부터 일본에 널리 퍼져 있다. 오늘날엔 이를 먹는 관습이 마치 신종 운동경기처럼 새로운 도전인양 서양 세계로 전파되었다.

아모츠 자하비Amotz Zahavi는 사자를 피해 도망가는 가젤의 희한한 행동 양식을 설명하기 위해 핸디캡 원리를 제안한다. 가젤은 이따금씩 달리기를 멈추고 서서 발굽을 탁탁 내리치면서 괴성을 지르고 엉덩이를 상대에게 보여준다. 자하비는 그것이 힘을 과시하는 행동이라고 설명한다. 가젤은 이런 식으로 동물의 왕에게 괜한 시간 낭비하지 말고 그보다 자신감이 덜한 녀석을 사냥하는 편이 나을 것임을 은근히 암시한다는 것이다.

생물학적 연속성에 충실한 인류학자들은 팜플로나의 페리아에 참가하는 자들의 행동 양식을 가젤의 태도에 동화시킴으로써 핸디캡 원리를 인간 문명에도 적용한다. 그러나 올림픽 대회라는 경쟁을 핸디캡 원리로 축소시키는 것은 지성이 결여된 태도가 아닐 수 없다.

**핸디캡 원리_** 최고는 남들에게 자신의 우월성을 납득시키기 위해 핸디캡을 선택한다는 이론.

**페리아 feria_** 스페인이나 남프랑스에서 열리는 축제. 팜플로나에서는 투우 시합에 참가할 소 여러 마리를 길거리에 푸는 것으로 축제의 시작 을 알린다.

먹을거리의 영역이든 놀이의 영역 이든 인간은 모든 수단을 그 자체로의 목적으로 바꿔놓는다. 점박이 하이에 나들의 전쟁놀이, 게리 카스파로프와 바비 피셔의 체스 시합 사이에는 정도 차이만 있을 뿐이라는 다윈의 주 장에 우리가 전적으로 동의한다고 할지라도 그것들을 갈라놓는 거리는 리히터 규모 1에 해당되는 소규모 지진과 2004년 12월 26일 인도네시 아를 뒤흔들어 30만 명의 목숨을 앗아간 규모 9.3의 지진만큼이나 어마 어마하게 차이가 있다.

자연에서 경쟁은 항상 국지적이다. 즉 '누가 주어진 환경 X에서 Y시 점에 가장 큰 A를 차지하느냐?'가 핵심이다. 목표 또한 국지적이다. 예 를 들어 사자와 하이에나의 대결처럼 다른 종끼리의 전투는 자원 차지 를 목표로 삼는다. 그런가 하면 두 마리 사자의 대결처럼 같은 종끼리의 전투는 자원과 자손 번식이라는 두 가지를 노린다. 그런데 우리 인간의 경우 경쟁은 기록 갱신처럼 포괄적이고 전면적이다. 인간은 이 분야에 가히 혁명적이라고 할 수 있는 개념을 도입했다. 바로 '최고!'를 도입한 것이다.

그렇다면 도대체 최고로 뭘 어쩌겠다는 것일까? 측정 가능한 것이기 만 하다면, 다시 말해서 객관적인 평가가 가능한 것이기만 하다면 무엇이 든 중요하지 않다. 예를 들어 경합을 벌이는 자들이 맞닥뜨리는 도전이라 고 하는 것이 100미터 접영 경기에서 가장 우수한 기록을 내는 것이라고 한다면, 이 경우 양이 진정한 의미에서 질로 변한다고 할 수 있으며, 이렇 게 될 경우 본래의 기능과는 궤를 달리하게 된다고 하겠다. 고바야시 다케루는 자신의 신진대사, 혹은 성적 대사에 따른 필요와는 무관하게 소시지를 먹어치웠다. 그렇기 때문에 그는 '지나치게 많이' 먹은 것이다.

논제!

놀이가 생존을 위한 투쟁에서 이기기 위해 뇌를 발달시키는 것이 아니라 뇌가 놀이를 발달시킨다. 뇌는 이미 생존 투쟁에서는 승리의 개가를 올렸기 때문이다.

## 길들이기 거품

냉혹한 자연선택이 어째서 이토록 '지나친' 존재를 만들어냈을까? 자연선택은 왜 인간으로부터 잉여분을 도려내지 않았을까? 자연선택은 어째서 지표면으로부터 그들을 뿌리 뽑지 않았을까(고르디온 지수 3)? 스스로를 난투극의 열외, 난투극을 초월한 존재로 간주하며 생존의 기본 법칙조차 무시하려 드는 이 당돌한 무리는 의심할 여지없이 자연의 왕 반열에 올랐으며 더 이상 누구에게도 위협받지 않게 되었다.

더구나 신석기혁명 무렵 인간은 동물들과 식물들을 선별해 이들을 길들이고 완벽하게 개량하는 비법을 찾아냈다. 그 후 인간은 자연선택을 고스란히 베낀 세계 속에서 버젓이 군림하게 되었다. 자연선택이 하는 것이라면 인간도 하는 것이다. 그것도 네 곱절씩 말이다! 시인들과 생물학자들은 온 세계에서 찾아낸 2만 5,000종의 난초가 보여주듯 자연의 풍요로움을 찬양한다. 하지만 인간에게 실력 발휘할 기회를 주면 이미 존재하는 2만 5,000종 각각으로부터 적어도 열 가지 이상의 새로운 종을 만들어낼 것이다. 인간은 무엇인가를 사랑할 때 있는 그대로 받아들이는 법이 없다. 그것을 혹독하게 공격하지 않고는 어떤 아름다운 찬사도 바치지 못한다. 귀여울수록 매로 다스리라고 했던가.

바위비둘기Columba livia가 그 좋은 예다. 인간이 녀석에게 애착을 가지면 가질수록 바위비둘기들은 놀라운 하위 종들을 생산해냈다.《종의 기원》은 첫 장에서 비둘기 사육 문제를 다룬다. 그 후 동물공학은 날로 발전했으며 그와 더불어 가축화된 비둘기의 종류도 다채로워졌다.

지중해와 중국 산악지대에 자생하는 야생 장미들을 길들여서 얻은 장미들의 사정은 또 어떤가? 그 장미들은 먼 조상들과 약간의 유사성은 지니고 있지만 단지 그뿐이다. 줄리엣은 로미오에게 속마음을 털어놓았다. "우리가 장미라고 하는 것은 다른 이름을 가졌더라도 역시 똑같은 향기를 뿜었을 거야." 그러나 향기라고는 거의 없는 오늘날 대다수의 장미에 코를 가져다 대더라도 줄리엣이 그 같은 감수성을 발휘할 수 있었을까? 물론 운이 따라준다면 예전 장미의 향과 고귀함을 고스란히 간직했을 뿐 아니라 다양한 색상과 더불어 연꽃처럼 한 번 오그라들었다가 다시 피어나면서 놀라운 향기를 발하는 현대적인 특성까지 갖춘 데이비드 오스틴종 장미와 맞닥뜨릴 가능성도 있기는 하다.

호모 사피엔스의 가장 오래된 사랑 이야기는 다소 소란스럽긴 하지만 아무래도 회색늑대Canis lupus, 즉 견공들과 함께한 역사일 것이다. 구석기시대 인간은 회색늑대와 사랑에 빠졌고, 그 후 인간은 꾸준히 녀석의 유전자를 늑대 후손들의 유전자와 섞어 왔다. 재즈에 정신이 몽롱

해진 나머지 '나의 가장 친한 친구'라는 주제로 완전히 고삐 풀린 즉흥 연주를 쏟아내는 천재 연주자처럼 말이다. 시장에서는 여우 얼굴을 한 개, 도끼 귀를 가진 개, 엘리자베스 테일러의 눈매를 지닌 개, 피라니아보다 훨씬 잔인무도한 개, 강아지보다 더 순한 강아지 등 온갖 종류의 개들을 볼 수 있다. 적외선 빨강색과 자외선 보라색을 제외하고는 프랑켄슈타인 박사가 자신의 피조물들을 위해 시도해보지 않은 색상이 없을 정도다. 그 모든 종류가 하나같이 다 개에 속한다. 덴마크 출신 깁슨은 뒷발로 섰을 때 키가 무려 210센티미터에 달하는 반면, 기네스북에서 깁슨과 이웃한 치와와는 키가 고작 10~16센티미터에 불과하다. 그럼에도 그 둘은 교미가 가능하며, 주인이 조금만 도와준다면 한 떼의 아기 괴물들을 태어나게 할 수도 있다.

실제로 공원에서 살아 있는 몇몇 증거를 만나지 않았다면, 새벽 세시에 건너편 이웃집에서 전해져오는 기이한 컹컹 소리를 듣지 않았다면, 우리는 분명 '개 산업'이라고 하는 것이 SF소설에서나 등장하는 이야기라고 여겼을 것이다. 호모 사피엔스는 자신의 충실한 친구에게 헬싱키의 '사람을 대상으로 한 의학 연구에 대한 윤리적 원칙의 위원회' 측이 불법이라고 선언한 갖가지 조작을 서슴지 않았다.

**예측!**

가능하기만 하다면 인간은 똑같은 실험을 스스로에게도 실시할 것이다. 그 일이 실현될 때까지는 현존하는 400종으로 분화된 개들로 미루어 우리 모두의 미래를 점쳐보는 수밖에 없을 것 같다. 어차피 인간이 관심을 갖는 모든 개체는 조만간 혁신의 회오리바람에 휘말리게 될 것이다. 언젠가 비둘기와 인간, 장미가 가축화된 개의 수순을 밟게 될 것이다. 인간은 결국 '차기 개'에 불과하니까.[11]

## 거품학개론

경제학자들은 가격이 매겨진 모든 것은 결국 적정한 가치를 인정받게 된다는 전제에서 생각을 시작한다. 정점을 향한 양성 피드백feedback positive(시장이 과열 조짐을 보인다) 파도가 지나가고 나면, 바닥을 향한 양성 피드백(시장이 안정되어 간다) 파도가 밀려온다. 생물학자들도 같은 생각을 한다. 안정성을 확보하기 위해 모든 시스템은 온도조절장치 같은 기제를 갖추고 있으며, 이를 통해 모든 내외부 자극을 무력화한다. 이러한 기제는 음성 피드백feedback negative 원리에 따라 작동한다. 앞, 뒤, 앞, 뒤, 위, 아래, 위, 아래 등. 제대로 작동하는 시스템에서라면 위에는 아래가, 음에는 양이, 'on'에는 'off'가 이어지게 마련이다. 이와 같은 과정을 전문 용어로는 항상성homeostasis이라고 한다.

그런데 이따금씩 시스템은 자극을 무력화하는 것이 아니라 이를 강화하기도 하는데, 이 경우 고유의 안정성으로부터 멀어진다. 출산에 앞서 시작되는 진통이 그 좋은 예에 해당된다. 진통은 이른바 "양성 피드백"에 해당된다. 상승이 있고 난 후 다시금 상승이 이어지는 것이다. 일정한 단계에 이르면 시스템은 출산이나 학생에 대한 교사의 영혼 없는 칭찬처럼 출발점 또는 새로운 균형으로 돌아올 수 있는 수단을 강구해야 한다. 사실 이름만 양성일 뿐이지만, '혈압 상승에는 데탕시엘 10밀리그램'이라는 처방처럼 양성 피드백이 제 구실을 하지 못하면 시스템은 양성 피드백의 소용돌이에 휘말리게 된다. 상승 후에 또 상승, 그 상승 뒤에 또 상승, 이런 식으로 계속되는 것이다. 요컨대 거품이 만들어지는 것이다.

**음성 피드백**_ 시스템이 자극을 무력화함으로써 원래 상태로 돌아간다. 면역 시스템의 백혈구들이 완벽한 음성 피드백의 사례다.

**양성 피드백**_ 시스템이 자극의 방향성을 따라감으로써 원래 상태에서 멀어진다. 각종 암이 그 좋은 예다. 의학은 원래의 균형을 회복하거나, 적어도 환자가 새로 찾은 균형을 안정시키려고 노력한다.

**거품(정태적 정의)**_ 어떤 사물의 가격과 그 사물로부터 얻을 수 있는 이익이 불균형을 이룰 때 거품이 있다고 말한다.

**거품(동태적 정의)**_ 어떤 사물의 가격과 그 사물로부터 얻을 수 있는 이익이 균형에 어긋나면서 점점 커질 때에도 거품이 있다고 말한다.

**항상성**_ 하나의 시스템이 생리적 과정을 조절함으로써 내적 균형을 유지하려는 경향.

거품이란 하나의 가치 또는 일정량을 밀어붙임으로써 과도하게 된 상황을 가리킨다. 여기서 과잉, 곧 지나침은 이익 또는 손해를 계산함으로써 도출되며, 이러한 원리는 생물학에도 그대로 적용된다. 단백질, 구성 요소, 행동 양식 등 모든 특성은 생존과 번식에 대한 기여도, 그리고 그것의 유지를 위해 필요로 하는 칼로리의 양, 그것이 외부에 노출됨으로써 감수해야 하는 위험도에 따라 측정된다. 동식물의 수익성에 따라 자연선택의 임명장이 수여되는 것이다. 47억 년 전부터 이미 최적화와 수익성 증대의 전문가로 군림해온 자연선택은 드는 비용보다 큰 이익을 가져오는 모든 요소를 선호하며 그 반대 요소의 경우는 제거해왔다.

그렇다고 해서 이 모든 사실들로부터 거품은 인간이라는 부류만의 전유물이라고 결론지어야 하는가 하면 꼭 그렇지만은 않다. 예를 들어 순록은 이익보다 비용이 일곱 배나 많이 드는 뿔을 머리에 이고서 라플란드 지방을 가로지른다. 공작의 꼬리는 오래 전에 날기 위한 기능을 상실했지만 공작은 아랑곳하지 않고 온 사방으로 돌아다닐 뿐 아니라 가끔 헛간 지붕 위에 올라앉기도 한다. 바로 여기에서 우리는 아주 중요한 교훈을 도출할 수 있다. 특히 경제학자들이 좋아할 법한 이야기로, 지속 가능한 거품과 터져버릴 운명의 거품을 구별하는 일에서부터 고민을 시작해야 한다는 점이다.

경제에 있어서나 자연에 있어서나 시장을 지배하는 보이지 않는 손의 효율성을 맹신하는 것은 가격이 폭등하는 양상을 지닌 재화와 서비스, 특성 곧 사치품의 가장 근본적인 성질을 무시하는 것이나 다름없다. 1차적 필수품에 해당하는 재화와 서비스, 특성은 양성 피드백 소용돌이에 휘말리는 일이 매우 드물다. 아마도 가격이 부당하게(투기) 또는 이유 있게(희소성) 요동치는 석유는 대표적인 예외에 해당될 것이다. 반면 사치품의 경우 적절한 가치를 계산하기란 불가능하다. 사치품의 가격이란 경제적 합리성 따위와는 무관하기 때문이다.

규칙!

사치품만이 거품을 만든다.

생물학에서는 난자나 고환처럼 '정상적인' 차원에 해당되는 1차 성징과는 달리, 오직 2차 성징, 그러니까 암컷의 관심을 끌기 위한 수컷의 시도만이 "과도하다"는 형용사에 어울린다. 이러한 이분법적 구분은 순록의 뿔 또는 공작의 꼬리라고 하는 수수께끼에 봉착한 찰스 다윈이 고안해냈다. 지나치게 자라난 구성 요소는 개체의 생존에 득이 되지 않을 뿐 아니라 오히려 해가 될 수 있다. 이를 고려해 다윈은 《인간의 유래》에서 자연선택에 관여하는 두 번째 진화 기제를 제안했다. 바로 성적 선택이다. 이 생각을 발전시킨 로널드 피셔는 1930년에 이를 가리켜 "폭주runaway 이론"이라고 명명했다.

과장이 성적 과시와 관련이 있다고는 하지만 어디까지나 암컷과 수컷의 생김새가 다른 종들, 다시 말해서 뚜렷한 성적 이형性的 異形을 보일 경우에만 적용된다. 자연에서 성적 과시는 거의 언제나 수컷의 몫이므로(일을 꾸미는 것은 수컷이고, 그 일이 성사되고 말고는 암컷의 몫이다), 아름다운 성의 구성원은 수컷들이다. 피셔에 따르면 암컷들은 사지가 긴 쪽을 선호하도록 프로그래밍되었다. 수컷들이 과도한 짐을 지고 다녀야 하는 것은 다 그런 까닭에서다. 순록의 뿔은 개체로서의 순록의 생존에는 백해무익하지만 뿔로 인한 불편함은 종자를 성공적으로 퍼뜨림으로써 해소된다. 신다윈주의에 있어서 지고의 목표인 유전자의 전파라는 관점에서 본다면, 이 방법은 시도해볼 만한 가치를 훌쩍 넘어선다.

생물학자들이 1차 성징을 대표하는 기관을 가리켜 과도하다고 말하는 법은 없다. 그 기관의 크기가 평균보다 크다면, 생존과 밀접하게 연관된 이유가 있기 때문이다. 바꿔 말하면 자연선택으로 말미암아 그렇게 된 것이라는 뜻이다. 반면 '거품'은 성적 선택의 영역이다.

"너무, 지나치게" 같은 말은 그러므로 섹스와 관련되지 않는 한 자연주의자들에게는 욕에 해당된다. 그러나 우리의 상식은 그 같은 판결

요정굴뚝새의 성적 이형.

수컷(왼쪽)이 암컷(오른쪽)보다 훨씬 화려하며

그만큼 천적에게도 쉽게 포착된다.

을 거부한다. 생물학자가 아닌 이들이 보기엔 수많은 종들이 지나치다 싶고, 그러한 과도함은 자연선택으로든 성선택으로든 도무지 설명되지 않는다. 바오밥 나무를 예로 들어보자. 나무의 키가 정말로 100미터나 되어야 할 필요가 있을까? 기린도 마찬가지다. 그다지도 긴 목이 꼭 있어야 할까? 율리우스 카이사르가 기원전 46년 이집트에서 기린 한 마리를 데려왔을 때 로마 사람들은 모두 "저런 동물은 존재할 수 없어!"라고들 외쳐대면서 그 기린에게 "표범—낙타"라는 이름을 붙여줬다. 사람들은 기린이라는 존재에 영 익숙해지지 못했다. 1486년 로렌조 데 메디치(또는 로렌조 일 마그니피코)의 궁에 새로운 종류의 기린이 도착했을 때에도 마찬가지로 피렌체 주민들은 자신들의 눈을 믿지 못하겠다고 법석을 떨었다.

자연선택은 어떻게 뿔매미Membracidae들을 방어하는 걸까? 뿔매미는 노린재목(또는 반시목)에 속하는 곤충으로 등쪽 전흉배판골pronotum 부분이 지나치게 크다. 길이가 2~20밀리미터쯤 되는 이 곤충들은 사실상 목덜미에 일종의 기념비적인 '투구'를 달고 다닌다고 할 수 있는데, 이 투구는 몸 전체 길이의 세 배에 이르기도 한다. 도대체 무엇 때문에 이래야 한단 말인가? 이 거추장스러운 장식품이 수컷들이 암컷들에게 작업을 걸 때 긍정적인 효과를 가져온다면야 더 이상 할 말은 없을 터다. 그런데 이 녀석들은 암수 가릴 것 없이 똑같이 생긴 투구를 짊어지고 다니니 성적 이형이라는 특이사항에도 해당되지 않는다. 그렇다면 혹시 위장 수단일까? 그런 질문은 공허하기 그지없다. 이도저도 아니라면 아마 굉장히 드문 현상이라고 말하고 싶어질 것이다. 그런데 그렇지도 않다. 뿔매미과에 속한 곤충들은 대략 3,000종 가량 되며 각각의 종

은 고유한 양식의 삶을 영위하는데, 모두가 한결같이 수백만 년째 그 묵직한 투구를 짊어지고 산다.[12]

이렇듯 시장도, 자연선택도 우리가 생각하는 것만큼 효율적이지 못하다. 불필요한 요소들이 한동안 검열을 피해 나가는 데다, '한동안'이 영원토록 지속되기도 한다. 이 책에서는 두 가지 주장을 제시하고자 한다. 첫째, 지나침은 분명 존재한다. 둘째, 그럼에도 지나침은 자연에서 생존 가능하다.

생존을 위해 적대적인 요소들과 맞서야 했던 먼 조상들과 비교할 때, 우리 현대인은 보호받는 환경에서 진화한다고 할 수 있다. 현대인은 의복이며 먹을거리, 집, 식수, 얼음, 에어컨, 사회보장까지 지니고 사는 데다, 집 앞 슈퍼마켓에는 크루아상까지 구비되어 있다. 상황이 이러할진대 무엇이 현대인을 괴롭힌다는 것일까? 서구 사회는 도전정신과 흥분감의 결여라는 문제에 대해 탁월함의 추구라고 하는 아주 효율적인 해결책을 찾아냈다. 척박한 환경 탓에 먼 조상들이 맞닥뜨려야 했던 순수하게 선사시대적인 짜릿한 감각을 맛보기 위해 인간들 가운데 가장 적극적인 이들은 끊임없이 몰입할 무엇인가를 추구한다. 예를 들어 스쿠버 다이빙이라거나 패러글라이딩, 낙하산 강하를 비롯해 이른바 '익스트림 스포츠'라고 하는 것들이 여기에 해당된다. 이러한 활동을 위해 감수해야 하는 위험은 기하급수적으로 증폭된다. 거품!

이들보다 덜 용감한 자들은 편안하게 안락의자에 앉아 충실하게 〈서바이버Survivor〉(전 세계 여러 나라에서 방영되고 있는 TV 리얼리티 프로그램. 스웨덴에서 1997년 첫 방송을 내보낸 〈로빈슨 원정대〉를 기원으로 한다._옮긴이)를 '본방 사수'함으로써 간접적으로 이러한 감각을 느끼는

자연선택에 의해 '지나친' 모습으로 진화한 뿔매미.

'지나친' 인공선택에 의해 다양하게 분화된 비둘기.

것으로 만족한다. 평균적인 TV 시청자들의 아드레날린 분출 수준을 유지하기 위해 TV 프로그램은 시즌마다 지난 번 시즌에 비해 한층 더 '극단적인' 장면을 연출해야 한다. **거품!** 저조한 시청률을 제외하고는 그 무엇도 이 거품을 터뜨릴 수 없다.

오늘날 무용수들은 예전에 비해 훨씬 더 몸을 혹사시킨다. 지금으로부터 약 50년 전 마고트 폰테인이 루돌프 누레예프와 맹활약하던 시기만 하더라도, 한 다리는 뒤쪽으로 완전히 편 채 들어 올린 다음 똑바로 펴건 구부리건 다른 한 다리만으로 지탱해야 하는 아라베스크 동작을 할 때 무용수는 뒤로 차올리는 다리를 45도 정도만 올리면 되었다. 그런데 오늘날에는 다리를 적어도 90도 정도 들어 올리지 못하는 무용수는 전문가 축에 끼지도 못한다. 우리 시대의 무용수들은 또한 한 번에 피루에트 14회 정도는 거뜬히 소화한다! **거품!**

우리의 거품은 주로 사치품들에 영향을 끼친다. 그러므로 어떤 물건이나 서비스가 독서나 글쓰기, 교도소, 신호등의 빨간불처럼 1차적 필요의 영역에 머물러 있는 한 그것의 가격은 양성 피드백의 소용돌이로부터 비껴나 있게 된다. 그에 반해 거품은 아라베스크 동작이나 피루에트처럼 우리에게 반드시 필요하진 않은 것들, 그런 것들 없이도 얼마든지 지낼 수 있는 것들하고만 관련이 있을 뿐이다. 따라서 부동산 거품은 눈비를 피할 지붕이 있어야 한다는 아주 기초적인 필요로부터 시장이 멀어져도 아주 한참 멀어졌음을 입증해준다.

자연 안에도 거품이 있다고는 하지만, 그 거품은 매우 제한적이다. 식물이나 동물군이 거품의 생산에 기여하는 폭이 워낙 미미한 데다(인간 세계의 거품은 내부적 생산의 결과다), 그 거품이라고 하는 것도 수단과 방법을 가리지 않는 혁신을 대표하지는 않기 때문이다. 메소포타미아 지역에서 농업이 발명되면서 신석기혁명이 일어난 이후, '혁신가'는 호모 사피엔스에게 썩 잘 어울리는 별명처럼 인식되었을 법하다. 인류는 종류를 막론한 모든 거품을 생산해내는 기나긴 사슬이며, 이는 새로울 것도 없이 적어도 1만 3,000년 전부터 늘 이래왔다.

쉼 없이 팽창을 거듭하는 거품 내부에 위치한 생명체는 어떻게 생존할 수 있을까(고르디온 지수 3)? 벌써부터 내 귀에는 '날이 갈수록 보다 많은 것을 욕망하는 것보다 더 자연스러운 것이 어디 있다고?'라면서 의아해 하는 독자들의 항의가 들리는 듯하다. 그러나 이러한 욕망은 전혀 자연스럽다고 할 수 없다. 자연스럽기는커녕 반대로 자살행위에 가깝다. 자신이 필요로 하는 것보다 많은 것 혹은 자신이 소모하는 것보다 많은 것을 얻고자 욕망하는 모든 동물이나 식물은 비효율적인 피조물이라고 할 수 있다. 자연선택은 이런 생명체를 효율적인 수준으로 바로 잡아놓거나 구제불능으로 판단해 제거해야 마땅했다.

다윈은 모든 차이가 양적 차이에 불과하다고 강조했다. 생물학적 연속성 원칙에 따르면, 인간이라는 기계를 구성하는 모든 요소 가운데 인간이라는 종에만 고유한 것이라고는 없다. 그럼에도 인간이 이룩한 수많은 업적은 자연에서 비슷한 예로 찾아보기 힘들다. 유전학적인 언어로 말하자면 정상적인 유전자형genotype이 이상한 표현형phenotype으로 발현되는 것이다. 인간의 뇌는 생물학적 이유로는 설명되지 않는 무엇인가를 가지고 있다. 그러므로 모든 길은 인간의 본질에 이르는데, 그 본질은 여전히 완성되지 않은 상태인 것이다.

유전자형_ 주어진 유전자의 특성 또는 한 개인의 유전자 특성의 총체.

표현형_ 유전자 특성이 물리적으로 표현되는 형태 또는 한 개인의 물리적 특성의 총체.

# 자연선택 이론으로는 부족하다

그를 추종하는 자들과는 달리 다윈은 자신의 자연선택 이론에 빈틈이 있음을 꿰뚫어 보았으며, 때문에 《종의 기원》 제6장을 쉽사리 예상할 수 있는 반대 의견에 답하는 데 할애했다. "일부 반론들은 너무도 중대하기 때문에 그 문제에 대해 생각할 때면 나 자신의 확신마저도 다소 흔들리지 않을 수 없다. 하지만 내가 판단하는 한에서는 대부분의 반대 의견은 피상적인 수준에 불과하고, 일리 있는 문제제기를 보더라도 내가 주장하는 가설에 치명적인 수준은 아니다." 고르디우스 전통의 충실한 계승자로서 나는 이 책에 소개된 개념들이 가진 문제 때문에 특별히 놀라지도 않거니와 그러한 문제들이 결국엔 해결책을 만나게 될 것이고, 그 해결책들이라는 것이 또다시 새로운 문제를 제공하게 될 것임을 확신한다. 메워지지 않은 세 가지 "빈틈"은 다음과 같다.

첫 번째, 아프리카인들의 현재 사정은 어떠한가? 일반적으로 용인되고 있는 사실과는 달리 풍요 사회만이 지나침을 독점하는 것은 아니다. 여섯 명의 가족과 더불어 거리를 오가는 군중의 소음들로 둘러싸인 단칸방에서 사는 라고스의 주민은 이 같은 소음에서 단 한 순간도 벗어날 수 없다. 오직 부자들만이 미니멀리즘이라는 호사를 누릴 수 있다.

두 번째, 아무도 인간의 모든 활동을 평가할 수 있는 적절한 척도를 제시하지 못하고 있다. 그런 까닭에 더러는 인간이 너무 가진 것이 적다고 말하며, 더러는 그와 반대로 너무 많은 것을 가졌다고 말한다. 4세대에 걸친 신형 아이폰 시리즈를 만들어낸 스티브 잡스는 결코 4세대에서 멈추지 않았다.

세 번째, 지나침이라고 하는 것은 '우리가 너무 멀리 나갔다'는 의미를 함축한다. 하지만 과장의 화신인 인간은 인간에 비하면 너무도 적절해 보이는 온갖 피조물들의 정점에 섰다. 그렇다면 호모 사피엔스의 승리는 궁극적으로 만성적 결핍 상태에서 근근이 연명하는 다른 피조물들이 아니라 인간이 옳았음을 입증하는 증거가 아닐까?

## 인간은 유일하고 별종인 동물

많은 것들이 대단하다,
그렇지만 인간만큼 대단한 것은 아무것도 없다.

소포클레스, 《안티고네Antigone》

인간에게만 예외를 인정하는 것은 이단이다. 모든 종들의 기원을 거슬러 올라가면 유일한 조상에 이르게 된다는 다윈의 직관은 옳았다. 따라서 가계도에서 완전한 이방인으로 간주될 정도로 돌출된 모습을 보이는 후손은 한 명도 없어야 마땅하다. 다시 말해서 계통수에서는 독립적인 가지란 단 하나도 자라날 수 없다.

이는 존중받아 마땅한 입장이겠으나, 침팬지들의 대변인인 제인 구달Dame Jane Goodall마저도 그들과 우리 인간의 호기심 사이에는 깊은 골이 있음을 인정했다. 침팬지들 가운데 동물행동학자 침팬지를 본 사람이 있을까? 이런 나의 입장에 대한 반대의견들로 말하자면, 예를 들어 실편백나무가 말을 할 수 있다면 자기들 역시 특이한 개별성이 있다고 주장할 것이란 반박이 있다. 그렇다면, 나는 실편백나무의 개별성 또한 인간의 개별성 주장만큼이나 정당화될 수 있다고 대답할 것이다.

일부에서는 모든 피조물들이 고유한 독창성을 지니고 있으므로, 인간이 이러한 동물이나 식물에 비해 전혀 우월하다 할 수는 없다고 믿는다. 장이 피에르나 폴과 다른 것과 같은 이치로 실편백나무는 멀구슬나무나 포플러나무와 다르다. 이 같은 믿음은 충분히 매력적이면서 개방적이기는 하나, 여기서 우리는 '다르다'와 '프리크freak', 즉 괴짜, 별종을 혼동하지 말아야 한다. 인간은 절대적인 별종이다. 인간은 식생활, 폭력성, 사회화, 섹스, 부모 역할, 이동성 등 거의 모든 본질적인 영역에서 다른 피조물들과 구별된다. 인간만이 약간 별난 짓(발정기가 아닐 때에도 성관계를 갖고, 정원을 가꾸고, 목공 취미에 빠지는 등)을 하는 유일한 존재는 아닐지라도 인간의 행적은 다른 동물들의 행적에 비해 여러 광년 차이가 난다고 할 수 있다. 또한 인간만이 □□□(각자 네모를 채울 것)하는 유일한 존재는 아닐지도 모르겠지만, 인간만이 거의 언제나 □□□하며, 무엇보다도 인간만이 이론의 여지없이 평균보다 훨씬 우위에 올라서 있다. 요컨대 인간은 어느 모로 보나 '지나친' 피조물이다.

경고!

다음에 나오는 글들은 인간의 정의에 할애된 것이므로 인간을 지나침으로 특징짓는 것이 너무도 당연하다고 여기는 독자들은 건너뛸 것을 권한다.

**장소__** 아테네의 아카데미아.

**시간__** 기원전 4세기.

**출처__** 3세기경에 활동한 아나톨리아 사람 디오게네스 라에르티오스.

**사건__** 플라톤이 인간을 깃털 없는 두 발 달린 동물이라고 정의했다고 한 학생이 전한다. 그러자 모두들 박수를 친다. 이 소리를 들은 견유학자 디오게네스(우리의 출처가 된 후대의 디오게네스와는 아무런 관련이 없다)는 닭을 한 마리 잡아 털을 뽑더니 녀석을 강당 한가운데로 던지면서 외친다. "잘들 보시오! 내가 인간을 데려왔으니."

1770년 7월 쿠크 선장은 캥거루와 대면한 최초의 인간이 되었다. 그이후 인간은 유일한 깃털 없는 두 발 달린 동물이라는 지위를 박탈당했다. 새뮤얼 존슨 박사는 이 소식을 듣고 너무 놀란 나머지 1773년 고귀한 품위마저 벗어던진 채 캥거루라는 동물 흉내를 자청했다. 이 광경을 지켜본 증인 한 명은 "존슨 박사처럼 키가 매우 크고 덩치도 좋은 데다 태도마저 진지하기 이를 데 없는 남자가 캥거루의 자태와 행동을 흉내 내는 것보다 더 우스꽝스럽고 기괴한 건 없다"고 단언했다. 그러면서 당시 광경에 대해 "똑바로 선 박사는 안테나처럼 두 손을 가슴 앞에 가지런히 놓고, 캥거루의 뒤태를 흉내 내기 위해 갈색 망토의 끝자락을 가운데로 모은 다음 실내에서 두세 번 힘껏 뛰어올랐다"[13]고 전했다.

가상의 플라톤과 디오게네스의 언쟁 이후, 인간을 다른 동물들과 구별 짓는 특성의 목록은 길어지기만 했다. 일단 "인간은 □□□하는 유일한 동물"이라고 쓰기만 하면 우리 손이 알아서 백지 한 장이 다 차도록 이런 저런 특성들을 빼곡히 써내려갈 것이다. 나도 학생들과 실험을 해보았다. 불과 10분 사이에 제자들은 언어에서부터 요리, 성찰 능력, 오페라 등에 이르기까지 우리 인간 종에게 고유한 특성을 30가지나 적었다. 이러한 결과는 전혀 놀라울 것이 못 된다. 인간의 특성이라는 문제를 두고 여러 관점에서 살펴볼진대, 우리는 인체 구조에서부터 벌써 상당히 예사롭지 않은 양상을 보인다. 인류학자 애슐리 몬테규Ashley Montagu는 호모 사피엔스를 몸집 큰 다른 원숭이들 부류와 구별 짓는 21가지 특성을 제시했는데 특히 다리가 팔보다 길고, 턱이 앞으로 튀어나온 편이며, 두개골의 뒷면이 뒤쪽으로 많이 튀어나왔다[14]는 점 등이 눈에 띈다.

'열등 동물'이라는 제목의 에세이[15]에서 마크 트웨인은 자기 자신을 포함한 동료들이 스스로를 꽤나 위대하다고 믿는다면서 비난했다. 그는 인간은 인간보다 우월한 동물들의 후손이라는 자신의 견해를 피력하면서 인간이 지닌 복수심, 구두쇠 근성, 천박함, 품위 없는 행동, 순수함의 부재, 애국심 등의 특징을 열거했다. 이어서 이러한 결점들은 "인간에게서만 나타난다, 그러한 결점들을 만들어낸 건 인간"이라고 주장했다. 그에 따르면 인간은 "전쟁이라고 하는 최고의 잔혹성에 발 담고 있는 유일한 동물"이며, 노예적인 예속성, 복종심 따위도 두말할 필요 없이 인간의 전유물이라는 것이다. 인간은 또한 "유일하게 종교적인 동물이다. 인간은 진정한 종교(하나 또는 여러 가지 종교)를 지닌 유일한 동물이기도 하다".

마크 트웨인은 미국의 여러 대평원을 누비며 사냥에 전념했다는 한 영국 백작의 여행담을 들은 후 이 에세이를 썼다. 정오 무렵이 되었을 때 사냥꾼들이 벌써 들소를 72마리나 잡았으므로, 백작의 하인들은 큰 어려움 없이 그 가운데 한 마리의 등뼈 뒷부분 살을 한 점 베어 적당히 구워 주인에게 완벽한 안심 스테이크를 만들어 올렸다. 사냥꾼 일행은 온전한 물소 71마리와 살점 한 점이 떨어져나간 물소 한 마리의 사체를 들판에 그대로 버려둔 채 네브래스카주 링컨에 위치한 그들의 호텔로 돌아갔다.

아나콘다와 영국 백작을 결정적으로 구별 짓기 위해서 마크 트웨인은 실험 동물행태학을 창설했다. 그는 런던 동물원에 있는 아나콘다 우리 안에 송아지 일곱 마리를 들여보내도록 했다. "파충류 녀석은 감사하는 마음으로 즉시 송아지 한 마리에게 달려들더니 눈 깜짝 할 사이에 놈을 삼켰다. 그러더니 배가 부른 아나콘다는 기분이 좋은지 몸을 길게 펴고 누웠다. 녀석은 나머지 여섯 마리에 대해서는 아무런 관심도 보이지 않았을 뿐더러 그 녀석들을 해치려는 기색도 전혀 느껴지지 않았다." 한 가지 결론을 내릴 수 있다. 영국 백작은 잔인하며, 브라질 출신 파충류는 합리적이다.

여기서 우리는 피고를 변호하는 것이 아니라 그토록 많은 결점을 가진 동물은 어디에도 없다는 사실을 다시 한 번 확인하고자 한다. 우리는 성경의 전도서와 더불어 "인간은 다른 동물들과 마찬가지로 필연적으로 죽음을 맞이하게 되어 있으므로 그들보다 전혀 우월하지 않"으며, 그와 동시에 인간은 적어도 수량이라고 하는 한 가지 영역에서는 다른 동물들과 구별된다고 생각할 수밖에 없다. **다른 동물들이 하는 것이라면 인간도 한다. 그런데 인간은 그들보다 더, 훨씬 더 많이 한다.**

'다르다'는 말이 반드시 우위에 있게 됨을 의미하지는 않는다. 오히려 그 반대일 수도 있다. 인간을 정의하려 시도했던 고대 그리스와 로마의 문필가들은 다른 무엇보다도 일단 인간의 태생적 나약함에 충격을 받았다. 인간이라는 피조물은 전적으로 날개나 딱딱한 갑옷, 털옷 또는 비늘 같은 무기를 지니지 못했을 뿐 아니라 치아도 예리하지 않으며, 발굽도 맹독도 지니고 있지 않다. 시력은 별 볼 일 없고 청각이며 후각도 그리 내세울 게 못 된다. 인간은 무방비 상태로 세상에 나왔으며 동물계의 나머지 종들을 상대하기 위해 인간이 사용할 수 있는 거라곤 뇌가 전부다.

고대 로마의 플리니우스가 《박물지Naturalis Historia》에서 꺼낸 말을 들어보자. "태어나는 날, 자연은 인간을 완전히 벌거벗은 상태로 세상에 던진다. 인간이 지닌 유일한 자산은 울음과 고함뿐이다. 생명의 첫 새벽을 이렇듯 울음만으로 여는 피조물이라고는 어디에도 없다. 인간은 태어난 지 40일은 지나야 웃음이라는 것을 알게 된다."

그런가 하면 루크레티우스는 〈사물의 본성에 관하여De rerum natura〉에서 이렇게 노래한다. "갓난아기는 파도에 휩쓸려 조난당한 뱃사람처럼, 가엾은 영혼, 헐벗고 침묵한 채 육지에 누워 있다. 진통 가운데 자궁에서 솟아난 무방비 상태의 젖먹이 아기여, 자연은 아직 그 아기를 살아갈 수 있도록 준비시키지 않았네. 자연은 그 아기를 거의 도와주지 않았네."

《프로타고라스》에서 플라톤은 인간의 우월함과 약점의 대차대조표를 작성하며, 인간의 지적 능력이야말로 그 태생적인 열등함에 대한 보상임을 알게 된다. 그의 이 같은 진단은 천지창조 신화에 토대를 두고 있다. 거인 에피메테우스는 제우스신으로부터 "흙과 불로 빚어진" 모든 피조물들에게 그들이 필요로 하는 모든 것을 제공하고, 그들이 "다른 어느 종으로부터도 멸망의 위협을 받는 일이 없도록" 각자에게 스스로를 방어할 수 있는 수단을 갖춰주라는 명령을 받는다. 인간의 차례가 되었을 때, 거인은 가지고 있던 모든 무기를 이미 다 나눠주었음을 알아차린다. 이처럼 경솔한 처사를 만회하기 위해 거인의 쌍둥이 동생인 프로메테우스는 불과 지혜(이는 아테나 여신 담당이기도 하다)의 신 헤파이스토스에게서 불꽃 하나를 슬쩍 빼돌려 "이 무방비 상태의 피조물"에게 건넨다.

진화론의 그리스 로마식 버전에 따르면, 호모가 사피엔스가 된 까닭은 그에게 다른 선택지가 없기 때문이었다. 호모는 태생적인 장애에도 불구하고 살아남기 위해 사피엔스가 되어야 했다는 것이다. "너는 전략으로 싸우라. 승리는 지략이 많음에 있느니라"(잠언 24장 6절). 모든 피조물들은 그들이 세상에 온 모습 그대로 남아 있으나 인간은 지적 능력 덕분에 요람에서 무덤까지 끊임없이 변화한다. 이는 성인이 되기 전에 변신 과정을 겪는 나비들과도 다르다.

미약하기 짝이 없는 초반부에도 불구하고 인간이 번성을 거듭한다고 하는 사실은 르네상스시대에도 매우 인기 있었던 연구 주제였다. 이 고전적인 주제에 대한 조반나 피코 델라 미란돌라의 즉흥시는 특별히 우아하다. '존재의 거대한 사슬 속에서 인간의 자리는 정해져 있지 않으므로 야곱의 사다리를 타고 기어올라 천사의 발가락을 간지럽힐 수도, 짐승의 수준으로 추락할 수도 있다.'

조반나 피코 델라 미란돌라는 카멜레온 기질(실제로 그는 카멜레온을 반려동물 삼아 길렀다)보다 더 유용한 덕목은 없으며, 인간보다 더 카멜레온 같은 동물은 없다고 선언함으로써 시대를 앞서가는 정신의 소유자임을 드러냈다. 생명의 유연성, 다시 말해서 분자와 세포, 조직들이 형태와 기능을 변화시키는 능력은 오늘날 생물학계가 열을 올리는 '핫'

한 주제다. 다윈은 당시에 이미 의태擬態(곤충들이 포식자들을 쫓아버리기 위해 독성 피조물의 색깔이나 외양을 취하는 행태)가 자신의 이론을 입증하는 사례가 될 수 있음을 간파했다.

이렇듯 인간은 의지적으로 카멜레온 기질을 발휘할 수 있으므로 생물학적인 관점에서 볼 때 가장 '첨단을 가는' 동물이다. 인간은 스스로 자신의 모습을 가꿀 수 있으며, 따라서 타고난 것에서 학습된 것으로 넘어갈 수 있다. 위대한 생물학자 줄리안 헉슬리는 여기서 더 나아간다. "인간은 진화의 첨병이며, 우리가 사는 세계를 이루고 있는 질료 가운데 추가적인 진보를 성취할 수 있는 유일한 부분이다. 인간은 또한 대규모 변화를 겪게 되더라도 그것을 감수할 수 있는 유일한 종이기도 하다." 이것이 바로 인간의 위대함이다. 그와 동시에 인간의 비극이기도 하다. 인간이 지구를 지배하게 되었으며, 그로 인해 지구를 멸망의 위기로 몰아넣게 되었으므로 이는 지구의 비극으로 이어진다.

인간의 전혀 자연스럽지 않은 천성은 많은 사상가들의 관심거리였다. 데카르트René Descartes는 동물들의 행태는 기계적이며, 그런 의미에서 동물들은 자동인형들과 전혀 구별되지 않는다고 주장했다. 그에 따르면 인간만이 유일하게 개별적으로 행동할 수 있다. 인간은 목적에 따라 행동을 조절할 수 있기 때문이다. 쇼펜하우어Arthur Schopenhauer에 따르면 오직 인간만이 추억과 희망, 후회와 환상을 지닌 반면 다른 피조물들은 "육화된 현재"라고 할 수 있다. "지금 여기"에 단단하게 뿌리내린 다른 피조물들은 과거와 미래가 안겨주는 고통에서 비켜나 있다. "동물들이란 현재의 구체화된 형상들"인 것이다. 니체는 여기에 덧붙인다. "인간만이 약속을 할 수 있는 동물이다."

에리히 프롬Erich Fromm은 인간만이 "나"라고 말할 수 있다고 주장한다. 인간만이 다른 것에서 스스로를 분리시키는 경험을 할 수 있는 유일한 피조물이기 때문이다. 인간만이 유일하게 방화범, 철학자, 축구선수, 음악가, 이야기꾼, 몽상가 등 자신을 다른 피조물들과 구별 짓는 것을 찾아나서는 탐험가다. 답이 "아무것도 없다"라거나 인간은 자연과 완벽한 공생 관계에 있다고 믿는 경우에조차 '인간은 다른 피조물들과 어떻게 다른가'라는 질문에서 벗어날 도리가 없다. 이와 같은 편집증적인 집착은 위대함에 대한 망상 또는 고삐 풀린 자기도취가 낳은 산물이 아니라 어디까지나 상식의 결과물이다. 석기시대 인간들조차 자신들이 아프리카 초원의 다른 동물과도 닮지 않았다는 사실을 모르지 않았다.

유럽뿐만 아니라 도처에서 똑같은 통찰력이 관찰된다. 고대 중국의 철학자 순자荀子는 이렇게 말했다. "불과 물은 에너지이긴 하나 그 자체로 생명은 아니다. 풀과 나무들은 살아 있는 생명체이나 감각을 지니고 있지 않다. 새와 동물들은 감각을 지녔으나 공정성을 갖추지 못했다. 그렇기 때문에 인간만이 이 하늘 아래에서 가장 위대한 가치를 지닌 피조물이다." 중국에서도 '불안정성'이란 화두가 지배적이다. 맹자孟子의 말을 들어보자. "자기 안에 깃들어 있는 가장 비천한 것(감각, 본능)을 좇는 인간은 열등한 인간이 아니라 그저 동물일 뿐이다."

인도 출신 문필가 라빈드라나트 타고르는 "동물의 한 부류로 보자면 인간은 여전히 자연에 속하지만, 따로 떼어놓고 생각한다면 인간은 자신만의 세계를 건설하고 이를 통치하는 주인"이라고 말한다. 서양에 힌두교를 수입한 비베카난다는 이렇게 말했다. "현재로 만족한다고?! 그런 건 소나 개, 다른 모든 동물들에게나 들어맞는 소리다. 인간이 현재에 만족한 채 즉각적인 것 너머에 있는 것을 추구하기를 단념한다면 인류는 동물 수준으로 뒷걸음질치지 않을 수 없다."[16]

자신이 내세운 생물학적 연속성 법칙에 발이 묶인 처지였던 다윈도 명백함 앞에서 무릎을 꿇을 수밖에 없었다. 1859년 발간된《종의 기원》에서는 인간이라는 사례를 페스트만큼이나 멀리 하려 애썼던 다윈조차 결국 1871년 인간을 다룬 명저《인간의 유래와 성선택》을 펴낸다. 이 책은 대단히 계시적인 말로 끝맺는다. "우리는 비록 온전히 자신의 힘으로 이룬 것이 아닐지라도 생명체 사다리에서 가장 높은 꼭대기에 도달했다는 데 대해 다소간의 자부심을 느끼는 인간을 용서할 수 있다. 인간이 처음부터 그곳에서 출발한 것이 아니라 어찌어찌 하다가 그 사다리의 제일 높은 부분에 도달했다는 사실은 인간으로 하여금 머나먼 미래엔 더 높은 곳에 도달할 수도 있으리라는 희망을 품게 한다."

어째서 세상의 주인이 그보다 더 나은 자리를 열망해야 할까? 실라칸트를 보자. '살아 있는 화석'이라고 불리는 이 중생대 물고기는 한 번도 대양을 지배한 적이 없으면서도 이미 4억 년 전에 진화를 끝냈다. 반면 인간은 투쟁이 이제 막 시작되었다는 듯한 태도를 취하고 있지 않은가.

사람들이 월리스의 이단을 옹호하면서도 여전히 다윈의 그늘 아래 남아 있기를 원한다는 이유를 들어 나를 비난한다면, 나는 스승의 뒤를 따라가고 있는 세 명의 열성적인 신다윈주의자들의 사례를 제시하겠다. 우선 줄리안 헉슬리Julian Huxley를 든다. '다윈의 불독'이라고 불린 토마스 헉슬리의 손자로 1943년에《인간의 개별성》을 출간했다. 다음으로는 비들George Beadle이 있다. 1958년도 노벨 생물학상 수상자인 그는 노벨상을 받기 2년 전에《인간의 유일성》을 썼다. "앞으로 닥칠 인간의 진화는 문화적인 면에서건 생물학적인 면에서건 무제한적이다. 아니, 그 이상이다. 비록 진화의 방향이 그의 두 손에 달려 있다고 하더라도 말이다." 마지막으로 에른스트 마이어Ernst Mayr를 꼽는다. 신다윈주의자라는 족속의 좌장격으로 가장 열성적이기도 했던 그는 다윈에게 바친 80년을 월리스 냄새가 나는 다음과 같은 말로 요약했다. "인간은, 이제껏 많은 철학자들과 신학자들이 주장해왔듯이 아주 독특한 방식으로 다른 모든 동물들과는 구별된다."

## 결론!

플라톤, 솔로몬 왕, 피코 델라 미란돌라, 비베카난다, 순자, 다윈, 프로이트 같은 이들은 모두 같은 결론에 도달했다. 호모 사피엔스는 만성적인 불만 상태 때문에 괴로워하는데, 이는 현실을 있는 그대로 받아들이려 하지 않기 때문이다.

## 인간이 할수 있으면 동물도 할수 있다

내가 암고양이 녀석과 놀 때면,

내가 그 녀석과 놀아준다기보다

그 녀석이 나를 데리고 놀아주는 건지 누가 안단 말인가?

몽테뉴Michel Montaigne[17]

그러나 단념할 줄 모르는 동물행동학자들은 인간이 지닌 능력들 가운데 동물들에게서 그 흔적이 발견되지 않는 것이라고는 없다고 주장한다. 인간이 어떤 업적이나 악행을 들먹거릴 때면 그들은 자동적으로 이런 동물 또는 저런 동물에게서 그와 동일한 특징이 나타나지는 않는지 살피고, 결국 찾아내고야 만다. 사실 그들이야말로 신다윈주의라는 요새를 철통 방어하는 진정한 경비원들이다. 하지만 동물행동학자들은 대부분의 진화생물학자들이 하듯이 유전자적인 상동관계homology 위에 패러다임을 확고하게 앉히는 것이 아니라 행동의 상사analogy에 중요성을 부여한다. 우리의 조상들은 생존과 종족 보존이라고 하는, 다른 동물들과 동일한 도전에 맞서야 했으며 그들과 다를 바 없는 생태계에서 살면서 그들과 유사한 해결책을 찾아내야 했다. 이를 가리켜 공진화 coevolution라고 한다. 동물들도 손과 신체기관, 감각, 감정, 열정 등을 지니고 있지 않을까? 실제로 박쥐와 독수리는 하나는 포유류이고 다른 하나는 조류임에도 둘 다 날개가 발달했다. 마찬가지로 인간의 유아와 얼룩점박이 하이에나의 새끼는 둘 다 놀이에 모든 시간을 바치며, 심지어 아주 위험한 놀이도 마다하지 않는다. 이는 인간과 하이에나 모두 수많은 도전에 직면해야 하는 성년을 놀이로 대비하기 때문이다.

경고!

지금부터 전개될 내용은 상상 가능한 모든 분야에서
우리가 이룬 업적을 성취할 수 있는 동물이 적어도 한

부류는 있다는 동물행동학자들의 주장을 변호하는 데 할애되었다.

동물행동학자들은 인간의 우월의식 치료를 임무로 삼고 있다. 그들의 집요함은 이중으로 보상받는다. 우선 그들이 인간적인, 너무도 인간적인 동물을 발견할 때다. 이 소식은 순식간에 지구를 한 바퀴 돈다. 때문에 오스트레일리아 동물학자들은 인도태평양 병코돌고래들이 오징어를 죽여 이를 소비하기 위해서 매우 기발한 행동을 한다는 사실을 발견했다. 이 '소식'은 다음과 같은 말로 언론에 소개되었다. "오스트레일리아 돌고래는 비록 손도 칼도 없으나 비할 데 없이 뛰어난 요리사다."[18]

큰가시고기는 아홉 개의 척추 뼈를 지닌 민물고기다. 2009년까지만 해도 이 물고기는 뇌가 너무 작아서 제한적인 삶을 살아야 할 것이라는 추측이 일반적이었다. 그런데 사정이 달라졌다. 어류학자들이 이제까지 다른 동물들에게서는 발견되지 않았던 사회적 학습 능력을 큰가시고기에게서 발견한 것이었다. 큰가시고기의 75퍼센트 정도는 동료들을 관찰함으로써 자신은 그 구멍을 통해 먹이를 먹은 적이 별로 없어도 먹이 공급 장치의 어떤 구멍에서 제일 맛있는 먹이가 나오는지 알아차릴 만큼 영리했다. 신문이나 라디오에서는 서둘러서 이 소식을 전했다. "큰가시고기가 물고기들 가운데에서 가장 높은 지능을 자랑한다"(《스카이 뉴스Sky News》), "큰가시고기가 인간에 버금가는 지능을 지녔음을 입증했다"(《가디언The Guardian》).

프랑스의 작가 라블레François Rabelais

**상동**_ 공통적인 근원에 토대를 둔 유사성.

**상사**_ 공통적인 근원 없이 유사한 상황. 상사는 흔히 유사한 기회에서 비롯된다.

**공진화**_ 공통적인 근원이 없음에도 유사한 특성이 발달되어 나가는 현상.

는 인간의 우월성은 웃는 능력에서 확인할 수 있다고 주장했다. 니체도 그의 말에 일리가 있다고 인정했다. "인간만이 유일하게 웃음을 발명할 정도로 강도 높게 고통받는다." 그런데 2005년, 에스토니아에서 태어난 심리학자 야크 판크셉Jaak Panksepp 교수가 쥐들을 간질이자 녀석들은 몸을 비비꼬며 웃어댔다.[19] 쥐의 초음파적인 웃음소리를 듣기 위해서는 특별한 장치가 필요하다는 사실에 착안한 그는 쥐들에게 웃음이란 사회화의 한 방편이라고 결론지었다. 하지만 그들 자신 외에 그 누가 쥐들의 유머 감각을 알아줄 수 있을까? 아주 어린 영장류 역시 웃을 줄 안다는 사실을 발견했을 때 동물행동학자들이 얼마나 기뻐했을지 상상해보자. 연구자들은 인간 갓난아기 세 명, 오랑우탄 새끼 열두 마리, 보노보와 고릴라, 침팬지 새끼 각각 한 마리에게 간지럼을 태운 다음 이들이 내는 소리를 비교했다. 각기 다른 이 소리들을 비교 가능한 단위로 쪼개는 컴퓨터 프로그램을 돌리자 뚜렷하게 구별되는 11개의 시퀀스가 얻어졌다. 이 자료를 토대로 그들은 원숭이와 인간의 공통적인 조상들로부터 그들에 이르기까지 웃음의 진화 과정을 보여주는 도표를 작성하려 했다.[20]

농담 외에 우리 인간이 타이틀 보유자로서의 지위를 포기하지 않는 또 하나의 분야가 있다면 바로 섹스의 영역이다. 번식 능력은 생물학의 토대이며 하나의 개체가 지니는 활력은 바로 이 번식 능력을 척도로 평가된다. 그렇기 때문에 '생각하는 동물' 인간의 맹목적인, 번식을 목적으로 하지 않는 성생활은 인간의 기이함을 보여주는 가장 극단적인 사례로 여겨지기도 한다. 따라서 다음의 사례는 인간의 독창성에 대한 상당한 공격이 아닐 수 없다. 돌고래나 보노보들도 암컷이 임신 가능한 연령인지 아닌지와 상관없이 "그렇게 한다"는 것이다.

그렇다면 동성애는 어떠한가? 자연선택은 쓸 데 없이 정자를 흘리고 다니는 자들을 멸종시켰어야 마땅했다. 그러나 "자연엔 모든 취향이 깃들어 있다." 아델리 펭귄 수컷은 남극지방에서 남색질을 하며, 아마존강돌고래Inia geoffrensis는 성기를 상대의 비공鼻孔에 박아 넣고 사정한다. 돼지꼬리 마카카의 경우 암컷들은 때로 자기들끼리 오르가슴에 이르기도 한다. 또한 돌고래나 바다소, 비비류 원숭이, 펭귄, 보노보(아, 깜찍한 녀석 같으니!) 등에서도 동성애가 관찰된다.

수음, 근친상간, 시간, 강간, 금욕 등 모든 변태적 행위가 자연에서 관찰된다. 사마귀 암컷은 성행위 동안 상대의 머리를 갉아먹는 것으로 알려져 있다. 그런데 이런 종류의 잔혹행위는 사마귀만 자행하는 것이 아니다. 대다수가 거미류에 속하기는 하지만 무려 80종의 암컷이 동족을 잡아먹는 잔혹행위와 성욕을 동시에 해결한다. 파리매는 이른바 달인이라고 할 수 있다. 녀석은 수컷을 사냥해서 놈의 머리에 자신의 흡관을 박은 다음 타액을 이용해서 문자 그대로 상대의 전신을 액화시켜버린다. 그리고 정액을 함유한 그 액체를 빨아먹은 후 연인의 빈껍데기는 빈 콜라깡통 던지듯 버려버린다.

인간만이 유일하게 다른 종과의 동물성애를 독점한다면서 자위할 수도 없다. 성욕이 넘치는 돌고래는 거북이, 상어, 심지어 뱀장어들과도 닥치는 대로 섹스를 한다. 다만 폐경만큼은 분명 인간에게만 해당된다. 사실 자손을 생산하는 능력이 종착점에 다다르면 암컷의 생물학적 존재 이유 역시 막을 내리게 된다. 그렇긴 하나 최근 연구에 따르면 노화 상태, 즉 대략 서른 살 정도에 접어든 고릴라 암컷의 23퍼센트는 폐경을 맞았고, 32퍼센트는 폐경에 앞서 나타나는 증후를 보인다고 한다. 이 특종은《뉴욕 타임스》에서 대대적으로 보도되었다.

　그렇다면 이타주의는 어떨까? 아주 최근까지만 하더라도 모두들 인간만이 자연에 반하는 동물인 까닭에 남을 위해 자신을 희생할 줄 안다고 믿었다. 그러나 해마들도 포식자에게 부모를 잃고 고아가 된 어린 해마들을 입양한다는 사실이 알려졌다. 남아프리카 공화국의 푸른원숭이들은 동료 원숭이들이 위험에 처했을 때 고함을 질러 경고한다. 그렇게 하면 자신의 위치가 노출되어 위험에 빠지게 됨에도 불구하고 말이다. 흡혈박쥐들은 방금 빨아들인 신선한 피를 자기보다 운이 덜 좋아 먹이를 얻지 못한 동료들에게 나눠준다.

　이러한 사례들은 예외일까? 그럴 수도 있다. 하지만 솔직해지자. 자기희생은 인간들 사이에서도 흔한 일은 아니다. 유대전통에 따르면 각 세대는 36인의 차디크tsadik, 즉 의로운 자들을 배출한다. 더도 덜도 아니고 서른여섯 명이다. 의인 한 명이 죽으면 다른 한 명이 그 자리를 메운다. 그런데 실험실에서 얻어낸 결과에 따르면 일정 수준의 이타주의는 우리가 흔히 생각하는 것만큼 드물지는 않다. 연구자들은 원숭이와 쥐들에게 먹을 것을 얻기 위해 지렛대를 움직이는 방법을 학습시켰다. 우리 안에 자기들끼리만 남게 되자 녀석들은 망설이지 않고 지렛대를 작동시켰다. 그러나 지렛대를 작동시킴으로써 이웃한 우리 안에 있는 동료들 가운데 한 녀석이 전기충격을 받게 된다는 사실을 알게 되자 녀석들이 지렛대를 움직이는 빈도는 눈에 띄게 낮아졌다. 마치 녀석들이 칸트와 그가 제시한 정언명령 또는 "사람들이 너에게 하지 않기를 바라는 것은 너도 남에게 하지 말라"는 랍비 힐렐의 제자라도 되는 것처럼 말이다. '너에게 다른 선택이 없다면, 다른 이들에게 가장 해를 덜 끼치는 방식으

로 행동하라.' 그러고 보면《상호부조, 진화의 한 요소》(1902년)라는 저서
를 남긴 이도 다름 아닌 무정부주의 동물학자 크로포트킨Кропóткин이
었다.

다른 모든 특성과 마찬가지로 희생정신 또한 유전적인 토대에 뿌리
내리고 있다고 봐야 한다. "이타주의 유전자"라는 명칭은 AVPRI 유전
자에 어울릴 법한데, 이 유전자의 특정 변이체를 지닌 사람들은 특별히
봉사정신이 뛰어나기 때문이다. 평생 일부일처제를 고집하며 자식들을
돌보는 프레리들쥐들이 이 고귀한 변이체를 지니고 있다. 반면 산악쥐
와 밭쥐는 그 같은 변종 유전자를 지니지 않은 탓인지 짝짓기를 함에 있
어서 특정 상대를 고집하지 않으며, 자식이 태어나도 방치한다.

동물행동학자들은 동물의 세계에서도 신기술의 싹이 발견되는지
탐구하며, 실제로 긍정적인 결과를 발견해내곤 한다. 코트디부아르의
침팬지들이 돌을 이용해 호두를 깨뜨리는 광경을 관찰하게 되자 동물
행동학자들은 축배를 들어올렸다. 또한 이웃한 탄자니아 침팬지들이
나뭇가지를 이용해 흰개미를 잡는 장면을 보게 되었을 때에는 샴페인
잔이 여러 순배 돌았다. 같은 녀석들이 '낚싯대'를 이용해 둥지로부터
개미들을 밖으로 끌어내는 장면을 적외선 카메라가 포착했을 때에는
거의 불꽃놀이 파티가 열릴 지경이었다. 물론 방금 열거한 사례들은 동
물 수준에서 보자면 너무도 예외적으로 뛰어난 기술적 위업에 해당될
것이다. 하지만 침팬지의 '낚싯대'와 연구자의 적외선 카메라 사이의 표
준 편차standard deviation는 어느 정도나 될까?

농업조차도 인류만의 발명품은 아니다. 중앙아프리카와 남아프리
카에 서식하는 아타속 개미들은 신석기시대 혁명보다 5,000만 년 앞서

표준 편차_ 평균값을 중심으로 일
련의 값의 분포를 측정하는 방식.
두 개 이상의 편차는 정상을 벗어
난 것이고, 네 개 이상부터는 괴
짜들의 세상이 펼쳐진다.

서 이미 버섯류를 배양하기 시작했다. 그 지역
에 서식하는 대다수 나무들의 잎이 그 상태 그
대로는 먹을 수 없는 형편이었으므로 그들에게
는 다른 선택지가 없었다. 일개미들이 잎을 잘라서 그 잎을 등에 지고
운반해온다. 그러면 다른 개미들이 그 잎들을 비료로 변화시킨다. 이렇
게 만들어진 비료는 버섯류를 배양하는 데 사용되며 개미들은 그 버섯
류를 양식으로 섭취한다.

　날이 갈수록 동물행동학자들은 동물들에게서 오래도록 인간의 전
유물로 여겨지던 특징들을 새록새록 발견하고 있다. 미적 감각? 동물들
또한 암컷들은 잘생긴 수컷들을 선호한다. 잡식성? 돼지, 곰, 화식조만

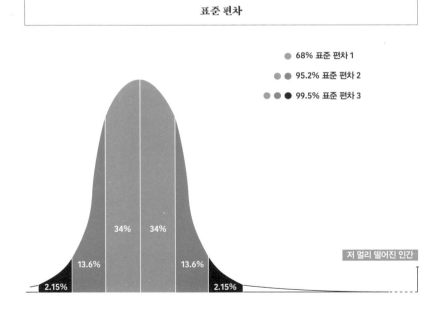

표준 편차

● 68% 표준 편차 1
● ● 95.2% 표준 편차 2
● ● ● 99.5% 표준 편차 3

34%　34%

13.6%　13.6%

2.15%　2.15%

저 멀리 떨어진 인간

농사짓는 개미.
종을 떠나 노동자는 언제나 고달프다.

보더라도 무엇이든 가리지 않고 잘 먹는다. 적어도 폭력을 위한 폭력만큼은 우리 인간만의 전유물이라고 장담할 수 있을까? 그마저도 아니다! 탄자니아의 카사켈라 공동체 소속 침팬지 수컷들은 이웃한 두 개의 다른 공동체에서 맹목적인 살생과 납치 등을 자행한다. 물론 이 사실을 액면 그대로 받아들여서는 곤란하다. 분명 녀석들이 저지른 이러한 일탈 행위는 우리 인간 사회에서 자행되는 범죄 행위와 상당한 유사성을 보인다. 그러나 까마득한 차이를 보이는 졸병과 장군 사이가 많은 유사성을 가진 탄자니아 침팬지와 후투족 사이 혹은 꾀꼬리와 비틀스의 사이보다는 훨씬 가깝다.

생물학적 연속성 원칙을 동물계에만 국한해야 할 이유란 전혀 없다. 진화론 창시자의 조부인 에라스무스 다윈은 손자 찰스에 앞서 이미 식물들에게도 리비도가 존재한다고 주장했다. 식물들도 사랑에 빠지면 욕망하고 실연당하기도 하며, 쾌감뿐만 아니라 질투심마저도 느낀다는 것이었다(《식물들의 사랑》, 1789년). 오직 광물학자들만 아직까지 돌멩이들에게도 마음이 있음을 백일하에 드러내지 못했다.

그렇다고 해도 동물행동학자들의 바구니가 빼곡하게 찬 것은 아니다. 아직도 동물들에게서는 개인주의니 쓰레기 생산, 애국심, 종교성, 죽음에 관한 의식 등에 해당되는 것들을 찾아내지 못한 상태다. 구석기 전문가 리처드 리키Richard Leakey는 "아무리 봐도 침팬지들은 죽음과 대면해서는 상당히 곤혹스러워하는 것이 사실이다. … 아직 아무도 녀석들이 자신들의 임종에 대해 인식하고 있다는 증거를 제시하지 못했다"고 인정했다. 익명의 힌두교도는 "당신이 아직 자신의 죽음에 대해 의식하지 못한다면, 그건 당신이 아직 인간이 아니기 때문이다. 인간과 동물의 결정적인 차이가 바로 거기에 있다. 동물에게 있어서 죽음이란 나 아닌 남에게만 일어나는 일이다. 당신 역시 죽음은 다른 사람의 일이라고 생각한다면, 그건 당신이 동물의 영혼을 지니고 살고 있음을 뜻한다"고 주장했다.

150년 동안 이어진 연구는 다윈이 옳았음을 입증했다. 인간과 다른 피조물들 사이에는 분명 연속성이 존재한다. 그러나 인간이 할 수 있는 모든 것을 동물들도 할 수 있음을 십분 인정한다고 할지라도, 인간이 확연히 우월한 하나의 차원이 있으니 바로 지나침의 영역이다. 웃음, 도착증, 요리, 상호부조 등의 다양한 활동 등에서 인간은 평균에서 수십 개의 표준 편차를 보인다. 보노보가 제아무리 일 년 365일 성관계를 갖는다고 해도 인간이 만든 야한 동영상이나 카마수트라의 수준과는 거리가 멀다. 쥐들은 이따금씩 웃긴 하나, 녀석들의 개그 레퍼토리는 전설적인 희극인 루초 막스가 구사하는 레퍼토리와는 비교도 할 수 없다. 오스트레일리아 돌고래가 오징어를 주재료로 삼아 만들어내는 요리 가운데 미슐랭 별점을 받은 요리는 단 한 개도 없다.

## 인간이 별종이라고?

자연에서 "동물군은 나와 나 아닌 남들, 이렇게 두 개의 진영으로 뚜렷하게 구분된다"고 단언할 수 있는 권리를 가진 피조물이 인간 말고 또 있을까? 있다, 바로 오리너구리다. 18세기에 최초로 오리너구리에 대해 묘사한 이는 놀라움을 감추지 않으며 이렇게 설명했다. "녀석은 어류인 동시에 조류이자 네 발 짐승, 이렇게 세 가지 속성을 지니고 있다. '오르니토르힌쿠스 파라독수스Ornithorhynchus paradoxus'라는 녀석의 첫 번째 분류군은 이렇게 해서 생겨났다. 이 기묘한 조립품의 최초 품종이 1797년 영국 땅에 도착했을 때 모든 사람들은 모조품이라고 확신했다. 그러면서 이 혼란한 시기에 원숭이 몸에 물고기 꼬리를 붙이고는 인어라도 되는 양 버젓이 시장에 내놓은 중국 박제기술자들을 향해 미심쩍다는 표정으로 손가락질을 해댔다. 동물학자들이 마침내 문제의 오리너구리가 모조품이 아니라 진품임을 확인하자, 수컷은 독을 생산하고 암컷은 알을 낳는다는 소문까지 돌았다!

그런데 진실은 이보다 한층 더 놀라웠다. 오리너구리들은 늪지대에 서식하면서 눈을 감고 귀와 코를 막은 채 먹잇감 사냥에 나선다. 그런 상태로도 녀석들은 매일 밤 자기 체중의 절반 정도에 해당되는 먹이를 성공적으로 구한다. 녀석들의 부리에 달린 4만 개의 전자 집적기, 6만 개의 기계식 집적기 덕분이다. 오리너구리가 갖추고 있는 이 같은 첨단 기술에 비하면 박쥐들의 음파탐지기는 보잘것없는 수준에 불과하다.

털과 젖꼭지를 지닌 이 괴상한 오리들은 DNA 분석이 이루어지기도 전에 이미 기이함 분야의 최고임을 인정받았다. 그런데 녀석의 유전자 분석이 이루어진 오늘날에도 당시에 얻은 그 타이틀에 이의를 제기할 사람은 아무도 없다. 22억 개의 코드화된 글자들은 이 동물이 포유류인 동시에 조류이며 거기에다 파충류적인 특성도 일부 지니고 있음을 밝혀냈다. "우리는 도마뱀과 조류에서 오리너구리 유전자들의 일부를 찾아냈는데, 이 동물의 다른 유전자들은 포유류의 유전자들과 유사함을 보인다"고 연구진 가운데 한 명이 발표했다. "오리너구리는 다른 포

오리너구리.

유류 동물들이 도마뱀과 유사성을 보이던 시기에 지니고 있던 유전자들을 상당수 보존하고 있다." 녀석의 성에 관해서는 더 말할 나위도 없다. 우리 인간에게는 X와 Y라는 두 개의 성염색체가 있을 뿐이지만 녀석은 다섯 개의 X와 다섯 개의 Y 염색체를 지니고 있다!

그러니 인간과 오리너구리 중에서 누가 궁극적인 "남"이란 말인가? 판단은 기린에게 맡기자. 하지만 최후의 심판을 내리기 전에 기린에게 한 마디 귀띔해줄 필요가 있다. 오리너구리는 기이한 존재가 되기 위해 그 스스로가 기여한 바가 전혀 없으나, 인간은 본인이 나서서 남과 달라진 이른바 '셀프메이드 별종'이라는 사실 말이다. 인간이 언제부터 그렇게 되었느냐고? 그건 내일이 발명된 이후, '이집트'로부터의 탈출 이후라고 보아야 할 것이다.

## 번뇌 또는 문명의 불안

이것이, 오 승려들이여, 고성제苦聖諦다. 태어나는 것도 고요, 늙는 것도 고, 병드는 것도 고, 죽는 것도 고다. 슬픔과 비통, 고통, 낙담, 절망 모두가 고다. 사랑하지 않는 것과 하나가 되는 것도 고며, 사랑하거나 마음에 드는 것과 헤어지는 것도 고, 욕망하는 것을 얻지 못하는 것도 고다. 요컨대 … 집착이 곧 고다.

카마수트라와 유머, 죽음에 대한 두려움, 애국심, 관광, 기네스북, 종교성의 공통분모는 무엇일까? 병적인 불안정성이다. "인간은 웃고 우는 유일한 동물이다. 인간만이 생긴 모습 그대로의 사물과 그것이 어떠해야 한다는 관념으로서의 사물 사이의 커다란 간극에 놀라는 유일한 동물이기 때문"이라고 영국 출신 작가 윌리엄 해즐릿이 말했다. 그런데 오늘보다 나은 내일을 상상하기 위해서는 존재하지 않는 것 속으로 자신을 투사해야 한다. **우리를 다른 생명체들과 구별 짓는 모든 특징은 "미래의 허벅지"에서 나왔다는 것이 바로 이 책의 중심 논지다.**

우리는 불만족이란 최근에 나타난 감정이며, 과거의 인간들은 기쁨으로 채색된 운명주의자적인 태도로 자신의 운명을 받아들였다고 믿는다. 그러나 풍요 사회와는 거리가 멀어도 한참 멀 뿐 아니라 오늘날의 인도 사람들보다 훨씬 더 빈곤하게 살았을 것이 분명한 고대 인도에서 붓다는 인간을 영원한 불만분자라고 치부했다. 네 개의 진리, 곧 '사성제' 가운데에서 그는 제일 먼저 나오는 고, 즉 인간에게만 해당되는 특별한 형태의 괴로움을 설명한다. 이 진리는 '모든 삶은 만족스럽지 않다' 또는 '뜻대로 되지 않는다'로 요약된다. 그렇다면 이 같은 불만은 어디에서 비롯되는가? 불만은 자신이 아닌 것, 자신이 갖지 못한 것을 욕망하는 데에서 생겨난다. 최근 27개국에서 여성들의 삶의 조건에 관해 실시한 조사에 따르면 스트레스와 희망, 소비지상주의 사이에는 매우 강력한 상관관계가 있다. 개발도상국 여성들은 세 분야에서 선두권에 올랐다. 인도 여성들이 가장 심하게 불안을 느끼며(87퍼센트. 같은 질문에 그렇다고 답한 프랑스 여성의 비율은 65퍼센트), 화장품과 의류 구입에 가장 많은 돈을 쓴다. 반면 터키 여성들(92퍼센트. 선진국 여성들은 48퍼센트)과 나이지리아, 말레이시아 여성들이 가장 낙천적이었다.[21]

있는 그대로의 상황을 받아들이지 못하는 최초의 낌새가 나타난 것은 지금으로부터 2억 년 전, 선사시대의 아프리카에서였다. 호모 하빌리스와 호모 에렉투스가 만든 연장들은 현실을 자기들 입맛대로 바꾸려는 그들의 성향을 잘 보여준다. 그들은 불을 사용함으로써 그렇지 않았더라면 일반적인 영장류의 소화체계로는 도저히 감내할 수 없었을 각종 뿌리와 식물, 육류를 소비할 수 있었다. 그러나 그들이 자연에 가한 아주 가벼운 손질을 오늘날 우리가 자연에 개입하는 정도와 비교한다면, 사실 우리의 먼 조상들은 현실에, 자신들의 운명에 만족하며 살았다고 봐야 할지도 모르겠다. 설사 그들이 만족하지 않았더라도 그들이 지닌 인지적인 도구에는 불만을 행동으로 변모시키는 데 필요한 도구, 즉 "내일 보자"가 아직 들어 있지 않았다.

## "유일하지는 않지만 가장 너무한"

분자생물학의 선구자들 가운데 한 명인 자크 모노Jacques Monod[22]가 자신의 전공에 대해 제안하는 정의는 주의 깊게 들어볼 만하다. "학문 전체를 통괄하는 궁극적인 야심이 내가 믿는 것처럼 인간과 세계의 관계를 밝혀내는 것이라면, 생물학은 그러한 학문들 가운데에서도 중심적인 자리를 차지해야 한다. 모든 학문들 가운데 가장 직접적으로 문제의 핵심, 즉 '인간의 본성'이라는 문제를 형이상학적인 용어가 아닌 말로 제기하기 위해서 먼저 해결해야만 하는 문제들을 파고드는 학문이기 때문이다."[23] 도대체 인간의 본성이란 무엇일까?

이 질문을 유물론적이며 정량화 가능한 수준으로 데려오기 위해, 나는 고유종_ 산, 섬 등 지리적으로 제한적인 지역에서 사는 종. 가령 캥거루는 오스트레일리아 고유종이다.

마이크로 고유종_ 아주 특별한 곳에서만 사는 종. 길이 2센티미터인 데블스홀 펍피시 Cyprinodon diabolis는 캘리포니아 죽음의 골짜기에 위치한 지열 동굴에서만 서식한다.

판데믹종_ 각기 다른 여러 지역에서 사는 종. 푸마는 캐나다와 티에라델푸에고 지역에 서식한다.

세계종_ 지구 곳곳에 산재되어 서식하는 종. 감자는 페루에서 처음으로 발견된 이후 지형적으로나 기후적으로 굉장히 다양한 지역으로 퍼져나갔다.

매크로세계종_ 어디를 가나, 심지어 우주에서도 만날 수 있는 종. 인간만이 유일하게 이 범주에 들어간다.

거의 신성시되는 "인간만이 유일하게 □□한다"는 틀을 그보다 약간 겸손한 틀로 바꿀 것을 제안한다. "인간은 □□□하는 드물게 보는 몇몇 동물들 가운데 하나로 …그 동물들 중에서 인간은 가장 □□하다." 예를 들어보자. 인간은 드물게도 땀을 흘리는 몇몇 동물들 가운데 하나다. 이 특별한 동물들 가운데 인간은 자신이 은메달감이라고 주장하는 동물보다 스무 배는 더 땀을 흘린다. 다른 예도 있다. 인간은 성인이 되어서도 여전히 놀이를 즐기는 몇몇 동물들 가운데 하나다. 놀이를 좋아하는 동물들 가운데 인간만이 유일하게 땀 흘리기 기록을 위해 경쟁을 벌인다.

### 정리!

인간이 지닌 "언제나 더 □□□"하려는 성향은 다방면에 걸쳐 있는 두 개의 각기 다른 영역에서 빛을 발한다.

인터페이스_ 유일하게 세계 전체에 분포하는macro-cosmopolite 인간은 다른 어느 종보다 더 많은 동식물과 접촉한다. 파리조차도 인간만큼 다양한 동식물과 접촉을 갖지는 않는다.

임팩트_ 뼛속까지 배어 있는 간섭주의로 인해 인간은

마주치는 거의 모든 생명체에 막대한 영향력을 행사한다. 신석기 혁명 이후 종의 진화에서 인간이 차지하는 비중은 자연선택의 비중을 넘어선다. **인간은 지구상에서(공기와 물을 포함해) 가장 중요한 동물이다.**

## 뇌가 폭발하자 인구도 폭발했다

끝도 없이 길게 이어지는 인간의 '지나침' 목록 가운데에서도 뇌의 크기와 인구 수는 이 두 변수가 진화생물학에서 차지하는 위치로 보아 단연 상위에 자리매김한다. 후손은 생존을 위한 투쟁(적응도)에서의 성공 여부를 판가름하는 주요 기준이 된다. 그런데 뇌야말로 이 성공을 보장하는 주요인이다. 뇌의 크기와 후손이라는 두 가지 변수 모두에서 호모 사피엔스는 이미 오래 전부터 기준을 넘어섰다. 이 두 요소는 공통적으로 기하급수적인 진화를 보였음에도 각각의 논리는 판이하게 다르다. 뇌의 거품은 자연선택에서 비롯되어 유전자적으로 밀어붙이게 된 것인 반면, 인구 거품은 주택 건축과 관계가 있다. 이 책의 논지로 말하자면 **뇌의 진화는 과거에서 비롯되는 반면, 인구의 진화는 미래의 발명 때문이라는 말이다.** 생존 가능성이라는 관점에서 보더라도 이 두 가지 거품 사이에는 커다란 차이가 있다. 뇌가 점점 비대해짐에도 불구하고 아무도 그 뇌에 유통기한을 명시하려 하지 않았다. 반면 인구팽창 문제는 당시 전 세계 인구가 10억 명 수준이었던 1798년 맬서스가《인구론》을 발표한 이후 줄곧 집단적 강박관념이 되어버렸다.

# 점점 커지는 뇌에 낀 거품

뇌화encephalization는 진화 연구에서 중심적인 위치를 차지하기 때문에 우리는 이 문제를 분명하게 짚고 넘어갈 필요가 있다. 사실상 동음이의어로 인한 문제이기도 하다. 순간포착으로서의 뇌화는 뇌를 가진 모든 피조물에 적용된다. 이때의 뇌화란 신체 전체에서 뇌가 차지하는 비율을 가리킨다. 과정으로서의 뇌화는 인간에게 특별히 적용된다. 600만 년 전 침팬지와 결별한 이후 $400cm^3$에서 $1,350cm^3$까지 늘어난 호미니드 뇌의 성장 과정을 함축하기 때문이다.

여기서 한 가지 분명히 해 둘 점이 있다. 구석기 전문가들은 주로 화석을 통해 연구하므로 이미 멸종되어 지금은 확인할 수 없는 특정 종의 뇌의 부피는 재구성해낼 수 있으나, 질량은 그렇게 할 수 없다는 사실이다. 우리의 피질은 매우 밀도가 높은데, 대뇌 회전 덕분에 표면적이 늘어나기 때문이다. 따라서 호모 에렉투스는 현재의 우리들과 거의 비슷한 용적의 뇌를 지녔음에도 불구하고 사실상 우리보다 훨씬 적은 시냅스를 가졌을 것이다.

이 현상이 지니는 두 가지 양상을 연구하기 위해 학자들은 신체 전체의 질량에서 뇌의 질량이 차지하는 비율을 의미하는 뇌화지수 Encephalization Quotient(이하 EQ)라는 개념을 이용한다. 솔직히 이 비율은 항상 신뢰할 만한 것이 못 된다. 예를 들어 고래는 물개에 비해 EQ는 낮은데, 고래의 행동거지를 볼 때 물개에 비해 지능지수Intelligence Quotient(이하 IQ)는 높으리라고 여겨진다. 다만 일반적으로 이 두 지수, 즉 EQ와 IQ는 무관하지 않다. 가령 돌고래는 바다에 사는 피조물들 가

운데에서 EQ가 제일 높으며, 조류 가운데에서는 앵무새와 까마귀가 가장 EQ가 높다.[24]

약 7,000만 년 전에 처음으로 출현한 이후 원숭이들은 다른 포유류 동물들에 비해 월등하게 높은 EQ를 자랑해왔다. 영장류는 원숭이들 가운데에서도 특히 돋보이며, 호미니드는 영장류 가운데에서도 단연 으뜸이다. 우리 조상들이 영장류로부터 갈라져 나온 이후 흐른 시간의 3분의 2에 해당되는 기간 동안 이들의 뇌화는 매우 서서히 진행되었다. 약 200만 년 전에 약간의 가속화가 있었을 뿐이었다. 뇌화가 본격적인 양적 피드백의 소용돌이 속으로 휘말리게 된 때는 고작 30만 년 전이었으며, 그로부터 10만 년 후 인간은 현재의 뇌와 같은 크기의 뇌를 갖게 되었다. 이 결정적인 기간 동안 대뇌 피질을 구성하는 여섯 개의 층이 눈에 띄는 발달을 보여 고대 호모 사피엔스는 인격과 고급 인지기능을 담당하는 두 개의 전두엽을 갖추게 되었다.

우리의 뇌는 이제 최대 용량에 도달했으며 이 용량이 앞으로 더 늘어날 가능성은 없어 보인다. 이러한 가설을 뒷받침해주는 증거로는 우측의 그래프에서 소개된 이른바 "시냅스 가지치기"라고 불리는 놀라운 현상을 들 수 있다. 여섯 살이 될 때까지 우리 뉴런의 40퍼센트는 파괴된다! 그렇기 때문에 우리는 어린 시절에 있었던 일들을 기억하지 못하는 유아기 기억상실을 경험하게 되는 것이다.

하지만 얼마나 다행스러운가. 가지치기가 이루어진 후 뇌는 전체 체중의 2퍼센트 가량을 차지하게 되는데, 무게는 겨우 2퍼센트에 불과하면서 몸 전체가 소비하는 열량의 25퍼센트를 취한다. 그러니 무제한적으로 추억을 저장하려면 얼마나 많은 양의 에너지를 필요로 할지 상상

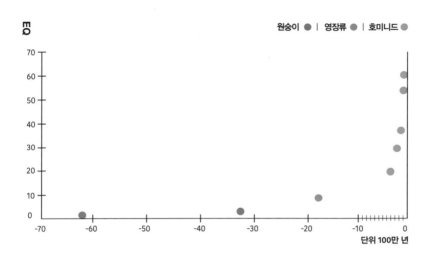

**뇌화 거품**
100만 년 동안 호미니드의 뇌는 원숭이의 뇌가 6,500만 년 동안 커진 것보다 네 배나 더 커졌다.

EQ

원숭이 ● | 영장류 ● | 호미니드 ●

단위 100만 년

**시냅스 가지치기25**

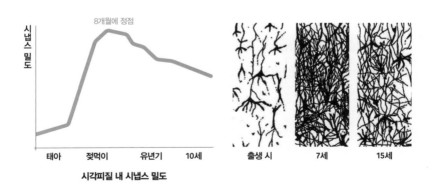

8개월에 정점

시냅스 밀도

태아　젖먹이　유년기　10세

시각피질 내 시냅스 밀도

출생 시　7세　15세

해보라.26 그렇게 될 경우 인간은 제아무리 더 큰 것, 더 위대한 것만 기억한다고 할지라도 더 이상 뇌를 유지할 수 없게 될 것이다.

## 인구 거품

우리는 주어진 지역의 수용 능력에 따른 인구의 초과분이나 부족분을 측정하며, 이때 이 수용 능력은 일반적으로 K로 표시된다. 수용 능력 K는 주어진 한 공간에서, 주어진 환경 속에서 비교적 오랜 기간 살 수 있는 개개인의 수를 참조한다. 인구 수는 생명체의 크기와 생태계가 지닌 부의 크기에 따라 변화한다. 앨프리드 R. 월리스는 "육식동물은 초식동물에 비해 개체 수가 적다. 독수리와 사자가 비둘기나 영양만큼 많을 순 없다. 타타르 사막의 야생 당나귀가 아메리카의 비옥한 초원이나 우거진 팜파스에 사는 말에 버금갈 정도의 개체 수를 과시할 수는 없다"27고 말했다. 인간의 적정 수는 얼마나 될까? 스티브 존스는 감히 다음과 같은 추정치를 제시했다. "우리가 생쥐에서 코끼리에 이르는 그래프를 인간에게도 적용한다면, 적정한 세계 인구는 60억 명은커녕 50만 명을 넘어설 수 없다."28 그런데 인구 유전학자들에 따르면 인류는 기껏해야 수만 명 수준을 맴돌며, 최소치는 5,000명까지 내려간다는 것이다!

인간은 끊임없이 다른 종과 자기 종을 멸종시키면서도 줄곧 수용 능력 K를 깜짝 놀랄 만한 수준으로 끌어올리고 있다. 지난 세기만 보더라도 300퍼센트 선을 넘어섰다. 상한선에 관해서는 치열한 공방전이 계속되고 있는데, 그 중에서 잘 알려진 한 가지를 소개한다. 1920년 위대한 인구학자 레이먼드 펄Raymond Pearl은 미국 인구의 최대치는 2억 명이라고 예측했으며 그 이상의 양키는 있을 수 없다고 봤다.[29] 미국 인구가 1억이 채 안 되었던 당시로서는 상당히 정신 나간 예측으로 여겨졌었다. 그러나 그 후 미국 인구는 세 배로 늘어났다. 현재 인구 학자들은 22세기 초 미국 인구가 5억에 달할 것으로 내다본다. 그들이 그 예상치 때문에 잃을 게 무엇일까? 어차피 그 무렵엔 살아서 체면 구길 일은 없을 텐데 말이다.

플라톤 이후 '인간을 정의 내리기'는 엘리트들은 물론 보통사람들까지도 열을 올리는 '국민 스포츠'가 되었다. 수백 개에 이르는 인간만의 특성들이 열거되었지만, 단 한 가지 특성만이 도드라진다. 바로 개체 수다. 70억이 그저 하나의 숫자일 뿐이며, 따라서 변별적 특성 목록의 상위

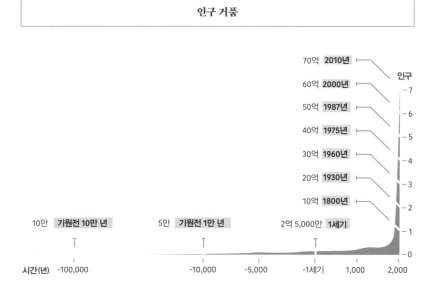

인구 거품

에 오를 가치가 없다는 듯이 말이다. 하지만 잡식성, 성수기와 비수기를 가리지 않는 성생활, 얼굴 붉히기 등의 특성들은 끔찍함이 가미된 경외심을 담아 이 70억이라는 숫자 앞에서 할 말을 잃는다. 설마, 말도 안 돼!

적응도를 최고로 치는 학문에서 이처럼 괴물 같은 숫자가 출현하면 논쟁이 막을 내렸어야 마땅했을 것이다. 그런데 전혀 그렇지 않았다. 플라톤이 아테네 전체가 털 없는 두 발 동물로 가득 차 있음에 미처 주목하지 않았다면, 그야 그럴 수도 있었다고 치자! 그런데 다윈주의자들의 아들이자 손자격인 줄리언 헉슬리와 노벨 생리의학상 수상자 조지 비들은 도대체 어떤 이유에서 신께서 야곱에게 한 약속, '너의 후손은 세상의 먼지가 될 것이며, 너는 동서남북으로 확산될 것이다'를 성사시킬 임무가 자연선택에게 부과되었음을 간과했을까? 호모 사피엔스는 증식 분야에 있어서는 모든 체급을 통틀어 단연 챔피언이다. 메달 시상식 단상은 인간의 변함없는 친구가 되는 동물들로 가득 차 있다. 20억 마리의 돼지(이 중 절반은 중국에서 소비된다), 15억 마리의 소, 12억 마리의 양…. 결승전에 올랐으나 수상하지 못한 동물들로는 개(5억 마리), 고양이(5억 마리), 말(6,000만 마리) 등을 꼽을 수 있다. 한편 오리와 잉어의 개체 수를 세는 일은 가장 효과적인 수면제를 삼키는 것에 버금갈 만하다.


## 2008년, 거품 중의 거품이 터진 해

2008년 10월, 아이슬란드 증권거래소가 몰락하면서 쿠론화의 가치는 97퍼센트 하락했다. 인구라고 해봐야 고작 프랑스의 루앙시 정도인

미 래 중 독 자

작은 섬 하나에 인간이 만든 재앙이 몰아친다 한들, 그까짓 것이 갑작스럽게 도살장으로 끌려가는 신세로 전락한 아일랜드 타이거 셀틱 팀의 운명에 한창 관심을 쏟던 우리에게 도대체 무슨 의미가 있단 말인가? 타이거 셀틱이 아니라 성매매 여성이 요구하는 금액이 한 해 사이에 66퍼센트나 내렸다는 타이거 발틱(발트해의 호랑이. 에스토니아, 라트비아, 리투아니아 3개국을 아우르는 말_옮긴이)의 사정에 관심을 보였다고 해도 사정은 마찬가지다. 우리에게는 시간과 공간이 부족하다. 따라서 이 책에서 우리는 코발트 가격 하락과 그것이 콩고 민주공화국 경제나 창립 101주년을 파산으로 장식한 제너럴 모터스 기업에 미치는 영향 같은 문제를 놓고 지체할 겨를이 없다.

경제에서의 거품은 오랜 역사를 지니고 있다. 제일 유명한 거품은 1638년 네덜란드에서 튤립 가격이 천정부지로 솟아올랐을 때 발생했다. 당시 튤립 구근 하나의 값은 집 한 채 값과 맞먹었다. 그러나 정작 거품 규제법Bubble Act의 제정 원인은 가파르게 상승세를 보이다가 현기증 날 정도로 곤두박질 친 다른 소용돌이에서 찾아야 한다. 1720년 남해회사The South Sea Company가 어찌나 큰 성공을 거두었던지 영구기관 생산을 명목으로 내건 제2의 남해회사도 백만 파운드의 투자금을 유치하는 데 성공했으며, 제3의 남해회사도 '아무도 내용을 알지 못하나 엄청난 이익을 가져다 줄 것으로 여겨지는 프로젝트'를 제대로 실행에 옮기는 데 필요한 같은 액수의 투자금을 모금했다. 이 대목에서 누구나 2001년 닷컴 버블을 떠올릴 것이다.

이 거품이 어떤 면에서 다른 모든 거품과 차이가 있을까? 다른 모든 거품의 경우 오직 세계의 한 지역에서만 관심을 끌었다. 반면 2008년 거품은 지구촌 전체를 굽어보는 위치에서 터졌다. 다른 모든 거품의 경우, 그 효과는 특정한 하나의 분야로 제한되었다. 2008년 거품은 다방면에서 동시다발적으로 이루어졌으므로, 이 무서운 지진의 영향력에서 용케 벗어난 분야는 아주 드물었다. 그 이전까지의 거품이 풍토병 수준이었다면, 2008년부터는 전염병 수준으로 확대되었다. 이 점을 제외하면 거품 왕국에서 새로운 국면이란 하나도 없다.

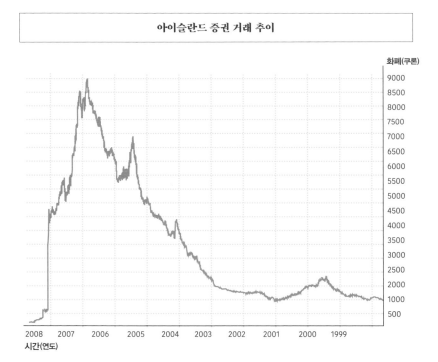

**아이슬란드 증권 거래 추이**

# 양은 곧 질이다

어째서 우리가 지닌 무수히 많은 장점과 단점보다 개체 수를 중시해야 할까? 바로 로마에 가면 로마의 법을 따르라는 말처럼, 다윈의 영토에서는 다윈주의자들처럼 해야 하기 때문이다. 다시 말해서 적응도를 논해야 한다! 진화 생물학에서는 방식이 아니라 오직 결과만이 중요하며, 성공을 판단하는 기준은 단 하나, 후손의 수(암노새를 보면 자식을 낳는 것만으로는 충분하지 않음을 확인할 수 있다)다. 대학 교재의 고전이라고 할 수 있는 《진화》의 저자 마크 리들리Mark Ridley는 적응도야말로 "진화론에서 가장 중요한 변수"라고 주장한다.

수량적 기준을 선호하는 데에는 유전학적인 토대가 깔려 있다. 개체 수가 많을수록 유전자가 다채로우며 다양해진다. 유전자의 다양성이 크면 클수록, 가령 갑작스럽게 기온이 내려간다거나 공격적인 다른 종의 출현 같은 스트레스 상황에서 그 집단이 사용할 수 있는 해결책의 수도 늘어난다.[30] 다윈은 "고도의 다양성은 물론 우호적이다. 선택의 토대가 되는 모든 질료들을 제공하기 때문이다. 그렇긴 하나 단순한 개인적 차이만으로도 그 차이를 소중하게 가꿔나가기만 한다면, 거의 모든 방향에 있어서 대규모 변화를 일으키는 축적이 가능하다. 드러내놓고 인간에게 유용하거나 기분 좋은 변화는 우발적으로만 발생하므로 많은 개체 수를 키울 경우에는 그러한 일이 일어날 기회가 많아진다. 개체수는 결과적으로 성공의 가장 중요한 열쇠 가운데 하나"[31]라고 말한다. **자연에서 양은 곧 질이다.**

인간은 왜          굳이          떠나야 했을까?
          아프리카를

# 제2장
# 뿌리

사피엔스를 오늘의 인간으로 만든 힘은
불의 발견도, 엄지손가락도, 섹스도, 언어도 아닌
"내일 보자!"라는 인사였다.

    1993년 10월 6일, 농구 역사상 가장 뛰어난 선수 마이클 조던은 기량이 정점에 도달한 시점에서 은퇴를 발표했다. 1994년 3월 31일, '에어 조던'은 마이너리그 야구팀인 시카고 화이트 삭스에 합류함으로써 두 번째 폭탄을 날렸다. 아무도 공기역학이나 근육량, 폭발력 등에 있어서 완벽한 이 운동선수가 어떤 종목을 택하든 모든 상황에서 빛을 발하리라는 점을 의심하지 않았다. 그런데 현실은 그렇지 않았다. 일 년 반 동안 지속된 그의 야구선수로서의 경력은 반쪽짜리 프로선수, 초라한 성적으로 종지부를 찍었다. 1995년 3월 18일, 충실한 팬들마저 그가 다시금 프로선수로서 이름을 떨칠 수 있으리라는 희망을 모두 버렸을 때 세 번째 폭탄 발언이 쏟아졌다. "나는 다시 돌아올 것이다."

    조던의 이야기가 우리에게 주는 교훈은 이런 것이 아닐까? 완벽을 넘나드는 선수조차도 두 개의 각기 다른 분야에서 고루 뛰어날 수는 없다. '신'의 실패는 인간의 승리를 한층 더 증폭시키기 마련이다. 인간은 자연에서 행해지는 모든 스포츠 종목의 챔피언이 아니던가? 인간은 자신의 고매한 품격을 지금까지 인간이 세운 기록으로부터 여러 광년이나 떨어진 곳에 머물러 있는 3,000만 종의 동식물들에게 과시하지 않았던가? 여기서는 물론 싱크로나이즈드 스위밍이나 미카도 같은 이국적인 스포츠가 아니라 태곳적부터 자연선택이 이루어지던 성생활이나 호흡, 잔혹성, 섭생, 적응도, 예견 등의 분야가 관심의 대상이다. 적어도 이러한 분야에서라면, 인간이 아직 최후의 심판자가 되려면 멀었다.

해결책이란 그것이 더 많은 문제를 만들어낼수록 오히려 탁월하다고 평가받는다. '인간은 지나침의 동물'이라는 정의는 인간의 지나침과 그것이 초래한 역효과의 족보를 재구성하도록 부추긴다.


## 생존을 위한 투쟁에서의 최종 심판

인간은 아주 오래 전부터 거의 모든 분야에서 동물 평균과는 한참 떨어진 표준 편차를 보여 왔다.

**질문__** 도대체 인간은 어떻게 그렇게 처신할 수 있는가?
**답변__** 인간이 승리했기 때문이다.
**질문__** 누가 그렇게 단언하는가?
**답변__** 찰스 다윈.

"인간은 가장 원시적인 상태, 가령 선사시대에 머물러 있었을 때조차 지구상에 존재하는 가장 지배적인 동물이었다. 인간은 다른 어떤 형태의 생명체보다도 널리 확산되어 있었으며, 다른 모든 동물들은 인간 앞에서 무릎을 꿇었다. 이처럼 엄청난 인간의 우월성은 그의 지적 능력과 사회적 습관 덕분이라고 할 수 있으며, 그 덕분에 인간은 동료들을 돕고 보호해줄 수 있었다. 인간의 신체구조 역시 일조했다. 이러한 특성이 지니는 가장 큰 중요성은 생존을 위한 투쟁에서의 최종심판에서 입증되었다."[32]

이제 전쟁은 끝났다고, 그러니 모두 집으로 돌아갈 수 있다고 다윈은 선언했다. 사실상 다윈의 관점에서 보자면 이보다 더 불합리한 말이란 생각하기조차 힘들다. 생존을 위한 투쟁이 가진 가차 없으며 영원한 특성에 토대를 둔 이론을 만들어낸 이는 다름아닌 그 자신이기 때문이다. 이와 관련한 이야기는 널리 알려져 있다. 다윈은 1838년 9월 28일 "기분 전환을 위해" 맬서스의 《인구론》을 읽으면서 처음으로 비글호 원정대(1837~1843)에게 끊임없이 몰아치는 시련을 알게 되었다.[33] 맬서스의 논리는 그것이 지닌 명료함으로 다윈에게 충격을 안겨줬다. 주어진 한 영토의 자원은 산술적으로(1, 2, 3, 4, 5) 증가하는 반면, 그곳에 거주하는 주민의 수는 기하급수적으로(1, 2, 4, 8, 16) 증가한다. 그러므로 조만간 모든 사람들을 먹여 살릴 만큼 충분한 식량을 구할 수 없게 될 것이고, 그렇게 되면 홉스가 말한 "모두가 모두를 상대로 벌이는 전쟁"이 불가피하게 된다는 것이었다! 유레카! 조건이 같다면 자연선택은 약자보다는 강자를 선호할 것이다. 말하자면 생존을 위한 투쟁은 이가 나간 듯 빠져 있던 퍼즐 조각이었다.

"생존을 위한 투쟁에서의 최종심판"이라는 표현은 모순이며, 이는 오로지 맬서스 때문만도 아니다. 다윈과 월리스는 무한한 이종異種 간의 다양성과 역시 무한한 동종 개체 간의 다양성 덕분에 자연선택이라는 직감을 얻었다. 1858년, 그러니까 《종의 기원》이 출간되기 이전부터 월리스는 "종들의 기원과 변이체들variety의 기원 사이에는 어떠한 차이도 없다"[34]고 썼다. 하나의 개체가 다른 대

다수 동료들에 비해서 환경에 약간 더 잘 적응한다, 즉 "적자fittest"라는 사실은 스트레스가 심함 상황에 대면했을 때 그 개체가 생존할 가능성을 높여준다. 자원의 양은 제한되어 있는 반면 변이는 고갈되지 않으므로 생존을 위한 투쟁이 완료되었다는 선언은 후쿠야마의 '역사의 종말' 선언보다 더 부조리하기 짝이 없다는 말이다.

　"생물학자들은 자연선택에 긍지를 느끼는데, 그것만이 생물학이 학문 발전에 유일하게 지적으로 기여한 몫이기 때문이다."[35] 무엇이 되었든 자연선택의 법칙에서 예외적인 동물을 둔다는 것은 생물학자들에게 있어 자살골이 될 뿐이다. 뉴턴이라면 중력의 법칙에서 한 가지 요소를 빼버렸을까? 헬름홀츠라면 에너지 보존법칙에 예외를 인정했을까? 생명에 관한 학문에 있어서 유일한 '규칙 제정자'인 다윈이 호모 사피엔스에게만 관용을 베푼다는 것은 더더구나 이해하기 어렵다.

　자연선택이 자신의 피와 살에는 적용되지 않는다고 선언하는 것은 일종의 족벌주의에 해당된다. 그렇게 함으로써 다윈이 얼떨결에 월리스의 입장에 동조하고, 마음에도 없이 그의 파트너가 되었다는 사실은 대단한 아이러니가 아닐 수 없다. 월리스는 1869년에 이미 '자연선택을 인간에게 적용하는 한계'라는 제목의 논문을 발표했다. 월리스는 더 나아가서 심지어 누가 혹은 무엇이 우리를 지배하는지에 대한 문제까지

변이체_ 같은 종의 구성원들 사이에서 드러나는 차이.

다양성_ 여러 가지 종들 사이의 차이(이종 간 차이).

자연선택_ 1842년 다윈의 수첩에 처음으로 등장한 개념.

제기했다. 이 문제에 대한 영성 충만한 답변 덕분에 월리스는 다윈 동조자들로부터 부분적인 파문을 당했다.

다윈의 맹랑한 선언을 그 자신의 이론과 화해시켜보도록 하자. 그는 분명 인간들 사이에 존재하는 동종 간의 적대감이 완전히 끝났다고 생각하지는 않았다. 크리미아 전쟁(1853~1856), 프로이센—프랑스전쟁(1870~1871) 등이 그에게 인간은 항상 인간에 대한 야수임을 상기시켜줬기 때문이다. 반면 이종 간의 전투, 즉 다른 종들과의 전투에서는 인간이 의심할 여지없이 승기를 잡았다고 확신했다.

그렇다면 생존이라는 크나큰 걱정거리에서 벗어난 종에게는 어떤 운명이 기다리고 있을까? 이 시나리오는 너무도 황당하기 때문에 거의 논의조차 되지 않지만, 세간의 평보다는 훨씬 널리 알려져 있는 것도 사실이다. 아닌 게 아니라 인간이 거둔 KO승은 더 이상 적도 경쟁자도 없는 종이 도달한 지복至福과도 비슷한 양상을 보인다.

코알라는 수백만 년 동안 아무도 탐내지 않는 무제한적인 자원을 누려왔다. 코알라의 달콤한 인생은 녀석이 유칼립투스 나뭇잎만을 먹는다는 데에서 비롯된다. 이 대단히 호감 가는 '곰'에게는 너무도 다행스럽게도 오스트레일리아에는 680종 이상의 유칼립투스가 서식한다. 녀석이 먹는 종류는 스무 종 정도에 불과하지만, 다른 어떤 동물도 그것을 탐내지 않는다. 캥거루나 오리너구리 혹은 원주민이 유칼립투스 잎을 먹으려 시도했을 수도 있겠으나, 그 경우 그들의 소화기관이 당장 반기를 들었을 것이다. 유칼립투스 잎은 요리에 관한 한 이단에 해당된다. 단백질은 거의 함유하지 않은 대신, 식물성 독에 해당되는 페놀과 테르펜을 잔뜩 머금고 있기 때문이다. 하지만 코알라는 얼핏 보아 손을 쓸 수 없을 것 같아 보이는 장애를 우회하는 묘책을 찾아냈다. 강력한 앞어금니로 잎사귀를 씹고 짓이겨 부드러워진 독성 잎사귀들을 장속 미생물들로 발효시키는 것이다. 간을 통과하는 동안 유칼립투스 잎의 독성은 중화되고 찌꺼기는 엄청나게 굵은 장을 통해 배출된다.

이처럼 기적적인 과정의 연속으로 코알라는 유대류Marsupialia 가운데 유일하게 살아남았다. 원주민들조차 코알라들을 완전히 멸종시키지 못했는데, 그렇다고 해서 녀석들을 몰살시키려는 시도가 없었던 것은 아니다. 오스트레일리아가 백인들의 식민지로 바뀌면서 살육의 양상도 바뀐다. 1927년 8월은 코알라들에게는 유난히 비통한 한 달이었다. 이 한 달 동안 무려 60만 마리의 코알라가 목숨을 잃었다. 그러나 털가죽이 인기가 있다고는 해도, 코알라는 국제자연보전연맹에 따르면 "크게 걱정하지 않아도 되는" 범주로 분류된다. 사실 코알라는 "지구상에 나타난 동물들 가운데 가장 지배적인 동물"도 아니고, 이제껏 다른 어떤 피조물도 "녀석들 앞에서 무릎을 꿇은" 적이 없다. 그렇지만 삶에 대한 만족감이야말로 진정한 부라고 한다면, 코알라는 미다스 왕이나 빌 게이츠보다도 훨씬 부자임에 틀림없다.

바위비둘기의 먼 친척뻘 되는 도도새Raphus cucullatus는 지금으로부터 약 2,000만 년 전에 처음으로 모리셔스섬의 해변을 찾았다. 초기에 이 깃털 달린 로빈슨 크루소는 무척 충격을 받았으나, 곧 자기가 에덴동산에 난파했음을 알아차렸다. 섬에는 온통 채식주의자들뿐이었다. 이 괴상한 비둘기는 그 후 틈날 때마다 카바리아나무 열매를 실컷 먹어서 체중이 50킬로그램이나 늘었다. 뚱뚱해진 도도새는 날기를 포기했으며, 다른 존재에 대한 두려움이나 경계심도 모두 상실했다. 불행하게

유칼립투스 주변에서 자고 있는 코알라

도 운명의 수레바퀴가 돌면서 1589년 네덜란드 출신 비르반트 반 바르비크 부제독이 모리셔스섬 해안에 착륙한 다음 즉시 철없이 육지에 발이 묶인 뚱보새 섬멸 작전을 벌였다. 1662년 네덜란드의 한 선원이 이 섬에 좌초하면서 살아 있는 도도새의 모습을 본 것이 마지막이었다.

고유종 차원의 태만은 잘 알려진 현상이나, 인간이 쟁취한 전 지구적인 승리는 생명체의 역사상 처음 있는 일이다. 우리 인간은 어떻게 해서 그렇게 할 수 있었을까? 답은 '한 걸음 한 걸음씩'이다. 이 문제에 관한 한 최고의 권위자인 다윈이 장담했다. "인간은 여러 가지 무기며 도구, 함정 등을 발명했고, 그것들을 활용할 줄 알았으므로 스스로를 방어하고 먹잇감을 죽이거나 사로잡아 식량을 확보했다. 인간은 뗏목이나 카누를 만들어서 고기잡이에 나서거나 근처의 비옥한 다른 섬들을 찾아갔다. 인간은 또한 불을 만드는 기술을 발견했으며 그 덕분에 단단하고 심줄이 많은 뿌리들은 물론 독성은 지녔으나 인체에 해롭지 않은 풀들까지 먹을 수 있게 되었다. 아마도 언어를 제외하고는 인간이 이룩한 가장 중요한 발견이라고 할 수 있을 불의 발견은 아주 오랜 태곳적으로 거슬러 올라간다."[36]

점진주의에 대한 믿음에 충실했던 다윈은 우리 조상들이 연일 성공에 성공을 거듭했다고 믿었다. 하지만 그러한 그의 생각은 틀렸으며, 때문에 경전처럼 여겨지는 성공담 역시 틀릴 수밖에 없다. 확실히 호미니드는 더러 성공을 거두기도 했다. 그렇지만 대부분의 경우 그들의 굴곡진 여정은 실패로 점철되었다. 그들은 진화의 사다리상에서 보자면 얼마 지나지 않은 6만 년 전까지만 하더라도 지배적인 집단에 속하지 않았다. 무려 22개나 되는 가지가 중간에서 부러져버린 것도 다 그 때문이다. 사실 600만 년 동안 이어져오는 가운데 인간의 계보 역시 멸종 위기를 맞은 적도 있다. 중석기시대에 가서야 비로소 상승 기조 속에서 생존이 안정권 내로 접어들었다. 다윈이 언급한 "개선 행진"은 인류 역사에서 고작 1퍼센트 정도를 차지할 뿐이다.

## 결코 앞으로 나아가지 못했던 행진

다윈은 구석기학이 이제 막 싹트기 시작하는 시기에 진화론의 골격을 마련했다. 다윈이 활동하던 시대에 발견된 호미니드의 화석이라고는 네안데르탈인의 화석이 전부로, 당시 사람들은 그 화석을 나폴레옹과의 전쟁에 참가했던 러시아 병정들의 유해로 오해했다. 유전학은 전적으로 모라비아의 사제였던 그레고르 멘델Gregor Mendel의 텃밭에서 시작되었는데, 멘델과 다윈 모두 고인이 된 1900년까지 아무도 그의 연구에 관심을 보이지 않았다. 우리보다 앞서 살았던 거인들의 어깨에 목말을 탄 데다, 그들은 상상도 할 수 없었던 방대한 자료들을 보유한 우리에게는 그들처럼 '몰랐다'고 둘러대는 사치가 허용되지 않는다.

우선 우리 인간 혈통이 진화하는 데 중심축 역할을 했으나 다윈은 그 존재를 알지 못했던 몇몇 주역들을 살펴보자. 호모 에렉투스는 180만 년 전쯤 아프리카, 그리고 뒤이어 아시아에서 출현해 그곳에서 125만 년 정도 명맥을 이어갔다. 이 기간 동안 호모 에렉투스의 뇌는 $850cm^3$에서 $1,100cm^3$로 커졌다. 아슐리안형 석기(양면을 다듬어 만든 돌 도구)의 발명은 이들의 커다란 뇌 덕분이었다.

그러나 이들의 멋진 뇌가 100만 년이 넘도록 자신들이 대량으로 생산한 연장들을 좀 더 완벽하게 발전시켜야겠다는 생각을 하지 않았다는 사실은 의아하기 짝이 없다. 케냐에 위치한 올로게세일리에서 구석기학자들은 78만 년에 걸쳐 만들어졌음에도 뚜렷하게 용도를 구별하기 어려운 양날 석기 수천 점을 발견하고는 충격에 빠졌다.[37] 뇌의 용량이 40퍼센트 증가하는 동안 호모 에렉투스의 기술력은 내내 그 자리에 머물러 있었기 때문이었다. 이들은 어째서 자신들의 풍부한 뉴런 자산을 활용해 도구를 최적화하고 생존 가능성을 높이지 않았을까? 그들이 "승리를 거두는 팀은 바꾸지 않는다"는 격언에 집착했기 때문일 것이라는 추측 따위는 이유로 합당해보이지 않는다. 그들은 적응도 면에서는 두각을 나타내지 못했다. 두각을 나타내지 못한 정도가 아니라, 적응도 부족으로 패했다. 멸종된 것이다.

당연한 말이지만 다윈은 가장 최근(2003년)에 발견된 호미니드인 호빗에 대해서는 전혀 알지 못했다. 우리는 신장 1미터에 신생아 뇌에 해당되는 크기의 뇌를 가진 이 두 발 동물에 대해서 앞에서 잠시 살펴보았다. 몇몇 반대 의견이 없는 것은 아니지만,[38] 구석기학자들은 대체로 그들을 인류 계통수의 새로운 가지, 즉 호모 플로레시엔시스로 간주한다. 호빗은 EQ가 선적이며 꾸준하게 진보한다는 교리를 거부한다. 그도 그럴 것이 겨우 1만 8,000년 전에 플로레스섬에 살던 호빗의 EQ는 400만 년 전에 살았던 루시의 EQ에도 미치지 못하기 때문이다! 분재인간처럼 작은 난쟁이 호빗은 불을 사용하고 도구를 만들어 썼다는 점에서 뇌의 성장과 기술 진보 사이의 상관관계마저도 뒤흔든다.

다음에 소개하는 정보는 다윈과 월리스, 멘델 같은 거장들에게 커다

호모 에렉투스의 두개골과 그들이 사용한 양날 석기.

비약적인 뇌의 성장에 비해 기술은 정체했다.

란 혼돈을 가져다줄 만하다. 유전학적으로 볼 때 호모 사피엔스들은 침팬지Pan troglodytes들보다 훨씬 동질적이다. 겉모습에 속아 넘어가서는 안 된다. 우리의 사촌인 침팬지들은 만화경만큼이나 다채로운 인간 군상을 구분하는 것처럼 피부색이나 크기에 따라 분류되지 않는 것이 사실이다. 그러나 비슷비슷해 보이는 침팬지 40마리의 유전자 다양성이 인류 전체의 유전자 다양성보다 훨씬 크다! 어떻게 이런 일이 가능할까? 이 역설을 이해하기 위해서는 집단유전학에 대해 개략적으로나마 사전 지식이 필요하다. 두 번에 걸쳐서 이를 읽어야 하는 무신론자 독자들도 자신들이 보여준 인내심을 절대 후회하지 않을 것이다.

## 집단 유전학 속성정리!

**01__** 세 가지 유형의 염기서열Nucleic acid sequence을 구별해낸다. 흔히 '유전자'라고 부르는 단백질을 코딩하는 배열, 유전자의 발현을 조절하는 배열, 그 나머지까지 세 가지다.

**02__** 코딩과 조절은 유전자가 담당하는 기능적인 측면이라고 할 수 있다. 정통 다윈주의자들의 거센 항의에도 불구하고 세 번째 범주, 즉 '그 나머지' 범주에 들어가는 것들의 상당 부분은 "정크junk DNA"라는 이름이 어울린다.

**03__** 기능적 DNA의 비율은 종에 따라 다르다. 예를 들어 도롱뇽의 경우 이 비율은 1퍼센트 미만이고, 인간은 5퍼센트 정도다. 우리가 가진 30억 개의 뉴클레오티드들 가운데 2.5퍼센트는 단백질을 코딩한다. 나머지 2.5퍼센트는 유전자 조절을 담당한

다. 5퍼센트를 제외한 95퍼센트의 역할은 오늘날까지 확실하게 알려지지 않고 있다.

**04__** 자연선택은 유전자에서 기능을 담당하는 염기서열에만 관심을 보인다. 그것들만이 표현형을 통해 발현되기 때문이다. 그런데 '관심을 보인다'는 말은 무슨 뜻일까? 간략하게 말하자면 코딩이나 조절에 득이 되는 변화의 싹을 지닌 개체는 해가 되는 변화의 싹을 지닌 개체에 비해 생존과 번식의 가능성이 높다는 말이다. 반대로 자연선택은 기능적이지 않은 뉴클레오티드에게 일어나는 변화에 대해서는 '무관심'하다.

**05__** DNA 재생산 기제는 놀라울 정도로 효율적이다. 그 때문에 각 개체는 아주 미세한 수의 돌연변이, 다시 말해서 아버지와 어머니로부터 물려받은 유전자를 재생산하는 과정에서 발생한 오류들을 지니고 있다. 인간에게 있어서 점 돌연변이 **point mutation**[39]의 평균적인 비율은 재생산 주기 때마다 약 3,000,000,000개당 175개 정도다![40]

**06__** 중립적 돌연변이 **neutral mutation** 는 단백질에 아무런 영향도 주지 않는 재생산 오류를 뜻한다. 중립적 돌연변이는 규칙적인 리듬에 따라 끊임없이 이루어진다. 평균적으로 각각의 유전자 조작은 1,300만 년마다 한 번씩 재생산 오류를 겪는다.

**07__** '분자시계'란 중립적 돌연변이가 끊임없이 일어나며 일정한 비율로 축적된다고 할 때, 가까운 두 생명체의 유전자를 비교해 그 두 생명체가 어느 시점에서 분화되었는지 짐작하는 것이다.

**08__** 하나의 배아가 평균적으로 함유하고 있는 175개의 돌연변이

가운데 기능적 뉴클레오티드와 연관 있는 10개만이 실제로 영향력을 행사할 수 있다. 나머지 165개의 돌연변이는 득을 주지도 해를 끼치지도 않는다. 그렇기 때문에 중립적이라고 부른다. 10개의 기능적 돌연변이가 개체의 재생산을 방해하지 않는다면, 175개 돌연변이 전체는 다음 세대로 전달되어 인간 종의 유전자 다양성을 풍부하게 만들게 된다.

09__ 유전자 변이체는 주어진 개체군 속에서 각각의 유전자가 갖는 변이체의 수를 가리킨다.

10__ 현재 시점에서 하나의 종이 갖는 유전자 변이체를 통해서 과거 그 개체군의 크기를 추정 가능하다. 변이체가 풍부할수록 창시자 집단의 크기가 컸다고 말할 수 있다.

11__ 창시자 집단은 마지막 개체군 병목 현상에서 살아남은 개체군의 구성원을 가리킨다.

12__ 병목 효과bottleneck effect는 한 개체군의 대다수로 하여금 재생산이 불가능하도록 방해하는 스트레스를 가리킨다. 이러한 사건을 가리켜 '창시자 효과founder effect'라고 한다.

13__ 침팬지의 게놈이 인간의 게놈보다 훨씬 풍부하다는 말은 침팬지의 게놈이 인간의 게놈보다 훨씬 더 많은 중립적 돌연변이를 축적하고 있음을 뜻한다. 이 사실로 미루어 우리는 사하라 사막 이남 아프리카에서는 침팬지의 개체 수가 인간의 개체 수보다 많았음을 짐작할 수 있다.[41]

요약해보자. 호모 에렉투스, 초기 호모 사피엔스, 네안데르탈인이

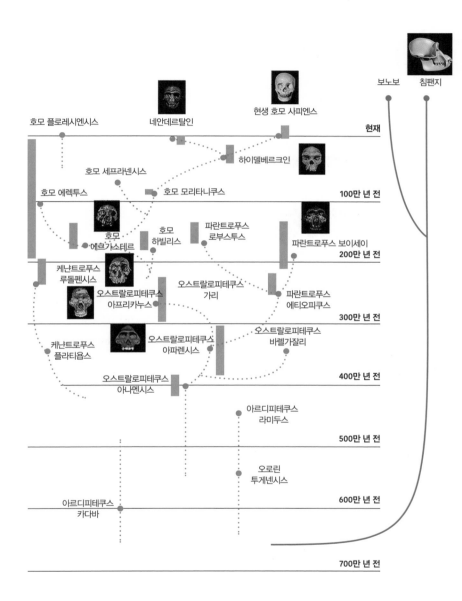

호미니드의 계통수와 그의 사촌들

보노보    침팬지

호모 플로레시엔시스        네안데르탈인        현생 호모 사피엔스

현재

하이델베르크인

호모 세프라넨시스

호모 에렉투스        호모 모리타니쿠스        100만 년 전

호모        호모        파란트로푸스
에르가스테르    하빌리스    로부스투스        파란트로푸스 보이세이

200만 년 전

케냔트로푸스
루돌펜시스        오스트랄로피테쿠스
오스트랄로피테쿠스    가리        파란트로푸스
아프리카누스                에티오피쿠스

300만 년 전

케냔트로푸스        오스트랄로피테쿠스    오스트랄로피테쿠스
플라티옵스        아파렌시스        바렐가잘리

400만 년 전

오스트랄로피테쿠스
아나멘시스

아르디피테쿠스
라미두스

500만 년 전

오로린
투게넨시스

600만 년 전

아르디피테쿠스
카다바

700만 년 전

도끼를 만든다거나 동굴을 따뜻하게 덥히는 등의 비약적인 기술 발전을 이룩하는 동안, 이들의 사촌인 이마가 아주 좁은 침팬지들은 왕성하게 번식했다. 바꿔 말하자면 침팬지의 적응도는 월등한 반면 호미니드의 적응도는 보잘 것 없었던 것이다. 그 결과 불과 얼마 전까지만 해도 침팬지는 생각하는 동물 인간에 비해서 훨씬 생존 능력이 뛰어났다.

## 인간은 다르기 때문에 인간이다

새로운 종의 부상(종분화speciation)은 개체군 내부의 한 집단이 같은 종 구성원들과 성적 교류가 불가능해질 때(번식 격리isolation reproductive) 일어난다. 이러한 양립 불가능성은 지리적·생태적 격리(이소적 종분화)에서 비롯되는 경우가 제일 빈번하다. 시리아와 아프리카가 갈라지면서 영장류의 계통수에서 호미니드가 격리된 것으로 보이는 것이 좋은 사례다. 하나의 종의 개체 수가 많고 서식지가 도처에 분포되어 있을수록('판데믹') 하위 집단 가운데 하나가 새로운 종을 출현시킬 가능성은 줄어든다. 개체 수와 광범위한 서식지는 주어진 종에게 안정성과 단일성을 보장해주는 반면, 개체 수가 적어 희귀하며 서식지 또한 국지적인 차원에 머물러 있는 집단은 멸종 또는 분화 위기에 직면하게 된다. 아직도 인종주의를 신앙처럼 떠받드는 사람들은 이와 같은 사실을 통해 우리와 다른 사람의 수가 늘어날수록 우리의 통합이 한결 견고해진다는 교훈을 얻기 바란다. 우리가 지닌 차이는 그것이 신체적이건 문화적이건 종으로서의 우리의 강건함을 증가시킨다.

# 왜 인류는 아프리카를 떠났을까?

뇌와 문화의 관계는 시간상의 어느 특정 지점에만 국한되지 않는다. 크기와 복잡함의 정도에 있어서 아주 오랜 기간 지속되어 온 흥미진진한 뇌의 성장은 십중팔구 200만 년 정도의 기간에 걸친 아주 오래되고 흥미진진한 문화의 발전을 동반했다. 이 두 가지 일련의 사건들 사이에 상호관계가 존재함에는 의심의 여지가 없으며, 이 관계는 시간이 흐름에 따라 증폭되어 왔다.[42]

_____ 예측 호미니드의 뇌와 그 뇌의 적응도는 평행선을 그으며 발전해왔을 것이다.

_____ 사실 "하늘의 별과 같고, 바닷가의 모래 같이 헤아릴 수 없다"(창세기 22장 17절)고 함은 최근에 들어와서 우리 인간에게 붙은 형용사다. 그런데 최근이라 함은 정확하게 언제부터일까? 기술발전과 적응도 사이에 매우 밀접한 상관관계가 존재할 것으로 믿는다면, 우리는 이 같은 거품이 적어도 세 번의 가속화 단계를 거쳤다고 추론할 수 있다. 석기시대, 신석기시대(신석기시대의 인구 이동), 그리고 현대, 이렇게 세 번이다. 자세한 내용은 뒤에 나오는 두 가지 사례를 참고하기를 바란다.[43]

이렇듯 세 단계로 이루어진 시나리오는 상식에 기반을 두고 있으나, 인구 변화 자료는 이것이 그릇되었음을 입증한다. 침팬지의 게놈은 이마가 좁다는 것이 결코 인구적인 면에 있어서 장애가 될 수 없음을 보여준다. 독립적으로 진행된 두 가지 연구는 공통적으로 우리의 인구 거품이 고작 6만 년 전에 시작되었다고 입을 모은다. 70억 명을 향한 레이스는

이라크가 아니라 에티오피아에서 시작되었다고 보아야 하는 것이다.[44]

___예측__ 기술 발전은 항구적으로 성장하는 뇌에서 시작되었을 것이다.

___사실__ 도구와 불, 창 이렇게 세 가지로 대표되는 세 번의 도약은 뇌가 양성 피드백의 회오리바람에 휘말리기 전에 일어났다. '호빗'은 도구를 만들고 불을 사용하기 위해 반드시 커다란 뇌가 필요하지는 않다는 사실을 증명해보였다.

___예측__ 뇌화 과정은 기술 발전을 동반했을 것이다.

___사실__ 호모 에렉투스 서사시의 시작 단계, 곧 그들의 뇌가 800㎤가 되었을 무렵에 나타난 양면 도구들은 그들이 멸종 직전, 즉 뇌 용량이 1,100㎤로 늘어났을 때 제작한 것들과 상당히 닮은 양상을 보인다.

___예측__ 호모 사피엔스의 인구 거품은 EQ의 증가 그리고/또는 신기술에서 비롯되었을 것이다.

___사실__ 현생 호모 사피엔스의 EQ는 아프리카에서의 출발보다 적어도 10만 년 전에 안정화된 반면, 라스코 벽화처럼 호모 사피엔스가 이룬 유명한 발명품들은 아프리카를 떠나 원정길에 오른 지 3만 년 후에야 나타났다.

___예측__ 언어는 우리 인간 종의 적응도를 비약적으로 높이는 발사대가 되었다.

___사실__ 지구상 곳곳에서 만나는 인간은 저마다 어떤 언어인가를 사용한다. 우리 모두가 아프리카 출신의 후손이므로, 우리 조상은 아프리카에서 원정에 나서기 전부터 말을 했음이 틀림없다. 그런데 그들은 아주 오래 전부터 언어를 사용했을까? 그 문제에 대해서 우리는 절대 정확한 답을 알 수 없을 것이다. 다만 호모 에렉투스, 호모 하빌리스, 호빗, 네안

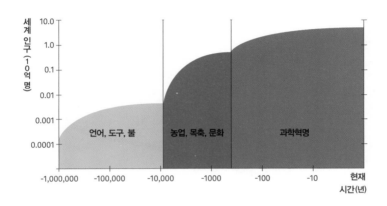

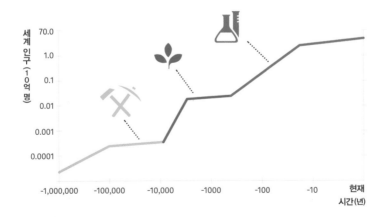

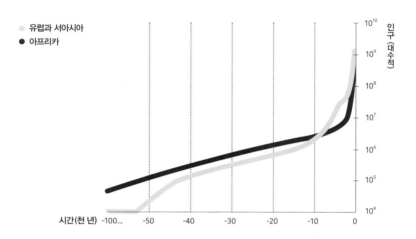

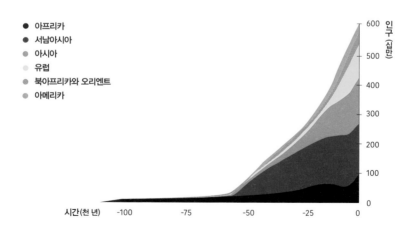

데르탈인들의 업적을 볼 때 그들에게도 언어가 있는데, 호모 사피엔스가 언어를 갖지 못했을 가능성은 거의 없을 것이다.

호모 에렉투스, 호모 하빌리스, 호빗, 네안데르탈인들이 그 수가 많지 않았다는 사실은 뉴런의 풍성함이 유전자의 번성을 장담해주지 않음을 보여준다. 즉 이들의 멸종은 도구, 즉 불과 아주 기초적인 언어의 소유가 반드시 "생존을 위한 투쟁에서 최후의 승리"로 이끄는 것은 아님을 증명한다. 그렇다면 인간이 그토록 뒤늦게 무적의 존재가 된 데에는 무엇의 도움이 있었을까?

상식과 진화론이 일련의 상관관계를 예측하고, 과학이 그 예측을 무효화시키는 형국이니 우리의 뇌는 마침내 각각 '고르디온 지수 3'에 해당될 법한 세 가지 흥미진진한 수수께끼를 놓고 씨름해볼 만하다.

첫 번째, 호모 사피엔스는 아프리카에서 출발하기 직전까지 이룬 혁

뇌화 지수, 기술, 인구의 결별

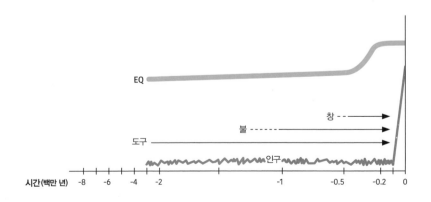

혁한 업적에도 불구하고 어째서 비참한 조건에서 벗어나지 못했을까?

두 번째, 멸종 위기에 놓인 종이 어떻게 해서 개체 수 70억이라는 왕도를 거닐게 되었을까?

세 번째, 위의 두 가지 수수께끼는 어째서 이제껏 연구 대상이 되지 않은 것일까?

상황을 180도 바꿔 놓게 되는 이 대전환점에 대한 무관심은 그저 황당할 뿐이다. 이것은 고르디우스의 매듭을 푸는 일도, 다비드 힐베르트가 제시한 스물세 가지 수학 문제를 해결하는 일도, 마술사 해리 후디니처럼 수갑으로 묶인 채 물속에서 빠져나오는 탈출 묘기를 선보이는 일도 아니다. 어디까지나 가장 '□□□한' 동물로서의 인간 조건의 근원을 찾으려는 일이다. 그리고 이 근원은 아프리카에 있다.

### 예습 정리!

**01__** 아프리카 탈출로 우리 인류의 족보는 균등하지 않은 두 부분으로 나뉜다. 두 가지 수수께끼를 풀기 위해 문화가 시작되는 결정적인 순간과 그 순간이 진화 연구에 내미는 도전 과제들의 성격을 규정하는 일부터 시작하려 한다.

**02__** 아프리카로부터의 탈출을 이주 역사에 한 획을 긋는 사건으로 간주하는 까닭은 특별한 외부적 스트레스라는 동기 없이 감행된 최초의 이주이기 때문이다.

**03__** 아프리카로부터의 탈출은 구석기학과 유전학으로는 도저히 설명이 되지 않는 사건이다.

**04__** 외부적 스트레스가 없다면 그 사건은 내부적 스트레스, 즉 불안정 때문이라고 설명할 수밖에 없다.

**05__** 아프리카 탈출의 모든 것을 파악하려면 아직도 '자연철학'이라고 불리면서, 실험실과 화석이 아닌 관찰과 추론을 토대로 연구하던 시절의 생물학으로 돌아가야 한다.

**06__** 우리 조상들로 하여금 고향을 등지게 만든 내부적 스트레스라면 아마도 오늘날 우리에게 이민 충동을 불러일으키는 스트레스와 비슷할 것이라고 추측해볼 수 있다.

**07__** 선사시대의 이민자들과 21세기 이민자들 사이의 공통점 연구는 즉각적으로 접근할 수 있는 대상, 즉 나 자신에서 시작해야 한다. 마침 나는 이미 두 번이나 이민을 감행한 경험자다.

**08__** 월리스와 다윈의 '야만인' 관련 증언에 대한 시대착오적인 비판은 제쳐 두자.

**09__** 우리는 인간 일반에 대한 이상적인 접근법으로 내면 성찰이라는 방식에 의존하려 한다.

**10__** 도대체 어떤 족쇄가 과도할 정도로 장비를 잘 갖춘 이 동물을 멸종 위기 동물이라는 지위에 못 박아 두었을까? 답은 지나치게 커진 뇌다. 뇌 때문에 인간은 출산을 몇 달 앞당겨야 했으며, 그 결과 태어나는 아기와 산모를 모두 약화시켰다. 이는 감염을 통한 부족 전체의 약화로 이어졌다.

**11__** 무슨 기적이 인류를 궁핍한 상태에서 끌어내어 대 파란, 물고기가 물에서 나와 걷기 시작한 이후 한 번도 보지 못한 삶으로 데려갔을까? 그것이 바로 이 책의 주제인 '내일의 발명'이다.

# 아웃 오브 아프리카 또는 진화사의 엑소더스

애굽을 떠난 이스라엘 자손들의 노정은 이러하니라 … 라암셋을 떠나 숙곳에 진을 치고 숙곳을 떠나 광야 끝 에담에 진을 치고 에담을 떠나 바알스본 앞 비하히롯으로 돌아가서 믹돌 앞에 진을 치고 … 알루스를 떠나 르비딤에 진을 쳤는데 거기는 백성이 마실 물이 없었더라.

〈민수기〉 33장.

1948년 다니엘 알레비의 《역사의 가속화 L'Accélération de l'Histoire》가 출간되었다. 오직 유대인들만이 아는 방식으로 프랑스를 사랑한 애국자였던 알레비는 1789년 대혁명 시기를 인간이 광적인 리듬 속으로 돌입하게 된 전환점으로 보았다. 막스 베버와 같이 일부에서는 프로테스탄트 윤리에서 비롯된 자본주의가 인간으로 하여금 리듬을 바꾸도록 종용했다고 주장하는가 하면, 이러한 광적인 리듬을 콜럼버스와 구텐베르크 탓으로 돌리는 사람들도 있다. 그러나 모두가 공통적으로 인정하는 한 가지 사실은 수백만 년 동안 기듯이 천천히 흘러가던 시간이 갑자기 미친 듯한 경주에 돌입했다는 것이다.

현대 사회에 만연된 과잉이 옛날 옛적의 과잉과 비교해 볼 때 약간의 표준 편차를 보일 뿐이라는 사실은 부인할 수 없다. 그러나 거의 움직이지 않는 시간과 미친 듯이 움직이는 시간 사이에 엄청난 균열이 존재한다면, 우리는 그 균열을 선사시대에 위치시켜야 마땅하다.

그렇다면 선사시대 중에서도 정확하게 언제쯤에서 대균열이 벌어졌을까? 후보들은 적지 않다. 예를 들어 최초의 도구가 탄생한 200만 년 전에서부터 신석기시대 혁명이 일어난 1만 3,000년 전까지의 시기를 설득력 있는 후보로 꼽을 수 있다. 이 책에서는 5만 8,000년 전에 일어난 아프리카 탈출 사건을 후보로 제안하고자 한다. 우리 조상들은 아프리카를 떠난 후 쉬지 않고 이주를 반복했다. 그들은 도착해서 정착했던 곳을 차례로 떠났다. 가령 4만 3,000년 전에는 태즈매이니아에 도착했다. 그로부터 2,000년 후 체중이 100킬로그램이나 되는 캥거루를 비롯해 코뿔소웜뱃처럼 몸집이 큰 동물들은 그 섬에서 전부 멸종되었다. 또한 지금으로부터 9,000년 전에는 북아메리카에 서식하던 매머드들에게 그와 비슷한 비극이 일어났다. 인간이 모리셔스섬에 들어서면서 1662년 그곳에 살던 마지막 도도새마저 죽고 말았다. 5만 년이 채 안 되는 사이에 호모 사피엔스는 알렉산드로스 대왕이나 징기스칸 또는 현재의 미국조차 상상하지 못했을 대제국을 건설했다. 그러니 이보다 더 매혹적인 연구 주제를 상상이나 할 수 있겠는가?

'에티오피아인들'이 고향을 떠나 이집트로 간 것에 만족했더라면 우리가 궁금해하는 이 수수께끼들은 존재하지도 않았을 것이다. 나일강 델타 지역이 훨씬 비옥하니까 오스트랄로피테쿠스의 유적이 발견된 오모강보다 나일강 델타 지역에 더 마음이 끌리는 것은 두말할 필요도 없다. 이들 이주자들의 대다수가 이곳에 남고, 오직 소수만이 이스라엘 땅을 향해 출발했다는 점도 쉽게 설명이 된다. 그리고 그들 가운데 일부가 메소포타미아 지역으로 원정을 계속했다는 점도 같은 방식으로 이해할 수 있다.

그런데 이들 원정대는 끝없이 유랑을 계속했다. 때문에 그들의 일시적인 목적지는 알려지지도 않은 다음 목적지로 가는 길에 거쳐 가는 단

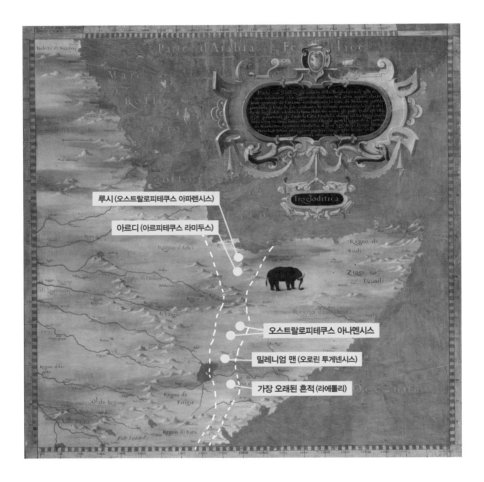

루시 (오스트랄로피테쿠스 아파렌시스)

아르디 (아르디피테쿠스 라미두스)

오스트랄로피테쿠스 아나멘시스

밀레니엄 맨 (오로린 투게넨시스)

가장 오래된 흔적 (라에톨리)

순한 통과지대 혹은 야영지대로 남았을 뿐이다. 이동과 정착 과정이 세 번 넘게 반복되면 전통적인 설명은 더 이상 통하지 않는다. 그 때부터는 우리 조상들이 이주 거품 속으로 돌입했다고 보아야 할 것이다. 이 때문에 우리 조상들은 시베리아, 알래스카, 그린란드까지 진출했다. 짐작했겠지만, 이 지역은 온화한 기후나 비옥한 토양으로 명성을 떨치는 곳은 아니다.

물론 식물도 동물처럼 이곳에서 저곳으로 이동을 한다. 그러나 결정적으로 집을 떠난다는 것은 절대 자명한 일이 아니다. 신다윈주의의 패러다임에 따르면 이주는 외부적 스트레스에서 기인한다. 생물학적 관점에서 정당한 방랑이란 필연적으로 개인과 환경 사이의 변증법에서 태어나는 결과물이다. 즉 다음과 같은 시나리오들 가운데 하나로 인해 발생하는 것이다.

우선 기후 조건의 급속한 변화가 있고, 다음으로는 천연자원의 부족이 있으며 그 밖에 다른 종에 의한 주거 침입을 꼽을 수 있다. 그러나 '아프리카의 뿔' 소말리아 반도 지역이 이 무렵에 급격한 기온 상승 혹은 강하를 겪었다고 짐작할 만한 증거란 어디에도 없다. 당시 호모 사피엔스의 식생활을 떠받치던 주요 식량군이 갑작스럽게 모자라게 되었다는 증거도 찾을 수 없다. 새로운 종의 침입으로 말하자면, 그것이 "생존을 위한 투쟁에 있어서 최후의 심판"과 시기적으로 일치한다고 보기 어렵다. 이렇듯 아프리카를 떠나기로 결정한 인간들에게는 그 같은 결정을 내리도록 만든 어떠한 생태학적 이유도 없다.

딱히 이거다 싶을 정도로 설득력 있는 설명이 없는 탓에, 고향을 등진 수백 명의 인간들이 내부적인 스트레스 때문에 그 같은 결정을 내렸

# 인류 이주 경로

| -10,000 | -20,000 | -25,000 | -30,000 | -35,000 | -40,000 | -45,000 | -50,000 | -55,000 |

시간(년)

으리라고 추측할 수밖에 없다. 생물학자들은 이와 같은 스트레스가 유전적인 요인에서 비롯되었다면 기꺼이 이를 받아들인다. 하지만 센세이션을 일으키는 돌연변이에 의해 어느 날 문득 이주 유전자가 아무 까닭도 없이 우리의 게놈 속에 솟아올랐다면 어느 누가 이를 진지하게 받아들일 수 있단 말인가? 나 역시 당연히 그럴 수는 없다고 의심할 것이다. 그렇기 때문에 심리적인 요인에 근거를 둔 내부적 압력 때문이리라는 대안 쪽에 마음이 끌리는 것이다.

이렇게 되면 생물학자들이 왜, 언제, 어떻게, 몇 차례에 걸쳐서 아프리카 탈출이 이루어졌는지에 대해서는 궁금해하면서 그 이유에 대해서는 가뭄에 콩 나듯 드물게만 관심을 보이는 사실이 설명된다. 이처럼 이유에 관한 연구가 누락되었다는 사실은 실로 유감이다. 그도 그럴 것이 우리 조상들을 미지의 세계로의 유랑, 그것도 저 멀리 뉴질랜드, 티에라 델푸에고 제도까지 내몬 추진력은 오늘날의 우리가 보기에 도구의 발명이나 불의 사용보다도 훨씬 더 중요한 통찰력의 소산이라고 여겨지기 때문이다.

그런데 그들의 동기를 타진해보는 일은 도대체 가능하긴 한 것일까? 연구자들이 분자적 혹은 구석기학적으로 접근한다면 이를 추적하는 것은 불가능하다. 반면 연구자들이 자신을 탈아프리카 대열에 합류한 이주자로 간주한다면 가능해진다. 그러므로 나는 나 자신과 선사시대 인간들 사이의 공통점을 이용해 이 수수께끼를 해결하려는 임무에 기꺼이 뛰어들고자 한다.

# 어느 날 문득 사피엔스는 내일을 떠올렸다

다윈은 "예전의 아프리카는 지금은 사라졌으나 고릴라와 침팬지와 매우 가까웠던 원숭이의 한 종이 살던 곳"이라는 심증을 지니고 있었으며 "이 두 종이 현재 인간과 가장 가까운 동물이므로, 그렇다면 우리의 조상들이 다른 곳보다는 아프리카 대륙에 살았을 가능성이 높다"[45]고 보았다. 그러나 1891년 자바인이 발견됨으로써 '아웃 오브 아시아'의 가설이 일시적으로 호응을 얻었다.

그러다가 1920년 리키 가문의 출현으로 상황이 바뀌었다. 루이와 마리, 그리고 그 두 사람의 아들인 리처드 리키는 동아프리카 대지구대 **Great Rift Valley**에서 호미니드의 화석과 그들이 사용하던 도구를 대량으로 발굴했다. 인류가 아프리카에서 시작되었음을 증명하기에 충분한 양이었다. 그들의 뒤를 이어 고고학자들과 구석기학자들, 구석기인류학자들이 케냐와 에티오피아, 말리, 리비아, 탄자니아, 그리고 남아프리카 공화국 등지로 몰려들었다. '아웃 오브 아프리카' 설은 이렇게 해서 지배적인 패러다임이 되었으며, 인류의 유전자 다양성은 아프리카에서 멀어질수록 줄어든다는 사실을 입증하는 수많은 연구 덕분에 곧 유일한 패러다임의 지위에 올랐다.

엄청난 양의 연구들이 인간, 저 멀리 중국 대륙 오지 어디에선가 태어난 아기를 포함하는 그야말로 모든 인간의 공통적인 근원이 이곳임을 확인하고 또 확인했다. 아주 최근 연구 하나를 예로 들어보자. 헬리코박터 필로리(위염을 일으키는 박테리아)의 각기 다른 변이체들의 구성분자 비교 결과, 이 모든 헬리코박터 균들의 조상은 5만 8,000년 전에 소말리아 반도에서 활동했음이 밝혀졌다.46 그러니 우리는 전부, 예외 없이 흑인의 후손이다. 그 점에 대해서는 이견이 있을 수 없다.47

'아웃 오브 아프리카 어게인 앤 어게인Out of Africa Again and Again'.48 앨런 템플턴Alan Templeton이 제안한 이 모델은 이름에서부터 아프리카 탈출이라는 사실이 호미니드들이 지닌 일종의 유전적 성격임을 암시한다. 이들의 대이동이 있기 전에 이미 두 차례에 걸친 이동이 있었다. 호모 에렉투스가 약 180만 년 전에 아시아로 이동했으며, 호모 사피엔스가 13만 년 전에 팔레스타인에 일종의 교두보를 마련했던 선례가 있었다. 오늘날에도 수백만 명의 아프리카인들이 상상 가능한 모든 수단을 동원해 고향을 떠나려고 몸부림친다. 그들의 이러한 탈아프리카 러시와 그보다 훨씬 앞서 일어난 아프리카 탈출 사이에는 어떤 차이가 있을까? 그저 규모의 차이가 있을 뿐이다. 그들은 적어도 리듬과 임팩트 면에서 표준편차 10 정도의 차이를 보인다.

"인간은 아라비아 반도에 도달하기 위해 어떻게 했을까?" "인간은 어떻게 인도네시아와 오스트레일리아를 갈라놓는 바다를 건넜을까?" 이 같은 질문들은 얼마든지 제기해볼 만하다. 그렇다면 다음 질문은 어떨까? "동아프리카 대지구대 주민들은 무슨 이유로 수백만 년 동안 조상들이 일궈온 땅을 버리고 아무도 그 존재조차 알지 못했던 곳을 탐험하러 간 걸까?"

우리가 말할 수 있는 것은 이 질문이 그다지 많은 사람의 호기심을 자아내지는 않는다는 사실 정도다. 이러한 염려는 현대 과학의 특성이자 현대 과학이 인과관계에 대해 품고 있는 경계심의 발로라고 할 수 있다. 질문을 제기한다는 것 자체가 이미 심리적 해답을 암시한다는 사실

## 소말리아 반도와의 거리로 보는 유전자 변이 정도

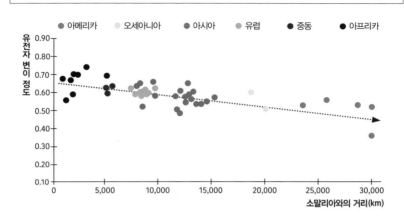

## '아웃 오브 아프리카 어게인 앤 어게인'

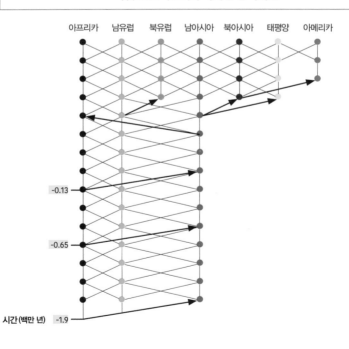

때문에 이러한 신중함은 한층 강화된다. 어찌 되었든 생명에 관한 학문이 6만 년 전에 사라진 사람들의 신장 검사를 방법론으로 사용할 수 없다는 것은 자명하다. 그러나 아프리카 탈출의 이유와 관련한 상대적인 침묵은 생물학의 역사를 통해 상당 부분 설명될 수 있다. 본론과는 약간 거리가 있는 문제지만 이 문제는 한 번쯤 짚고 넘어갈 필요가 있다.

고고학_ 인위적인 것, 즉 과거의 인간들이 만든 물건, 가령 화폐나 돌도끼 같은 것을 연구하는 학문.

구석기학_ 생명체의 유물을 연구하는 학문. 주로 화석을 다루지만 화산암에 찍혀서 굳어진 발자국 등도 연구 대상이다.

구석기인류학_ 호미니드 관련 구석기학.

생물학에서 모든 것은 다윈에서 시작해서 다윈으로 끝난다. 생물학을 창시한 아버지로서 다윈은 자연의 과정은 점진적이며 축적되는 성질을 지닌다고 장담한다. 이 점에 있어서 그는 자신의 멘토였던 지질학자 찰스 라이엘Charles Lyell이 애용한 '1센티미터씩' 방식을 적용했을 따름이다. 태양 아래 새로운 것은 없는 고로 라이엘이 말하기를, 현재는 과거를 이해하는 열쇠가 되어준다. 우리가 증언할 수 있는 과정들이란 예전에 강과 산, 동물들과 식물들이 생산했던 과정들과 동일하다는 것이다.

라이엘은 이러한 과정들이 진행되는 리듬이 예전엔 훨씬 절제되었으며 획일적이었다고 생각했다. '동일과정설uniformitarianism'이라는 용어는 여기에서 비롯되었으며, 라이엘은 동일과정설을 조르지 퀴비에Ceorges Cuvier가 주장한 격변설catastrophism과 대비시켰다. 퀴비에는 지구의 역사가 그곳에 서식하는 생물들의 역사와 마찬가지로 갑작스럽게 일어나는 격렬한 사건들에 의해 진행되어 나간다고 주장했다. 한편으로는 다윈과 라이엘, 다른 한편으로는 퀴비에로 갈라지는 이분법은 각각 진화와 혁명이라는 이항 대립으로 상징된다.

자연이 갑작스럽게 변화하지 않는다는 생각은 그다지 새로울 것도 없다. 일찍이 아리스토텔레스도 그렇게 주장했다. 나무에서 내려와 두 발로 일어서더니 걷기 시작했고, 그 후 계속해서 조금씩 조금씩, 도끼의 발명에서 바퀴의 발명으로, 바벨탑에서 인터넷에 이르기까지 진보를 거듭해온 몸집 큰 원숭이의 신화가 굳어진 것도 그런 토대가 있었기 때문에 가능한 일이었다.

사실 구석기학자들은 그처럼 단순한 도식엔 찬성하지 않을 것이다. 분자생물학자들은 DNA 내에서 재생산의 오류가 그토록 매끈하게 이어지는 단선적 도식을 낳는다는 것은 불가능하므로, 나름대로의 의문을 제기할 것이다. 하지만 그들의 항의는 심지어 그들 내부에서조차 아무런 반향을 얻지 못할 것이다. 그들이 점진주의만이 유일하게 가능한 시나리오라고 믿으며 거기에 매달리는 한, 한 번의 성공은 반드시 다른 성공으로 이어지고, 하나의 업적이 항상 다른 업적을 불러오며, 따라서 이런 식으로는 지금까지도 그렇고 앞으로도 내내 그럴 것이라는 식의 기만적인 역사 인식을 뿌리 뽑기란 불가능하다.

1980년 격변설의 지지도가 가파르게 상승했다. 노벨 물리학상 수상자인 루이스 알바레즈Luis Alvarez와 그의 아들이자 지리학자인 월터는 6,500만 년 전에 거대한 소행성 하나가 지구와 충돌하면서 역사의 흐름을 근본적으로 바꿔 놓았으리라는 예상을 내놓았다.[49] 점진주의에 물들어 있던 생물학자들은 이들 알바레즈 부자의 가설에 대해 회의적인 태도를 보였다. 하지만 그들은 곧 미망에서 깨어나야 했다. 충돌은 히로시마에 떨어진 원자폭탄급의 폭탄 70억 개의 위력을 지닌 것으로 계산되었으며, 그 때문에 공룡을 비롯해서 당시 지구상에 살던 생물의 50퍼센트가 멸종했다. 그 후 30년의 세월이 흐르는 동안 제3기 백악기에 진행된 멸종은 이제 상식이 되어버렸다.

　이후 생태계에서의 대학살은 급진적인 방식으로 지도를 재구성하며, 따라서 살아남은 식물군과 동물군에게는 새로운 기회가 제공된다는 사실이 별다른 이의 없이 받아들여지고 있다. 격변은 자연에 있어서 러시안 룰렛이라고 말할 수 있다. 우연이 지배하는 경우 개개인의 적응도는 그의 생존 가능성에 거의 아무런 영향을 끼치지 못한다.[50] 따라서

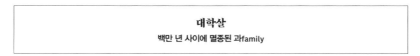

**대학살**
백만 년 사이에 멸종된 과family

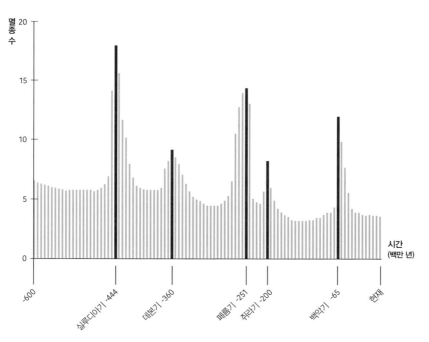

아프리카 탈출에 대한 '퀴비에식' 설명은 정당화되었다. 예를 들어 스탠리 암브로즈는 7만 년 전에 있었던 토바산 폭발을 거론한다. 그의 추산에 따르면 화산 폭발 이후 이어진 겨울 동안 희생당한 호미니드의 수는 1348년 흑사병으로 인한 대학살 희생자 수와 맞먹는다.[51]

그러나 이처럼 꽤 그럴 듯해 보이는 가설은 두 가지 문제를 안고 있다. 첫째, 토바산은 인도네시아에 위치한다. 둘째, 그 화산이 폭발한 시기는 아프리카 탈출보다 1만 2,000년이나 앞선다.[52]

나 또한 '아웃 오브 아프리카' 수수께끼를 데우스 엑스 마키나deus ex machina로 설명하려 한다. '기계에서 갑자기 신이 내려오셨다'를 뜻하는 이 라틴어 표현은 갈등을 풀기 위해 뜬금없는 사건을 발생시키는 플롯 장치로 잘 풀리지 않던 이야기를 결말짓기 위해 갑작스레 신의 섭리를 등장시키는 방식을 빗댈 때 사용된다. 나는 재앙 대신 내일의 발명이라는 기적을 제안하려 한다.

## 호모 에렉투스도 아프리카를 떠났다?

"어째서 광대하며 풍부한 자원을 간직한 대륙 아프리카를 떠났는가?" 호모 사피엔스보다 150만 년이나 앞서서 탈아프리카 작전을 감행한 호모 에렉투스에게 물어야 할 질문이다. 도대체 무엇이 이 미래를 기약할 수 없는 피조물들로 하여금 미지의 세계로 발걸음을 내딛는 엄청난 결정을 내리도록 부추겼을까? 나는 그 답을 알지 못한다.

**속보!**

호모 에렉투스는 지금으로부터 180만 년 전에 메간테
레온Megantereon(긴 칼처럼 생긴 이빨을 가진 호랑이)의 자
취를 따라 아프리카를 떠났을 것으로 추정된다. 이 야
수는 송곳니로 먹잇감에 상처를 준 다음 몸 안의 피를
모두 쏟아낸 후 죽을 때까지 기다린다. 선사시대 인간
들은 놈이 먹고 남긴 찌꺼기를 먹었다. 즉 포식자가 아
프리카를 떠나자 그 사냥꾼이 남긴 찌꺼기로 연명하
던 하이에나가 그 뒤를 따랐다는 것이다. 이와 같은 가
설은 요단강 계곡에서 메간테레온과 인간의 유해가 대
거 발견됨으로써 한결 설득력을 얻게 되었다.[53] 월리스
는 이미 1856년에 이와 같은 변칙을 앞당겨 예측했다.
**"자연주의자들은, 자기들 눈으로 직접 발견하고 확인
하기 힘들 경우 자연의 모든 사물엔 그에 합당한 용
도가 있다고 상상하려는 경향이 너무 심하다."**

## 다시 다윈에게 물을 수밖에 없다

"네 나라를, 네 고향 땅을, 네 아버지의 집을 떠나라. 그리고 내가 너에게
보여주는 땅으로 가거라."

〈창세기〉 12장

신의 지시에 군소리 없이 순종하는 아브라함의 영웅주의를 설명하면서, 당대 명망 높은 유대인 랍비이자 성서 해석자였던 라시는 다윈식의 언어로 말한다. "길을 떠난다는 것은 … 자손 번식, 재산 형성, 명성에 손상이 가는 일이다." 환경적 요인으로 인한 스트레스를 제외한 다른 이유 때문에 결행하게 되는 이주는 당사자에게 손해가 될 모든 가능성을 안고 있다. 그것이 신의 지시에 순종하기 위한 것이 아니었다면, 우리는 석기시대의 몇몇 인간들이 인도네시아보다 파푸아뉴기니를 선호한 이유를 설명할 수 있어야 한다. 또한 어째서 그들이, 그들의 후손들이 다른 여정을 통해서 오스트레일리아까지 가야 했는지 그 이유도 밝혀내야 한다.

생물학자들이 우리에게 그 점을 상기시켜주지 않았더라면, 우리가 혹시 아프리카 출신은 아닐지 아무도 의문을 갖지 않았을 것이다. 그러나 우리가 아프리카에서 왔다는 것까지는 밝혀냈지만 생물학자들이 사용할 수 있는 도구로는 그 이유까지 알아낼 수는 없었다.

생물학자들이 전혀 과학적이지 않은 방식으로 다룰 수밖에 없는 문제에 접근하기 위해 나는 시간여행을 제안한다. 생물학이 아직도 '자연철학'[54]이라는 이름으로 불리던 지나간 세기로의 여행 말이다. 오늘날의 과학계는 충분한 자료와 철저한 실험에 입각한 연구만을 인정한다. 하지만 모든 것은 물로 이뤄졌다고 주장한 소크라테스 이전의 철학자 탈레스시대나, 모든 것은 자연선택의 결과라고 주장한 다윈의 빅토리아시대만 하더라도, 현실과 그의 해석에 대한 연구는 관찰과 상상, 유추와 추론에 의거했다.

찰스 다윈은 자연철학자들의 혁혁한 계보를 잇는 마지막 후계자다.

자신의 생각을 널리 알리기 위해 다윈이 1868년에 창안한 정기간행물 《네이처》지는 오늘날이라면 그의 논문들을 절대 게재하지 않았을 것이며, 그래야 마땅하다. 어쨌거나 다윈이 "이제껏 아무도 하지 못했던 뛰어난 생각"[55]을 하게 된 데에는 그가 세계 각지를 여행하면서 주워들은 사실들이나, 그와 서신을 교환하던 수백 명의 독학자들이 여러 다리를 건너 전해준 정보들, 그리고 코브라의 독이나 차, 모유, 뼈, 소변, 면화, 귀리, 겨 등을 먹여 육식식물을 키웠다는 식의 상당히 황당한 실험이 토대가 되어주었다.

다윈의 전형적인 억측은 'A고 B면 반드시 C'라는 식의 삼단논법을 따라가는 경향을 보인다. 그런 면에서는 《종의 기원》의 첫 장이 특히 유명하다. 비둘기 양식업자들이 바위비둘기를 얻기까지 '인간 차원의 시간'이 필요했다면, '지질학적 시간'을 보유하고 있는 자연선택의 전능함이야 얼마든지 상상할 수 있다는 것이다.

다윈이 인위적 선택과 자연선택 사이에 존재하는 유사성을 토대로 그의 이론의 정당성을 확립했다는 사실은 잘 알려져 있다. 그는 비둘기 양식에 관한 것이라면 무엇이든 닥치는 대로 읽었으며, 전 세계의 비둘기 양식업자들, 그중에서도 페르시아와 인디아 출신인 달인 두 명과 서신을 주고받았다. 자연선택이라는 가설을 실험하기 위해 그는 스스로 자연선택의 입장이 되어보기도 했다.[56] 다운에 위치한 자신의 영지에서, 또 비둘기 애호가들이 모이는 클럽 등지에서 여러 해 동안 지속적으로 쌓은 비둘기와의 경험이 갈라파고스 제도의 방울새(다윈의 방울새) 관찰보다 그에게 훨씬 더 많은 것을 가르쳐주었다. 《종의 기원》을 통틀어 방울새는 겨우 두 번 언급된 데 비해서 비둘기는 무려 105차례에 걸쳐서 언급된다는 사실이 이를 입증해준다.

당시 구석기학은 이제 막 움트기 시작하는 단계였고 유전학은 아직 존재하지도 않았음을 감안할 때, 다윈에게는 유추와 사색에 의존하는 외에 다른 선택지가 없었다. 그렇다면 우리도 다윈에게서 영감을 받아 자신의 무지를 연구 방법론으로 변모시켜야 하지 않을까? 생물학이 아프리카 탈출을 설명하는 데 아무런 도움을 주지 못하는 처지이고 보니, 그렇게 하고 싶은 유혹에 이끌리는 것도 사실이다. 하지만 나는 다른 접근 방법을 택하려 한다. 선사시대의 이주자들에게도 오늘날의 이주자들과 같은 동기가 작용했다고 가정해보려는 것이다. 두 부류 모두 익숙한 곳을 떠나 낯선 곳에 정착했으며, 어느 정도의 시간이 지난 다음엔 다시 그곳을 등지고 다른 곳을 향해 떠나 새로이 정착하고 떠나기를 반복했다. 죽음으로 삶과 이별하게 될 때까지 말이다.

## 인간은 인간이고, 인간이다

모든 인종들 사이에서 성적 교류 적합성이 확인된다는 사실은 모든 인종이 하나이자 동일한 종에 속한다는 의미를 갖는다. 피부색, 특정 혈액형이 나타나는 빈도, 특정 식품에 대한 민감성 등 환경으로 인한 변주를 제외하면, 우리 인간이라는 종의 생리현상과 지능지수는 태곳적부터 지금까지 그다지 크게 변하지 않았다.

아마존과 말레이시아 지역 '야만인들'(월리스가 사용한 용어임을 밝혀둔다)과의 12년에 걸친 동거생활 끝에 월리스는 '타인'이 알고 보니 놀라울 정도로 자신과 유사하다는 결론에 이르렀다. 덕분에 우리는 위에서 이미 인용한 바 있는 그의 고백을 접하게 된다. "자연선택은 야만인에게 원숭이보다 약간 나은 뇌를 주는 것으로 만족할 수 있었을 텐데, 사실상 야만인은 철학자의 뇌와 비교해도 거의 차이가 나지 않는 뇌를 지니고 있다."[57]

역설적이게도 월리스가 옳았음을 인정한 이들은 제일 고약한 인종차별주의자들이었다. 원주민들과의 첫 만남 이후 유럽인들은 습관적으로 몇몇 표본을 포획해서 이들을 런던, 파리, 마드리드, 리스본 등지로 보내 그들에게 현지 언어와 기본법, 매너, 수학, 성경 등을 가르치곤 했다. 더러는 순전한 호기심에서 이와 같은 실험을 진행했으나, 대다수 유럽인들에게는 이들을 선교하겠다는 목적이 있었다. 그런데 놀랍게도 이렇게 보내진 원주민 '모르모트'들은 제법 재능이 있는 것으로 밝혀졌다. 사실 그들 또한 천문학자가 되기에 충분한 시냅스를 지닌 만큼, 언어와 풍습을 익히는 정도는 그다지 놀라운 일도 아니었다.

야만인들에 대해 피상적인 지식만 지니고 있던 다윈도 이와 유사한 결론에 도달했다. 비글호에 탄 승객들 가운데에는 티에라델푸에고 출신 원주민 세 명이 포함되어 있었다. '요크 민스터'와 '제미 버튼', '푸에지아', 이렇게 세 사람은 3년을 식민 실험실에서 보낸 뒤 결과가 만족스럽게 나오자 다시 고향으로 돌려보내졌다. 그곳에서 자신들의 동포를 개종시키기 위해 파견된 젊은 유럽 선교사를 도우라는 임무도 함께 받았다. "흔히들 이야기하는 것과는 달리, 3년이라는 세월은 야만인들을 완벽한 유럽인으로 바꾸어놓는 데 충분했다. 적어도 그들의 태도와 관련해서는 그렇게 말할 수 있다"[58]고 다윈은 약간의 감탄을 곁들여가며 일기장에 기록했다.

　다윈과 돈독한 우정을 키웠던 요크는 특히 완벽한 영국인으로서 생활할 만큼 높은 적응도를 보였다. 그런 만큼 그가 고향으로 돌아간 즉시 예전의 생활방식을 되찾자 다윈은 실망감을 감추지 않았다. 요크는 불과 이틀 내지 사흘 만에 빅토리아시대적인 태도를 털어버렸던 것이다. 버림받은 개가 늑대로 돌아간 것(복귀 돌연변이 또는 격세 유전)처럼 말이다. 그럼에도 다윈은 차마 친구가 다시금 야만인이 됨으로써 아이큐마저 떨어진 것은 아닌지 의심하지는 않았다. **정신적 타자성은 픽션이다.**

　이것만이 아프리카를 떠나 전 세계 곳곳으로 흩어진 자들의 후손들이 현대 생활에 동화되는 현상에 대해 제시할 수 있는 유일하게 설득력 있는 설명이다. 요크는 막힘없이 대화를 할 수 있을 정도의 영어를 익히는 데 3년이 걸렸으며, 에티오피아 출신으로 이스라엘로 건너간 이민자들은 신석기시대적인 세계에서 법학대학 세계로 옮겨가는 데 10년이 걸렸다. 티에라델푸에고의 주민들과 아프리카 소말리아 반도 주민들 사이에는 문화적이든 유전자적이든 어떤 형태의 교류도 존재하지 않았음을 감안한다면, 그들의 공통적인 조상들은 이른바 '우월한' 인종들의 전유물로 일컬어지는 인지적 역량을 가지고 있었음이 틀림없다.

　그러므로 우리는 야만인과 선사시대인 사이에 유사성이 있다고 확신할 수 있을 뿐 아니라 현대인과 최초의 아프리카 이주민들 사이에도 같은 관계가 존재하고 있다고 추정해볼 수 있다. 이들의 과잉행동은 현대를 사는 우리의 과잉행동과 너무도 닮았기 때문에, 우리는 합리적으로 볼 때 이들에게 가늠할 수 없을 정도로 다른 특별한 동기가 있었다고 말하기 어렵다.

상동 관계는 수많은 유사성에서 비롯된다. 원래 자연에서 둥지를 떠나는 이들은 주로 약자들이다. 자기들보다 강한 자들에게 쫓기다 보니 그리되는 것이다. 그러나 외부적 스트레스가 전혀 없는 상태의 경우, 우리는 최초의 이민자들이 자기 부류에서 가장 강한 자들이었으리라고 짐작해볼 수 있다. 다시 한 번 시간을 거슬러 올라가 다른 유명한 이민자들, 그러니까 19세기에 아일랜드에서 미국행 이민 여정에 오른 자들을 만나보자. 한 전문가는 "아일랜드를 떠난 자들은 어떤 의미에서는 우리들 가운데 가장 뛰어난 자들이었다"고 말했다. "그들은 제일 역동적이었으며, 제일 야심만만했는데, 우리가 그들에게 성공할 환경을 제공하지 못했던 것이었다."59

만약 이러한 추측이 사실이라면 그들은 자신의 운명 개척에 나선 최초의 선구자들이었다. 빅뱅 이후 생물이든 무생물이든 모두 반사 반응을 보이는 것으로 만족해했다. 말하자면 외부 상황에 적응하느라 급급했던 것이다. 그런데 아프리카를 떠난 자들은 적극적이었으며, 이로써 인간에 의한 현실 개조라는 위업의 주춧돌을 놓았다. 이에 반해 암석들과 강, 별, 바퀴벌레, 호모 에렉투스는 모두 항구적인 물체로서의 상태라고 하는 함정에 빠져버렸다.

그러나 아프리카를 떠나겠다고 선제적인 입장을 취한 자들은 주인 의식의 탄생을 알렸다. 그들이 순전히 근본적인 불만족으로 인해 그렇게 행동했다고 간주할 경우, 그것은 바로 인류 역사상 최초의 두카 dukkha, 곧 불교에서 말하는 고苦(고성제苦聖諦)의 출현이라고 하겠다. 자기 운명의 주체가 됨으로써 아프리카 이주민들은 그 전에도 그 후로도 사례를 찾아볼 수 없을 정도로 확실하게 혁신을 이룩했던 것이다.

이는 우리가 이들 모험가 조상들로부터 물려받은 유산이 정신적인 동시에 유전자적임을 보여준다. 케네디 전 미국 대통령이 베를린 장벽 앞에서 했던 말을 변주해서 표현하자면, 우리들 각자는 "나는 아프리카 방랑자Ich bin ein afrikanischer Wanderer"(1963년 6월 26일 베를린 장벽을 찾은 케네디는 "나는 베를린 시민Ich bin ein Berliner"이라는 유명한 말을 남겼다._옮긴이)라고 외쳐야 할 판이다. **결과적으로 나 자신의 이민 경험은 아프리카 탈출 수수께끼를 해결하는 데 도움이 되는 믿을 만한 밑천이 되어준다.** 화석이나 유전자만 붙잡고 늘어지는 대신 나는 나 자신이라는 샘물을 바닥까지 깊이 파내려갈 수 있으니, 이 얼마나 다행인가!

**요약!**

생물학자들은 아프리카 탈출이 있었음을 확인했으나 그 이유를 찾으려 하지는 않았다. 그러나 현대과학의 주저함에도 불구하고, 이 사건은 그대로 묻어두기엔 너무도 중요하다. 그래서 나는 한때 '자연철학'이라는 이름으로 불리던 또 다른 생물학에 호소하기로 했다. 아리스토텔레스와 더불어 이 분야의 가장 유명한 대표격인 다윈은 인위적 선택을 통해서, 심지어 때로는 인위적 선택을 다른 것으로 대체해가면서 자연선택을 발견했다. 그의 방법론에서 영감을 얻은 나는 그 대담무쌍한 아프리카 조상들이 되어보려 한다. 유대인들이 이집트 탈출(출애굽)을 기념하기 위해 낭송하는 〈하가다〉를 변주하자면, 각 세대마다 남성 한 명이 나서서 스스로를 아프리카에서 떠난 자로 여겨야 한다. "신은 우리 아버지들만 해방시키신 것이 아니라 그들과 더불어 우리들까지도 해방시키셨기" 때문이다.

"유대인에게는 두 눈이 없는가? 유대인에게는 두 손이, 각 신체기관이, 감각이, 정서가, 열정이 없는가? 기독교인들과 똑같은 양식을 섭취하며, 그들과 똑같은 무기로 살해당하는데도?"《베니스의 상인》의 샤일록에게 통하는 것이라면 선사시대 인간에게도 통한다. 그는 상처를 입었을 때 피를 흘렸고, 간지럼을 태우자 웃었으며, 독약을 먹이자 죽었다. 그는 무시당하자 복수했다. 그렇다면 우리와 다를 바 없는 그는 어째서 아프리카를 떠나기로 결정했을까?

## 다름 아닌 나에게서 시작하는 진화론

우리의 정신처럼 자유롭게 방랑하는 자태를 따라가, 정신 내부에 층을 이루는 구비들의 불투명한 깊은 곳을 파고 들어가, 그것의 세심한 동요들을 선택해 잠잠하게 가라앉히는 것은 보기보다 훨씬 까다로운 시도다.

그것은 새롭고도 특별한 즐거움으로, 세상사 그렇고 그런 소일거리는 물론 권장할 만한 소일거리에서도 우리를 빼내준다.

벌써 여러 해째 나는 나 자신만을 사색의 대상으로 삼고 있으며, 나 자신만을 제어하고 연구한다. 내가 다른 것을 공부한다면, 갑자기 그것을 나 자신에게, 좀 더 정확하게 말하자면 나 자신 안에 유숙시키기 위해서다.

몽테뉴, 《수상록》, II장 6.

그러므로 나는 에티오피아로 가서 오모강을 굽어보는 동굴 속에 짐을 풀고는 맨손으로 물이 나올 때까지 바닥을 파고, 도끼나 창을 만들고, 사냥을 하거나 물고기를 잡아야 할 것이다. 아니면 그냥 미쳐버리던가.

하지만 난 그런 짓은 하지 않을 것이다. 우스꽝스러운 방식으로 선사시대 조상을 흉내 내는 대신, 나는 나 자신의 삶에서 선사시대 사람을 발견해내고자 한다. 그러기 위해서 스타니슬라브스키Станислáвский의 연극 방식과 몽테뉴의 철학 방식에서 영감을 얻을 것이다. 스타니슬라브스키는 배우들에게 액세서리들을 통해 등장인물들의 내면세계를 파고 들어가라고 권한다. 연극 무대에서 우리는 사소한 액세서리들과 중대한 액세서리들을 구분한다. 나로 말하자면 이 책 집필에 몰두하던 무렵에 아주 작은 액세서리가 내 품안으로 들어와 삶을 송두리째 바꿔놓는 행운을 누렸다. 2008년 9월 10일 손녀 타헬 브루리아가 태어난 것이다. 이 사건은 나에게 무수히 많은 시간 동안 읽은 수천 수만 쪽의 과학 논문들보다 진화에 대해 더 많은 것을 가르쳐줬다. 다윈이 방울새를 관찰할 때보다 비둘기들과 시간을 보내면서 자연선택에 대해 배운 것과 같은 이치일지도 모르겠다.

인간 일반에 대한 접근법으로 내면 성찰을 활용하는 것은 미셸 드 몽테뉴가 시작한 방식이다. 그가 《수상록》 첫머리에 실은 글 〈독자에게〉는 그와 같은 방식을 설명하는 사례이자 선언문이기도 하다. "여기

진실한 한 권의 책이 있습니다, 독자여. … 나는 사람들이 여기서 긴장한 내색이나 꾸밈이라고는 없는 나의 소박하고 자연스럽고 평범한 방식을 보기를 원합니다. 내가 그리고 있는 것은 바로 나 자신이기 때문입니다. 이 책에서는 나의 결점들도 고스란히 읽힐 것이며, 대중에 대한 존중심이 허락하는 한에서 나의 순진하기 짝이 없는 모습까지도 드러날 것입니다. 내가 자연의 으뜸가는 법칙이 허락하는 온화한 자유 안에서 살고 있다는 종족들 사이에 있었다면, 장담컨대 나는 기꺼이 온몸에 물감을 칠하고 벌거벗은 채 살았을 겁니다. 이렇듯 독자여, 나에게는 나 자신이 내 책의 글감입니다.”

몽테뉴는 〈레몽 스봉의 변호〉 편에서 자신의 혁명적인 생각을 분명히 한다. “다른 모든 글감은 완전히 비워낸 상태에서, 나는 나 자신을 주제로 제공했다. 이 책은 세상에서 그런 부류로는 유일한 책이다. 이 책의 집필 의도는 이상하고도 기상천외하다.”(《수상록》, II장 12)

몽테뉴의 혁신이란 철학의 역사만큼이나 해묵은 생각에 뿌리를 내리고 있다. 바로 몇몇 사소한 세부사항을 빼면 인간들은 모두 거기서 거기일 정도로 닮았다는 생각이다. 따라서 표본 집단만 관찰하면 “인간은 인간에게 야수”라거나 “인간은 고향 풍경을 닮는다”[60]는 식의 명제를 일반화하기에 충분하다고 추론할 수 있다. 몽테뉴는 오로지 자기 자신만을 관찰해 일반적인 것을 도출해냄으로써 이 같은 명제를 한 단계 더 발전시켰다. “작가들은 특별하고도 낯선 표식을 통해서 사람들에게 스스로를 알린다. 제일 먼저 나를 놓고 봐도 그렇다. 나에게는 나라고 하는 보편적 존재, 즉 문법학자나 시인, 법률고문이 아닌 미셸 드 몽테뉴가 그 표식이다. 세상은 나에게 너무 내 이야기를 많이 한다고 나무라는

추론_ 삼단 논법에 의한 일반화. 모든 그리
스인들이 불멸이며 소크라테스는 그리스
인이라면, 소크라테스도 불멸이다.

유추_ 관찰을 통한 일반화. 내가 만난 중국
인들이 흑인이었다면 그 사실로부터 나는
모든 중국인은 흑인이라고 유추한다.

특정 사례를 근거로 한 유추_ 아리스토텔
레스는 소포클레스의 작품《오이디푸스
왕》으로부터 비극이라는 장르를 정의했
다. 몽테뉴는 미셸 드 몽테뉴라는 인물로
부터 인간이라는 장르를 묘사한다.

데, 나는 세상이 유독 자신에 대해서만 생각
하지 않는다고 불평하련다."(《수상록》, III
장 2) 스스로가 세상의 보편적인 차원이라
는 의미로 새겨들어야 하지 않을까.

월리스, 몽테뉴, 그리고 지금 이 글을
쓰고 있는 나는 모든 인간은 대체로 닮았
으며, 몇몇 주변적인 것들에서는 차이를 보인다는 사실을 잘 알고 있다.
이렇게 추론할 수도 있다. 불편부당한 내면 성찰은 우리들 모두가 지닌
제각각의 이미지를 비춰준다. 그렇기 때문에 강건하고 원기왕성하며
한창 나이였던 톨스토이Толстой가 이반 일리치가 겪는 단말마의 고통
을 마치 자신이 직접 겪은 듯 생생하게 묘사할 수 있고, 그 글을 읽는 독
자들도 "실제로도 정말 이럴 것 같다!"고 이구동성으로 감탄할 수 있는
것이다.

최근에는 타자성, 즉 남과 다를 수 있는 권리가 건강할 권리, 일할 권
리, 지붕 아래서 잘 권리, 행복할 권리 등을 포함하는 인권의 목록에 추
가되었다. 우리들 각자는 이제 "나는 다르다"고 외치도록 권유받게 된
것이다. 그러나 현실에서 타자성이란 은밀하게 감춰진 우월감의 다른 표
현이다. 상대주의자들과 다문화주의 옹호자들은 동지들의 타자성을 한
껏 추켜세우곤 하는데, 이때의 타자성은 어디까지나 흑인, 장애인, 난쟁
이, 여성 등 이른바 '열등하다'고 여겨지는 부류에만 해당된다.

몽테뉴를 따라서 우리도 우리 자신과 가까운 친지들의 탐색에 나서
보자. 그러면 얼마 지나지 않아 결론에 이를 수 있을 것이다. 유쾌할 수

도, 유감스러울 수도 있을 그 결론이란 노골적으로 드러난 특이성은 우리와 그들 사이의 극히 작은 차이에 불과할 뿐이며, 나머지 모든 구성 요소들은 유사성을 드러낸다는 사실이다. 심지어 카프카조차도 하루에 두 시간 정도만 카프카였다는 말이다. 그렇다면 그 나머지 시간엔 어땠을까? 그 역시 지극히 정상적이었다. 이 규칙이 카프카, 그러니까 아주 예외적으로 특이한 인물이었던 그에게도 적용된다면, 당신이나 나 같은 사람에게도 당연히 적용된다.

## 예외적인 것을 평범한 것의 상징으로 삼는다

이질적인 것들의 집합은, 가령 '자아' 같은 것도 여기 포함되는데, 평균이나 표준 같은 것으로 대표되지 않는다. 보스턴의 교살범은 평생 다 합해서 몇 시간이나 목을 졸랐을까? 어림잡아 10시간 정도일 것이다. 하지만 그의 일생에서 아주 짧은 기간에 해당되는 이 행위 때문에 그는 유명해졌다. 재미삼아 매춘부들의 배를 가른 잭 더 리퍼도 연쇄살인을 저지른 시간은 고작 몇 시간에 지나지 않는다. 나머지 시간은 여느 런던 시민들처럼 평범하게 푸딩을 먹거나 안개 속에서 산책을 즐겼을 것이다. 돌연변이를 일으킨 뉴클레오티드와 오류 없이 제대로 복사된 뉴클레오티드의 비율은 어떨까? 175 : 3,000,000,000이다. 하지만 단 한 개의 돌연변이가 레슈 니한 증후군Lesch-Nyhan syndrom에서 볼 수 있듯이 어린 소년을 끔찍한 삶으로 몰아갈 수 있는가 하면, 레트 증후군Rett syndrom에서 볼 수 있는 것처럼 남자 태아를 즉사시키기도 한다. 물론 그 반대도 얼마든지 성립한다.

이처럼 아주 드물게 일어나는 유전자의 철자법 실수는 진화에 있어서 없어서는 안 될 조건이 된다. 그런 실수가 없다면 어린 여자아이들은 엄마의 완전한 복사판이 될 것이고, 엄마는 엄마의 엄마의, 또 외할머니는 외할머니의 엄마의 완벽한 복제가 되어야 마땅하다. **이렇듯 삶과 죽음은 비정상적인 요소의 손에 달려 있다.**

똑같은 논리가 우리의 의식에도 적용된다. 예외적인 것의 대표성 Extraordinaire Représentatif(이하 ER)이란 바로 이 이형적 특성으로서, 다행스럽게도 어떤 연금술에 의해 그 특성이 전체 집합에 성상聖像처럼 작용하는 경우를 일컫는다.

이처럼 중심적인 특성이 된 ER은 다른 모든 특성들을 뇌의 뒤쪽 후미진 구석으로 밀어넣어 억압시킨다. 파리는 프랑스의 3만 6,000개 자치구 가운데 가장 예외적인 장소지만 관광객들은 물론 프랑스인들에게도 프랑스를 대표하는 도시로 선택받았다. 보르도, 마르세유, 몽생미셸 등이 볼멘소리를 해도 어쩔 수 없다. 그런데 파리는 하나의 뚜렷한 정체성을 갖기에는 너무도 많은 이질적인 요소들이 모인 복합체다.

이럴 때 해결책은 에펠탑이다. 기념비적인 건축물 가운데 제일 유별난 것이기 때문이다. 에펠탑에 비하면 파리가 자랑하는 수백여 건축물들 가운데 노트르담이나 사크레쾨르 대성당도 저리 가라다. 파리가 없다면 프랑스는 벨기에 북부나 독일 동부, 스페인 남부와 딱히 다를 것도 없는 비슷한 장소였을 것이다. 그런데 파리도 에펠탑이 없다면 유럽의 여러 멋진 도시들 가운데 하나 정도가 되어버릴 것이다. 통계를 아무리 외쳐봐야 소용없다. 뇌한테는, 예외적인 것을 평범한 것의 대표로 삼는

뇌한테는 그런 게 통하지 않는다.[61]

다시 아프리카 탈출 사건으로 돌아오자. 정상성의 치마폭을 들춰서 비정상성의 원천으로 삼을 만한 것들을 찾아낼 궁리를 해야 한다. 나는 손녀와 나 자신에게 불편부당한 시선을 고정시킬까 한다. 몇 시간, 필요하다면 몇 달도 좋다. 우리 안에서 마침내 선사시대 인간을 발견할 때까지 계속할 것이다. 내가 우리 조상들을 멸종 위기로 내몬 무엇인가에 대해, 당시 아프리카에 살았다면 나 자신까지도 위험으로 몰아넣을 수 있었으리라고 느끼게 된다면 변신은 성공한 것으로 보아야 할 것이다. 우리 조상들로 하여금 이민 길에 오르도록 종용한 무엇인가가 나의 할아버지에게도 고향 리투아니아를 떠나 남아프리카로, 거기서 베를린으로, 베를린에서 다시 팔레스타인으로 떠나게 만든 것인지 느끼게 될 때까지 말이다. 나의 할아버지는 팔레스타인에서 이민으로 점철된 생을 마감했다.

우리는 두 개의 성배를 찾는 중이다. 하나는 우리 조상들에게 정체와 실패를 가져다주었고, 다른 하나는 그들을 이주와 성공으로 이끌었다. 첫 번째 성배는 직립보행, 꼿꼿이 선 자세, 불과 각종 도구, 무기, 언어의 사용 등이 주는 이점을 보기 좋게 무효화시켰다. 두 번째 성배는 그 같은 이점들이 풍성한 결실을 맺도록 도와주었다. 첫 번째 성배는 십중팔구 선천적인 것이고 두 번째 성배는 후천적인 것이었을 텐데, 우리는 첫 번째를 '생산 결함'이라고 이름붙이고 '족쇄'라는 별명을 지어줄 것이며, 두 번째에는 '문화적 돌연변이'라는 이름과 '조커'라는 별명을 각각 선사할 것이다. 타고난 것이기에 생산 결함은 과거에 살았던 사람이든 현재 살고 있는 사람이든 모든 인간에게 공통적으로 나타난다. 반면 문화적 돌연변이는 후천적으로 학습된 것이므로, 각기 다른 속도로 인류 사회에 확산되어 나갔을 것이다. 첫 번째는 그러므로 평등한 반면, 두 번째는 엘리트주의적이다.

## 인간의 '생산 결함'을 찾습니다

나의 보편화된 자전적 경험담으로 미루어 볼 때, 무엇이 생존을 위한 투쟁에서 도끼가 제대로 실력을 발휘하지 못하도록 방해했을까? 나의 개인사에서 어떤 세부사항이 불을 사용하는 데다 언어까지 발명한 자들에게 침팬지보다 낮은 번식률 때문에 굴욕을 안겼을까? 쉽게 얼굴 붉히기 또는 과호흡 때문이 아닌 것은 확실하다. 내 눈에 띄는 유일한 '세부 사항'이라면 바로 출산의 위험과 유년기다.

오늘날에도 아기가 태어나는 일은 휴식하고는 거리가 멀다. 내 막내딸의 출산은 아주 다행스럽게도 첨단 시설을 갖춘 파리 시내의 병원에서 이루어졌다. 역산逆産이었음을 감안하면 정말이지 다행이었다. 그 아이가 50만 년 전에 태어났다면 산모와 아기가 생존할 가능성은 얼마나 되었을까? 선사시대의 태아가 내 손녀처럼 양수가 부족한 자궁 속에 머물러 있었다면 그 아기는 과연 살아남을 수 있었을까? 양수가 위험 수위에 도달하면 서둘러서 유도분만을 실시해야 한다. 오늘날 현대식 산부인과 병원들은 피토신, 즉 자궁수축을 유도하는 호르몬인 옥시토신을 인공적으로 합성한 호르몬을 비축하고 있어서 손녀의 생명을 구할 수 있었다. 그런 물질이라고는 전혀 알지 못했던 구석기시대 부모들을 상상해보자. 1962년 당시 여섯 살이던 내 형은 선천성 심장 결함으로 세상을 떠났다. 1965년부터 이 증후군은 치료 가능해졌다. 똑같은 증세를 가졌던 선사시대의 아기라면 첫돌 잔치도 해보지 못했을 것이다. 이러한 진단은 당시의 모든 장애인들, 태어날 때부터 '결함'이 있었거나 살다가 신체 일부를 잃은 자의 구분 없이 모두에게 해당된다.

그런데 그러한 결함이 우리가 그토록 오랜 시간을 들여 찾아내고자 했던 것일까? 나는 그렇게 생각하지 않는다. 우생학 지지자들이라면 내 형의 죽음은 자연의 원래 계획, 인간이 개입하기 이전 상태의 자연 계획에 포함되어 있던 것이라고 말할지도 모르겠다. 석기시대에 자연선택은 아무런 방해도 받지 않고 이루어졌다. 골수 우생학자들은 의학이 아예 태어나지 않았으면 더 좋았을 사람들까지도 살려낸다고 주장한다. 그들은 그런 면에서 의학이 인류를 위축시킨다고도 덧붙인다.

나는 관찰 대상을 친지들까지 넓혀보려 한다. 내 장인은 1920년대 모로코에서 열한 번째 자식으로 태어났는데, 그분의 부모님은 열 명의 자식을 잃고 그를 얻었다. 그 열 명은 모두 태어나서 일 년을 넘기지 못하고 죽었다. 아무 죄도 없는 어린 아이들의 대학살 이야기를 들으니 내 조상들이 슈테틀Shtetl(동유럽의 유대인 동네)에 관해서 들려준 이야기가 떠올랐다. 그곳에는 아이를 낳다가 죽은 여성들과 아기들 천지라는 것이었다. 슈테틀, D.H. 로렌스의 고향인 웨일즈의 광산 도시, 디킨스의 런던, 졸라의 파리에서는 끊임없이 애도가 이어졌다. 어제까지만 해도 "너는 고통 속에서 아기를 낳으리라"는 신의 저주가 지구상에서 문자 그대로 실현되었다.

선진국에서는 유아 사망률이 거의 무의미한 수치로 떨어진 것이 사실이나, 제3세계에서는 아직도 새로 태어나는 아기의 10퍼센트가 사산되는 형편이다. 발병률에 있어서 세계 최고인 시에라리온의 경우 5세 미만 어린이의 사망률은 30퍼센트에 육박한다. 현재 제3세계 전체 평균은 백 년 전 웨일스나 프랑스, 영국, 갈리시아 지방의 표준에 해당될 것이다. 아이슬란드의 예를 보자. 2008년 아이슬란드는 지구상에서 가장 낮은 유아 사망률을 기록했는데, 19세기 이 섬의 유아 사망률은 현재 시에라리온의 유아 사망률보다 높았다. 그 수치가 두 배가 넘을 정도로 끔찍한 해도 더러 있었다. 가령 1846년은 천 명의 신생아 중에서 600명이 죽을 정도로 특별히 참혹했다. 의회주의와 다양한 사가saga의 요람에서 이런 일이 벌어졌다니! 의사들과 수녀들의 나라에서 말이다! 반면 19세기 덴마크의 유아 사망률은 천 명 중 140명에 지나지 않았다. 이는 현재 에티오피아의 사망률에 해당된다.[62]

### 인정할 수밖에 없는 추론!

오늘날 아프리카와 산업화 이전의 아이슬란드에서 유아 사망률이 그토록 높이 치솟았다면, 석기시대 당시 출산 과정을 거쳐 살아남기란 아이에게도 산모에게도 대단한 위업이었을 것이며, 열 살까지 산다는 것은 기적에 버금가는 일이었다.

고대인들이 옳았다. 우리가 지상에 첫발을 내딛는 것 자체가 우리의 아킬레스건인 것이다. 앞서 소개된 루크레티우스가 이 주제를 가지고 쓴 명문은 고대를 가로질러 르네상스시대에도 애송되었다. "아이는 험한 물결에 던져진 뱃사람과도 같다. 그는 육지에서도 벌거벗은 채 버둥거리며, 말도 못하고, 사는 데 도움이 될 만한 것이라고는 하나도 가진게 없다. 자연이 아기를 엄마의 뱃속에서 끄집어내서 빛의 강안에 던진 순간부터 줄곧 그래왔다. 아기는 칭얼거리는 울음소리로 공간을 채우는데, 아직 통과해야 할 고통이 너무도 많은 존재에게 울음은 자연스러운 일이 아니겠는가."[63]

인간의 아이만 무방비 상태로 이 세상에 태어나는 것은 아니다. 새끼고양이는 장님인 상태로 태어나 5주가 지난 다음에야 온전한 시력을 갖게 된다. 새끼독수리는 처음 한 달 동안은 아예 둥지를 떠나지 않으며, 그 다음 한 달도 부모에게 의존한다. 새끼캥거루는 태어난 지 190일이 되어야 엄마의 주머니에서 나온다. 인간만 유일하게 나이 들어서 혼인하는 것도 아니다. 코끼리 수컷은 스무 살이 되어서야 겨우 사춘기를 맞이하는데, 암컷들은 이보다 한결 성숙한 마흔 살 정도의 파트너를 선호한다. 물론 인간이 의존성에 있어서 동물 평균과 비교할 때 상당한 표준편차를 보이는 것은 사실이다.

자연에서 신생아의 의존 양태는 태어난 직후에 이미 이뤄진 완전 독립(조숙)부터 태어난 후 오랜 기간에 걸친 전적인 의존altricialité에 이르기까지 매우 다양한 양상을 보인다. 타조나 공작처럼 땅에서 사는 새들은 매우 조숙한 축에 든다. 제일 대단한 사례는 큰무덤새Macrocephalon maleo다. 닭 크기 정도의 이 새는 인도네시아 동부에 위치한 슬라웨시섬의 고유종이다. 이 새는 부화하자마자 벌써 절정의 완숙미를 보인다. 하긴 녀석에게 다른 선택지가 있기는 했을까? 엄마새는 화산재 속에 알들

## 국가별 유아 사망률 비교(신생아 천 명)

| | | | 출산 시 | 5세 미만 |
|---|---|---|---|---|
| | 1 | 아이슬란드 | 2.9 | 3.9 |
| | **2** | **싱가포르** | **3.0** | **4.1** |
| | 3 | 일본 | 3.2 | 4.2 |
| | **4** | **스웨덴** | **3.2** | **4.0** |
| | 5 | 노르웨이 | 3.3 | 4.4 |
| | 12 | 프랑스 | 4.2 | 5.2 |
| | **20** | **이스라엘** | **20** | **5.7** |
| | 171 | 에티오피아 | 86.9 | 145.3 |
| | **190** | **차드** | **119.2** | **189.0** |
| | 191 | 알리 | 128.5 | 199.7 |
| | **194** | **아프가니스탄** | **157.0** | **235.4** |
| | 195 | 시에라리온 | 160.3 | 287.1 |

## 지역별 유아 사망률 비교(신생아 천 명)

25 미만 ●   25-49.9 ●   50-99.9 ●   100-150 ●   150 초과 ●

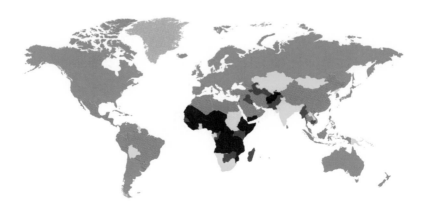

을 파묻은 다음 어디론가 사라져버리고 영영 돌아오지 않는다. 알에서 깨어나는 날부터 어린 새는 혼자 힘으로 삶을 개척해야만 한다.[64] 포유동물들의 경우 조숙성은 임신 기간이 길수록, 한배에서 태어나는 자식의 수가 적을수록 도드라지는 특성을 보인다. 바위너구리는 일곱 달의 임신 기간을 거쳐 한 번에 새끼 두 마리를 낳는다.

반면 반대쪽인 의존도가 높은 동물들의 경우 신생아는 발달 단계의 상당 부분을 엄마 뱃속이 아닌 외부에서, 즉 태어난 이후에 밟아가야 한다. 단단하게 여물지 않은 상태에 털도 없고 눈도 뜨지 않은 채로 태어나는 것이다. 조류들 가운데에서는 둥지를 짓고 사는 새들만이 서서히 성장하는 호사를 누린다. 포유동물의 경우 임신 기간이 매우 짧을수록, 한 번에 낳는 새끼 수가 많을수록 의존성이 두드러지게 커진다. 예를 들어 토끼는 임신 기간이 28일로 짧은 편이면서 한 번에 무려 다섯 마리의 새끼를 낳는다.

그런데 인간은 이러한 등급을 넘어서는 곳에 자리한다. 스위스 출신 동물학자 아돌프 포트만은 인간에게 경의를 표하기 위해 '후천적 의존성altricialité secondaire'[65]이라는 개념을 고안해냈다. 이 용어는 인간이 지닌 수많은 모순들 속에서 또 하나의 역설이 빚어낸 결과물이다. 임신 기간이 길고, 한 번에 태어나는 자식의 수가 적다는 것이 조숙성을 보이는 피조물들의 특징이다. 반면 모체의 자궁이라고 하는 따뜻한 환경에서 오래도록 머물 수 있다면 어떨까? 지능이 발달한 종들에게는 더할 나위 없이 좋다. 안전한 환경에서 태아의 뇌가 발달할 수 있기 때문이다. 돌고래의 임신 기간은 일 년이며 새끼 돌고래들은 태어날 때부터 독립적이고 영리하다. 하지만 호모 사피엔스는 항상 남의 관심을 끌려고

애를 써야 한다.

인간만이 높은 유아 사망률을 보이는 것은 아니다. 치타Acinonyx jabatus를 예로 들어보자. 새끼치타의 90퍼센트는 태어난 지 석 달 안에 죽는다. 이렇듯 학살에 가까운 높은 사망률은 생산 사슬의 결함에서 비롯된다. 첫째, 암컷은 싱글 맘이며 둘째, 새끼 치타는 상당히 오랫동안 의존적이고 셋째, 완벽한 달리기 선수로서 기능하기 위해 치타는 체질량 지수가 낮아야 하므로 어미 치타의 몸에는 비축된 양분이 없다. 넷째, 어미 치타는 그러므로 자주 그리고 오랜 시간 새끼들을 방치하게 되므로 새끼들은 하이에나 떼의 손쉬운 먹잇감이 된다.

치타는 실패작으로 보이지만 그럼에도 벌써 수백만 년째 명맥을 이어가고 있다. 적어도 우리 인간 종이 산업적이라 할 만한 효율성을 내세우며 사냥에 나서기 전까지는, 위에 열거한 생산 사슬의 결함에도 불구하고 그럭저럭 잘 살아남았다. 도대체 어떻게 그 같은 쾌거가 가능했을까? 바로 세 가지 조커 덕분이었다. 첫째, 치타의 임신 기간은 석 달에 불과했고 둘째, 따라서 새끼들의 의존성은 해가 아닌 개월의 문제였으며 셋째, 한 번 임신할 때마다 여덟 마리의 새끼가 태어났다. 이 세 가지가 결합함으로써 지구상에서 가장 빠른 동물은 오래도록 가장 똑똑한 동물에 비해서 훨씬 나은 적응도를 보일 수 있었던 것이다. 치타가 사라지게 된다면 그건 새끼들의 낮은 생존율 때문이 아니라 우리 인간들의 테스토스테론 수치가 높아졌기 때문일 것이다.

성장해 파괴의 모험에 발을 들여놓기 전에는 인간의 어린 것이 모든 갓 태어난 것들 가운데 가장 의존적이다. 생후 1개월이 되어도 인간의 신생아는 고작 살아서 버둥거리는 존재일 뿐이지만, 동갑내기 새끼침

새끼치타.

물론 이와 같이 귀여운 모습은 동물원에서만 볼 수 있다.

야생에서 태어난 치타의 삶은 새끼 때부터 가혹하다.

팬지는 벌써 엄마의 털을 붙잡고 매달림으로써 엄마의 두 손을 자유롭게 해방시켜 준다. 이러한 생산 결함을 고려한다면 인간의 이점은 무엇일까? 그다지 놀라울 것도 없다. 아니, 오히려 논리적이라고도 할 수 있다. 치타가 적응도의 관점에서 실패라면, 선사시대 인간은 인구학적인 면에서 진정한 희생제물이었다. 자연선택은 어떻게 인간의 어린 아기들, 그토록 희귀한 자원을 파리처럼 죽게 만들었을까?

## 너무 이르게 험난한 자연으로 나온 인간

1953년 8월 21일 금요일 정오. 텔아비브의 한 산부인과 분만실에서 스물한 살인 한 여성이 아기를 낳기 위해 안간힘을 쓰며 고생하는 중이다. 태아가 자궁 밖으로 나오려 하지 않기 때문이었다. 무엇이 태아로 하여금 그토록 자연스러운 행위를 하지 못하게 가로막는 것이었을까? 바로 너무 큰 머리 때문이었다! 의사들은 결국 감자鉗子로 아기를 엄마 뱃속으로부터 끌어냈다. 다행이었다. 감자의 개입이라는 폭력적이고 자연에 어긋나는 행위가 아니었다면, 엄마도 아기도 모두 죽었을 것이다. 이렇게 해서 가까스로 태어난 아기가 두 살이 되었을 때, 의사들은 아이의 부모에게 아이가 몽고증이나 뇌수종에 걸리지는 않을지 염려했다고 털어놓았다. 그 아이는 바로 나다.

태아의 뇌가 충분히 발육되기 위해서는 자궁 내부에서 임신이 21개월 동안 지속되어야 한다는 계산 결과가 있다. 그런데 여성의 골반과 자궁 경관은 7개월이 된 태아 크기에 맞도록 형성되어 있다. 그러므로 서로가 만족하기 위해서 산모와 태아는 기대치를 내려잡아야 했다. 임신 9개월 후 힘든 진통을 거쳐 출산하면서 양쪽 모두 높은 사망률을 감수하는 쪽으로 결론이 난 것이다. 이와 같은 타협책으로 제일 큰 희생을 치르게 된 이는 아무래도 더 많이 양보한 쪽이다. 달리 표현하면 인간의 신생아는 최종적인 크기의 4분의 1에 해당되는 뇌를 가지고 바깥세상으로 나오므로 어쩔 수 없이 엄마와 아빠 그리고 사회에 의존적이 될 수밖에 없다. 그러므로 **우리 인간이 적어도 열두 살까지는 비장하리만큼 나약한 존재로 살아야 하는 까닭은 XXL사이즈의 뇌 때문이다. 참으로 얄궂은 아이러니가 아니겠는가.**

그러므로 임신 9개월과 생후 12개월이 합쳐진 21개월째, 즉 뇌의 충분한 발달이 이루어지는 최적의 출생기 무렵에야 우리 인간을 특징짓는 중요한 변별적 표시들이 나타난다는 것은 전혀 놀라운 일이 아니다. 일어선 자세, 두 발로 걷기, 언어 등이 모두 이 시기에 시작된다. 자궁 밖으로 나온 후에도 계속되는 아이의 임신 상태는 거의 전적으로 회백질 세포와 시냅스를 생성하는 데 바쳐진다고 해도 과언이 아니다.

성인의 뇌가 자연 상태에서 가장 식탐이 많은 신체기관임은 사실인데, 성인의 뇌가 제일 배가 고파할 때조차도 생후 첫 일 년 동안 뇌가 보이는 무시무시한 폭식증에 비하면 그야말로 아무것도 아니다. 성년이 된 포유동물의 뇌는 전체 신진대사량(칼로리)의 약 3퍼센트 가량을 소비한다. 영장류의 뇌는 이 비율이 8퍼센트 정도인데 비해 인간 성인의 뇌는 25퍼센트다. 이는 돼지꼬리 원숭이의 뇌보다 여덟 배, 고릴라나 침팬지의 세 배나 된다. 그런데 인간 신생아의 뇌는 그 비율이 자그마치 74퍼센트나 된다.[66] 다시 말해서 모유의 4분의 3 가량을 순전히 뇌 성

리타의 성모 Madonna Litta.

어머니는 오직 아기를 바라보고 있지만 젖을 먹는 아기는 그림 밖을 바라보고 있다.

아기가 손에 쥔 방울새는 장차 극복해야 하는 고난을 상징한다.

레오나르도 다빈치. 1490년경.

장을 위해 소비한다. 이처럼 엄청난 비율의 열량은 주로 감각적 호문쿨
루스homonculus, 곧 시각, 촉각, 미각 등의 감각과 이의 조화를 관장하는
뇌의 부분을 기르는 데 쓰인다.

　몇 가지 수치를 더 소개해보자. 인간의 아이는 태어날 때 모든 포유
동물 가운데 16퍼센트에 가까운 가장 높은 체지방 비율을 자랑한다. 지
방을 다량으로 필요로 하는 생활양식을 지닌 바다표범들조차도 새끼
시절 체지방 비율은 10퍼센트에 지나지 않는다.[67] 인간 신생아는 여느
종의 신생아들 가운데 가장 많은 지방질로 덮였음에도 계속 지방을 흡
수해 생후 9개월이 되는 시점엔 체지방 비율이 27퍼센트까지 올라간
다.[68] 갓난아기는 앙증맞은 이중 턱을 갖게 되고, 두 볼은 갓 구운 브리
오슈 빵처럼 부풀어 오르며 사랑스러운 '배둘레햄', 토실토실 살이 오른
팔다리를 갖추게 되는 것이다. 한창 젖살이 오르는 정점 무렵의 아기들
은 미쉐린 타이어맨과도 흡사하다. 루벤스 그림에 등장하는 인물들처
럼 오동통해진 아기를 보며 은근히 한숨을 쉬는 부모들은 안심하시라.
이 귀여운 지방 덩어리는 말하자면 뇌를 위한 저장고인 셈이니까. 덕분
에 아기가 설사 사흘 정도를 굶더라도 뇌의 회색질에는 전혀 손상이 가
지 않는다. 이 작은 먹보 괴물을 보호해주고 양껏 먹이기 위해서는 최소
한 두 명의 어른이 필요하다고 해도 그리 놀라운 일이 아닐 것이다. 이
쯤 되면 자연스럽게 누가 누구를 위해 일하는가라는 궁금증이 생겨난
다. 뇌가 인간을 위해 봉사하는가 혹은 인간이 뇌를 위해 봉사하는가?
이런 질문을 제기하는 것은 우리가 처음도 아니다.

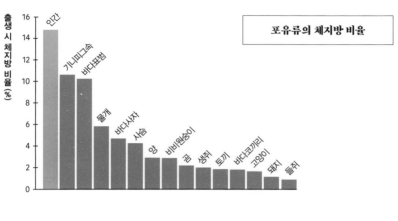

포유류의 체지방 비율

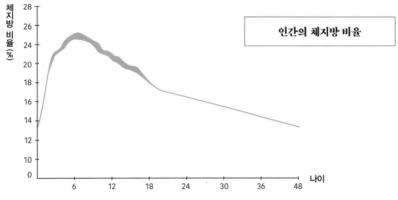

인간의 체지방 비율

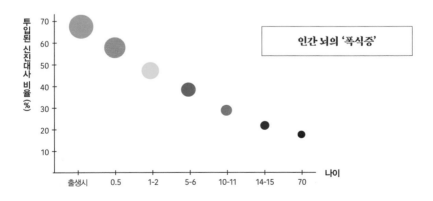

인간 뇌의 '폭식증'

# 너무 커진 뇌는 아담을 타락시켰다

"고통 속에서 너는 아기를 낳게 되리라." 너는 기어이 선악과를 먹겠다고
고집을 부렸으므로 이제부터 너는 아주 힘들게, 아기와 너 자신의 목숨의
위험을 무릅쓰고 아기를 낳아야 하리라.

"네가 먹는 빵은 네 이마에서 흐르는 땀의 대가이니라." 인간은 이제 과일
만 먹고는 살 수 없게 되었다. 그런 것들로 배는 채울 수 있겠지만 카인과
아벨의 뇌 발달에는 충분하지 못했다.

곧이어 인간은 땅을 일구는 것으로도 충분하지 않게 된다. 뇌라고 하는 식
탐 많은 신체기관은 탄수화물을 토대로 하는 식생활을 거부하고 단백질을
요구한다. 아담의 증손자 님로드는 이렇게 해서 사냥꾼이 되었다.


사냥은 양날의 검이다. 장점이라면 협동심을 길러주고 사회화를 돕
는다는 점을 들 수 있다. 반면 사냥의 부정적인 면으로는 여러 가지 이
유로 목숨을 잃을 위험이 높다는 점을 지적할 수 있다. 고기 의존도가 점
점 높아지는 식생활이 불러온 영양실조는 많은 사람들의 죽음으로 이어
졌다. 또한 상한 고기 소비로 인한 식중독도 사망률 증가를 가져왔다. 남
성들이 사냥하는 동안 홀로 남겨진 여성과 아이들은 포식자들의 손쉬운
먹잇감이 되었다. 이와 같은 사망률 증가 원인들에 한 가지를 더 추가하
고 싶다. 바로 고기가 부족한 시기에 인육을 먹는 카니발리즘cannibalism
이 규범으로 작용했을 가능성이다. 이렇게 볼 때 동물성 단백질에 의존
하는 식생활이 자궁 밖에서 이어지는 임신 기간만큼이나 우리 조상들의
대량학살의 주요 요인으로 작용했을 가능성은 매우 높다.

이 모두가 뇌 때문에 빚어지는 비극이다. 선사시대 인간은 뇌화 거품이라는 악순환의 죄 없는 희생양이었다. 인간이라는 종의 머리가 커지면(계통발생phylogeny), 태아의 뇌 또한 커진다(개체발생ontogeny). 태아의 뇌가 커지면 산모들은 점점 더 조산을 할 수밖에 없는 처지가 된다. 임신 기간이 짧아질수록 미성숙 상태에서 태어난 태아가 자궁 밖에서 성장하는 기간은 길어진다. 이 미성숙 기간이 길수록 자궁 밖으로 나온 태아의 허약함과 의존성은 커진다. 약하고 의존도가 높을수록 태아는 부모를 노예처럼 볼모로 잡는다. 아기를 보호하고 먹이기 위해 에너지를 동원하면 할수록 부모의 효율성은 떨어진다. 수확 체감 법칙의 적절한 사례가 아닐 수 없다. 초기에는 뇌의 성장에 대한 투자가 도구의 발명이나 불의 사용이라는 반대급부로 돌아온다. 그러다가 뇌는 계속 성장하나 그것에 비례해 효용성까지 높아지지는 않는 시기가 찾아온

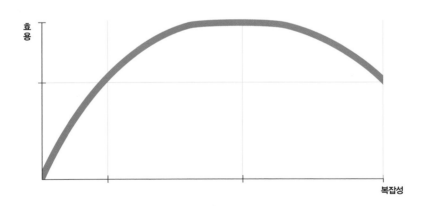

한계 효용 체감

효용

복잡성

다. 그 다음 세 번째 단계에서는 뇌의 성장이 계속
되면서 그로 인한 폐해도 동시에 증가하는 시기로
들어선다.

결론부터 솔직하게 말하자. 방금 묘사한 악순환
은 사실 이를 입증할 만한 그 어떤 가시적인 증거도
없는 추정에 불과하다. 하지만 구석기학자들이 각
각의 뇌 크기 비교가 가능할 만큼 충분한 양의 호모
에렉투스나 호모 하빌리스, 네안데르탈인 태아 화

계통발생_ 집단의 역사에서
발생하는 사건들의 총체.

개체발생_ 잉태되어 성년이
될 때까지의 개인의 역사에
서 발생하는 사건들의 총체.

한계효용_ 투자되는 단위 자
원 또는 단위 비용의 증가 혹
은 감소에 따라 수확이 늘어
나거나 감소하는 것.

한계효용 체감_ 투자가 늘어
나도 그 대가로 얻어지는 수
확이 감소하는 단계.

석을 발견하는 일은 거의 불가능하다. 앞에서 소개한 모델은 어디까지
나 추론적 사고를 바탕으로 한 것이다. 이를 방어하기 위해서 가령 반대
의 모델, 즉 자연선택이 '덜 익은' 뇌를 가진 신생아를 태어나게 한 것은
옳은 일이었다고 말한다면 상식뿐만 아니라 인체의 해부학적 구조에도
어긋난다.

호미니드들의 뇌가 체적 몇 입방 센티미터일 때부터 수익성이 떨어
졌는지 알아내기란 매우 어려운 일이다. 그럼에도 이제 소개하려는 두
가지 숫자는 매우 시사적이다. 호빗은 뇌 용량이 400㎤에 불과했으나
도구와 불을 사용했으며, 뇌 용량이 1,100㎤였던 아나톨 프랑스는 노벨
상까지 수상했다. 400과 1,100이라는 두 수치는 우리 조상들이 자신들
에게 득이 되기에는 너무도 무거운 짐을 짊어져야 했을 것이라는 나의
생각을 더욱 확실하게 굳혀준다. 이익을 최대화하고 손실을 최소화하
는 기제인 자연선택은 어째서 이 같은 기형을 그대로 내버려두었을까?

추종자들과는 달리 다윈은 '신체 기관들이 다양한 성장 법칙에 맡겨
졌다, 다시 말해서 자연선택의 감시망에서 빠져나올 수도 있다'는 시나

리오를 기꺼이 인정했다. 그러나 생물학적 자율성은 다음 두 가지 경우에만 가능하다. 하나는 인간의 맹장처럼 하나의 신체 기관이 고유의 기능을 잃을 경우이고, 다른 하나는 하나의 생명체가 도도새처럼 생존을 위한 투쟁과 불안정 상태를 벗어나 평화와 안전성 단계에 도달할 경우다. 이 두 가지 경우에 해당된다면 기관 하나쯤 없이도 생존할 수 있다. 하지만 신체 기관은 그 주인이 생존을 위한 가차 없는 투쟁을 벌이고 있는 경우라면 미친 듯이 선제적 방어에 나서게 되고, 이는 곧 도저히 해결책이 보이지 않는 이론적인 문제로 귀착된다.

생물학자들이 인간의 뇌가 자신들이 숭배하는 법칙에 불복하는 문제를 애써 회피하려는 것도 십중팔구 그런 연유에서일 것이다. 선행 진화에 대한 해결책이 그들에게는 금지되어 있기 때문이다. 뇌화가 우월한 단계의 인지능력에 대한 초석이 되어준다는 주장은 타당하다. 그러나 그것이 언어의 발명을 준비했다는 주장은 받아들이기 어렵다. 그러한 시나리오는 예언적이며 미리 계획된 자연선택을 전제로 하기 때문이다. 자연선택은 '지금 여기' 상황에서 작용한다. 선제적 적응이라는 개념은 그것이 지니는 목적론적인 특성 때문에 진화 지도에서 삭제되었다. 정직한 의견 개진을 위해 지금부터는 후천적 의존성이 제공하는 이점을 강조해보자.

**후천적 의존성의 장점!**

미숙한 상태와 유년기가 길어짐에 따라 인간이라는 종은 파트너들, 심지어 자신과 자기 자식들 사이에도 일정 수준의 연대감이 존재하고 있음을 끊임없이 입증해 보여야 했다.[69] 그런데 이러한 관계는 조류들에게서는 전혀 감지되지 않는다. 하물며 조부모라는 개념은 인간 외에 그 어떤 동물에게서도 나타나지 않는다.

태아가 자궁 밖으로 나온 후에도 이어지는 임신 기간으로 인해 선천적인 것과 후천적인 것의 균형은 후천적인 것이 우세한 쪽으로 기울어지게 되었고, 그에 따라 인간의 아기는 끝없이 작업이 진행되는 공사장으로 변했다. 바야흐로 교육이 강조된 것이다.

## 그렇다면 '알맞은 뇌'를 가진 종은 왜 멸망했을까?

이 책에서 제시하는 열쇠는 최근 200만 년 사이에 이어진 인간 계보를 이해하는 데 효과적이다. 그런데 작은 뇌를 가진 오스트랄로피테쿠스는 어째서 소멸했을까? 제일 유명한 오스트랄로피테쿠스인 루시의 인체조직도 구성 작업은 어떤 점에서 실패였을까? 그런 문제들에 대해 나는 전혀 알지 못한다. 반면 나는 불이며 각종 도구, 분재된 듯한 작은 뇌 등 적지 않은 강점을 가진 호빗이 왜 플로레스섬에서 사라졌는지는 알고 있다. 호모 사피엔스, 다른 말로 '몰살자Exterminator'를 만나는 바람에 콰가(반은 말이고 반은 얼룩말인 동물로 1883년 남아프리카 공화국에서 멸종)나 발리호랑이(1940년에 멸종) 등과 같은 길을 가게 된 것이다.

# 범인은 바로 당신이야! 언어

───────○───────

하나님이 흙으로 각종 들짐승과 공중의 각종 새를 지으시고 아담이 무엇
이라고 부르나 보시려고 그것들을 그에게로 이끌어 가시니 아담이 각 생
물을 부르는 것이 곧 그 이름이 되었더라. 아담이 모든 가축과 공중의 새와
들의 모든 짐승에게 이름을 주니라.

〈창세기〉 2장.

호모 사피엔스는 콰가나 발리호랑이와 같은 길을 갈 뻔 했으나 간발
의 차이로 살아났다. 도대체 어떤 기적 덕분이었을까? 일반적인 합의에
따르면 성경에서 아리스토텔레스, 다윈을 거쳐 촘스키에 이르기까지
막판에 기적처럼 나타난 신의 가호는 예외 없이 '말하기'였다. 그러므로
만일 '아웃 오브 아프리카'에 대한 그럴 듯한 설명을 찾으려는 자들도
언어에서 그 답을 찾으려 한다면 전혀 뜬금없는 짓이라 할 수는 없다.

언어의 출현과 관련해 그 연유와 시기에 대한 통찰은 무수히 많다.
그러나 구석기시대적인 답은 그 가운데 들어가지 않는다. 반면 선사시
대 사람들의 생리적인 인프라에 관해서라면 비교적 상세하게 재구성되
어 있다. 우리가 말을 하기 위해 제일 먼저 필요한 것은 후두가 목구멍
을 따라 아래로 내려가야 한다는 점이다. 침팬지들의 경우 후두가 너무
높이 위치하고 있으며, 고릴라는 단 한 음절조차 소리내지 못하는 반면
바다에 살면서 후두가 아래쪽으로 내려와 있는 포유류 동물들은 '인간
적인' 소리들을 낸다.

다윈은 후두의 하강을 자연사에서 가장 희한한 사건이라고 여겼다.

이는 자연선택에서는 일어나서는 안 되는 황당한 실수임을 넌지시 인정하는 그만의 방식이었다. 동물들이 코로 숨쉬고, 입으로 음식을 먹는다고 할 때, 후두가 아래쪽으로 내려간 동물들은 하나의 구멍으로 이 두 가지 행동을 실시해야 한다. 그러므로 이로 인한 폐해를 최소한으로 줄이기 위해 호미니드들은 목구멍을 덮는 일종의 밸브, 즉 후두개를 발달시켜야 했다. 음식을 삼키는 동안에는 이 후두개가 기도와 코 사이의 통로를 막음으로써 기도가 내내 식도 위에 자리하도록 신경을 쓴다.

아래쪽에 위치하는 후두와 후두개는 언어 사용을 위한 필요조건이기는 하지만 충분조건은 되지 못한다. 우리 조상들은 이미 태곳적부터 그 두 기관을 지니고 있었는데, 도대체 언제부터 본격적으로 그 기관들의 이점을 활용하게 되었을까? 생물학자들은 이 문제를 철학자들과 SF 작가들에게 넘기고는 손을 떼었으나, FOXP2의 갑작스러운 출현으로 사정이 달라졌다. 적지 않은 동물들이 이 유전자 덕분에 소리를 낼 수 있다. FOXP2의 복제 과정에서 하나라도 누락될 경우 새끼 쥐는 소리로 의사 표현을 할 수 없으며, 새들은 틀린 음정으로 노래를 부르게 된다. FOXP2를 구성하는 2,145개의 염기 가운데 두 개가 침팬지와 고릴라의 대립형질과 우리 인간의 대립형질을 구분한다는 사실도 알려졌다.

KE가족(1990년 언어와 관련된 유전문제 조사에 참가했던 가족의 가명_옮긴이)의 경우 구성원의 절반이 심각한 언어장애로 고통받으며, 나머지 절반은 정상적인 언어생활을 영위했다. 장애가 있는 그룹은 우리를 원숭이와 구별지어주는 두 개의 뉴클레오티드 가운데 하나에 돌연변이 요인을 지니고 있었다. 이 사례를 가리켜《네이처》에서는 "파롤과 랑그의 유전자인 FOXP2 분자의 진화"라고 주장했다. 분자시계에 따르면 인간의 대립형질이 20만 년 전, 중기 구석기시대가 끝나갈 무렵에 표출되었다고 하니 FOXP2는 영예의 정점을 찍었다고 할 수 있다.

FOXP2에 스포트라이트가 쏟아지기 시작한 이후 다윈의 충실한 지지자들에게 면박을 주듯이 상식적인 반론들이 나왔다. 단순히 눈의 색깔을 결정하는 일에도 적어도 여섯 개의 유전자가 개입을 하는 판에, 단 하나의 유전자가 언어라고 하는 복잡한 활동에 장애를 가져오는 유일한 원인이 될 수 없다는 주장이 고개를 들기 시작한 것이다.

한편 네안데르탈인의 게놈 시퀀스가 알려지게 됨에 따라 FOXP2가 독점하고 있던 영예는 한층 더 문제시되었다. 네안데르탈인이 호모 사피엔스와 마찬가지로 두 개의 돌연변이 인자를 가지고 있음이 판명되었기 때문이었다. 그런데 네안데르탈인과 호모 사피엔스는 이미 35만 년 전에 다른 종으로 분화된 상태였다.[70] 인류 진화 분야에서 뛰어난 전문가로 추앙받고 있는 스반테 파보는 "FOXP2만 놓고 본다면, 네안데르탈인이 우리 인간들처럼 말을 하지 못할 이유라고는 전혀 없다. 하지만 얼핏 보기에도 랑그와 파롤 문제에는 다른 많은 유전자들이 개입되어 있다"고 말한다.[71] 이를테면 "아래쪽으로 내려앉은 후두+후두개+FOXP2=파롤"이라고 주장하는 사람들은 지나치게 순진하거나 자기기만으로 똘똘 뭉친 사람들이라는 것이다.

반면 언어가 후천적 의존성을 완화시켰으리라는 가설은 나름 합리적으로 보인다. 다만 불행하게도 선사시대 인구 분포는 이를 부인한다. 우리 조상들은 분명 그보다 훨씬 오래 전부터 고래의 언어보다 훨씬 발전된 형태의 언어를 구사했음이 분명하지만 선사시대 인구는 6만 년 전에만 상승 추세를 보였다. 그러니 우리 조상들을 그들의 비참한 생활 여건에서 구해준 것은 현재 우리가 알고 있는 형태로서의 언어가 아니다. 그들이 필요로 한 것은 전혀 다른 어떤 무기, 언어와 관련이 있으나 그보다 훨씬 더 명확한 무기였던 것이다. 도대체 무엇이었을까?

## 인간이 떠올린 가장 위대한 문장, "내일 보자!"

수수께끼의 전모를 파악하기 위해서라도 나는 논란 많은 반복설principe de récapitulation을 믿어볼까 한다. 반복설의 주창자인 에른스트 헤켈Ernst Haeckel에 따르면, 개체의 발달(개체발생)이란 가속화된 종의 발달의 재보급(계통발생)이라는 것이다.[72] 이렇게만 된다면 수억 년에 걸쳐서 진행되어온 과정을 불과 아홉 달 만에 압축적으로 완성시킬 수 있다. 반복설은 성체가 되면 모습이 제각각으로 달라지는 동물들이 태아 시절엔 너무도 많은 유사점을 보인다는 점에 착안했다. 이를 통해서 진화론 지지자들은 상동 관계를, 즉 동물들은 모두 공통의 조상으로부터 갈라져 나왔다고 추론했다. 반복설주의자들은 여기서 더 나아간다. 이들에 따르면 인간의 태아는 물고기에서 출발해 단계별로 인간 종이 밟아온 진화를 거쳐 현재 상태에 이른다.

반복설은 너무 많은 예외를 감수해야 하지만 발견에 일정 부분 도움을 주는 측면도 있다. 이에 나는 이 가설을 검증해보기로 마음먹었다. 혹시 오늘날의 인간이 낳은 아기가 조금이나마 선사시대 인간과 비슷하지는 않을까? 나는 그렇게 믿고 싶다.

나는 한 손으로는 거울을, 다른 한 손으로는 손녀딸을 잡고서 우리

미래중독자 _____

태아 모습의 변화에서

종을 초월해 찾을 수 있는 공통점을 통해

반복설을 묘사한 그림.

어류   도롱뇽   거북이   닭        돼지   암소   토끼   인간

두 사람에게 똑같은 질문을 한 번, 열 번, 천 번씩 제기했다. "아가야, 이 할애비한테는 있는데, 너는 아직 습득하지 못한 재능 가운데 말이다. 석기시대 아프리카를 완전히 다른 것으로 만들어버릴 만한 게 뭐가 있을까?" 나는 나 자신과 이 완전 무방비 상태의 어린 존재를 비교했다. 한쪽에서 다른 쪽으로 부지런히 옮겨 다니던 나의 시선은 능력이라는 관점에서 볼 때, 현재로서는 아이에게 결핍되어 있지만 그 아이가 그걸 습득하게 되는 순간 인생이라는 전투에서 당당하게 승자가 되게 만들어주는 것을 발견하면서 한자리에 고정되었다. 유레카!

그 능력은 바로 '미래'였다. 나는 미래를 가늠할 수 있지만, 너한테는 그럴 능력이 없어. 그래 전혀 없지. 하지만 언젠가 너도 그걸 갖게 될 거야. 그렇게 된다면 우리 앞날의 일을 예견하고 서로의 의도를 상대에게 알려줄 수 있는 선사시대의 할아버지와 손녀로서, 손을 높이 들고 소말리아 반도로 이 미래를 가져가 보자. 꼭 우리가 아니어도 좋다. 계획하는 것을 제2의 천성으로 아는 환경 속에서 태어나고 자란 우리 아이들의 아이들이어도 상관없다.

## 오늘을 사는 아기를 인간이라고 할 수 있을까?

등장인물

**엄마**__ 서른 살. 변호사. '쿨'한 성격. 출산 이후 벌써 임신 중에 불어난 체중 11킬로그램 가운데 8킬로그램을 감량. 브래지어 사이즈는 B컵에서 D컵으로 변동. 잡식성.

**젖먹이__** 생후 3개월. 모유만 섭취. 배가 부르거나 잠을 잘 땐 스위치 오프 상태. 배가 고프거나 아무도 알 수 없는 이유 때문에 심란해질 땐 스위치 온 상태.

**아빠__** 서른 살. 자신의 경력에 대해서 생각할 때만 스위치 온 상태. 채식주의자.

**절친__** 엄마의 친구.

**할아버지와 할머니__** 엄마의 부모.

**락토스 오페론__** 온혈동물의 장내에서 수백만 마리씩 무리지어 다니면서 대장균으로 하여금 락토스의 대사에 관여해 이를 글루코스(당)로 바꾸도록 하는 기제.

**락토스 시니어__** 엄마의 장내에 있는 락토스 오페론. 글루코스가 있으면 스위치 오프 상태, 락토스가 있으면 스위치 온 상태.

**락토스 주니어__** 젖먹이의 장내에 있는 락토스 오페론. 이하 락토스 시니어와 같음.

**모유__** 물 87.5퍼센트, 락토스 7퍼센트(모유 안에 들어 있는 유일한 당분), 그 외의 물질 5.5퍼센트로 구성.


____0시 01분 엄마는 따뜻한 코코아(설탕 3스푼)를 홀짝거리고는 침대에 누워 이불 속으로 들어간다. '아기가 자는 동안 잠에서 깨어나지 않고 푹 자려면 음료수를 덜 마셔야 할 것 같아.' 엄마는 이런 생각을 하다가 잠이 든다. 젖먹이는 벌써 세 시간 전부터 자는 중이다(스위치 오프 상태). 잠들기 직전에 마신 코코아에도 불구하고 락토스 시니어는 오프 상태다. 그보다 더 마음에 드는 것, 즉 설탕 3스푼이 공급되었기 때문이다.

락토스 주니어는 온 상태다. 녀석은 21시에 엄마 젖을 빨면서 빨아들인 락토스를 여전히 게걸스럽게 먹고 있는 중이다.

    2시 20분 엄마가 화들짝 놀라 잠에서 깨어난다. "마티아스에게 젖을 먹이기 위해 일어나야 하는데 깜빡 잊고 그렇게 하지 못하는 꿈을 꿨어!" "그냥 꿈일 뿐이야." 아빠가 엄마를 안심시킨다. "자, 다시 잠이나 자자. 난 내일 아침 9시에 중요한 회의가 있어"(스위치 온 상태). "난 유치원에서 모임이 있는데." 엄마가 생각한다. '하지만 그런 건 중요한 축에도 들지 않아.' 락토스 시니어는 스위치 온 상태다. 설탕 3스푼이 소비되자 이젠 따뜻한 코코아 안에 들어 있던 우유에 포함된 락토스를 공격하는 중이다. 젖먹이는 잔다. 마지막으로 먹은 모유는 더 이상 남아 있지 않으므로 락토스 주니어는 스위치 오프 상태다.

    4시 00분 젖먹이가 악을 쓴다. 의심할 여지없이 스위치 온 상태다. 엄마는 알람시계에 눈길을 한 번 주고는 다시 잠을 청한다.

    4시 17분 젖먹이는 여전히 온 상태다. 엄마가 아빠에게 말한다. "저 아이의 다음 식사는 8시야, 그 전엔 안 돼!" 엄마는 남아 있던 코코아를 마저 마시고는 곧 잠 속으로 빠져든다. 젖먹이도 스위치 오프 상태로 들어간다. 락토스 시니어는 온 상태, 락토스 주니어는 오프 상태다.

    7시 46분 젖먹이는 여전히 오프 상태다. 아기의 두 눈은 머리 위쪽에 매달린 모빌의 기린에 고정되어 있다. 엄마는 곁눈질로 힐끔 아기를 본다. "녀석은 나를 보자마자 울기 시작하거든." 엄마는 일어선 채로 시리얼을 우물거리며 약간의 휴지기를 만끽한다.

    8시 10분 젖먹이는 내내 기린만 뚫어져라 바라본다. 엄마가 아빠에게 말한다. "내가 곧 젖을 먹이지 않으면 녀석은 폭발할 거야. 당신 생각은 어

때?" 아빠가 대답한다. "오늘 저녁엔 일찍 들어올게." '어제도 일찍 돌아온다더니, 그 일찍이라는 게 여덟 시였잖아.' 엄마가 속으로 생각한다.

___8시 11분 젖먹이는 드디어 고함을 지르기 시작한다(스위치 온). 엄마가 아기를 품에 안는다. 녀석은 그제야 잠잠해진다(오프 상태). "잘 자라, 우리 아가." 엄마가 노래를 부르자 녀석은 빙긋 미소짓는다. "기저귀 갈아야지?" 젖먹이는 다시금 스위치 온 상태다. 엄마가 아기의 옷을 벗기자 아기는 두 팔과 두 다리를 마구 휘젓는다. 엄마가 외친다. "브라보, 우리 아기 권투선수, 넌 챔피언이야!" 엄마는 아기에게 젖을 물린다. 젖먹이는 잠이 든다(오프 상태). 락토스 주니어는 온 상태다.

___10시 05분 절친에게 전화가 온다. "15분쯤 후에 도착할게." 전화 소리에 잠에서 깬 젖먹이는 곧 스위치 온 상태로 돌입한다. 락토스 시니어와 락토스 주니어는 둘 다 오프 상태다.

___12시 26분 절친에게 엄마가 말한다. "난 이제 일주일에 사흘만 일할 거야. 마티아스가 한 살쯤 되면 그때 풀타임으로 일해야지." 절친이 대꾸한다. "어떤 억만장자가 어퍼 이스트사이드의 한 유치원에 150만 달러를 기부했대. 자기 아기를 받아달라고 말이야. 《뉴욕타임스》에 실린 기사를 읽고 나서 내린 결정이래. 그 유치원을 다닌 아이들의 80퍼센트가 하버드 대학에 입학했다나 뭐라나." 엄마의 반응. "두고봐. 그 유치원에서는 중국인 교사를 고용할 거야. 20년 후엔 중국이 세계 1위가 될 테니 말이야." 락토스 시니어와 락토스 주니어는 둘 다 오프 상태다.

___15시 30분 할아버지와 할머니가 예고도 없이 도착한다. 할아버지가 젖먹이를 안고서 토닥거리려 하자 녀석이 소리를 지르기 시작한다(스위치 온). 할아버지가 말한다. "이 녀석, 나한테 반감이라도 있나." 엄마

가 대답한다. "그게 무슨 말씀이세요! 잘 보세요, 제가 안아도 울잖아요." 젖먹이는 금세 진정한다(오프 상태). 할머니가 말한다. "오늘 아침에요 녀석 이름으로 은행 계좌를 하나 만들었어." 할아버지가 말을 보탠다. "그러니 녀석은 대학 공부하느라 아르바이트 같은 거 할 필요 없을 거다." 젖먹이는 할아버지를 향해서 싱긋 미소짓는다. 할아버지가 녀석을 품에 안는다. 젖먹이는 또다시 소리 지른다(스위치 온). 반면 락토스 주니어는 오프 상태다.

____17시 30분 아빠가 일찍 퇴근한다. "나, 승진했어!" 엄마는 아무 말도 하지 않는다. "8월엔 런던으로 가야 해. 그러니 지금부터 녀석에게 영어로 말하는 게 더 좋겠어." 엄마는 그제야 대꾸한다. "앞으로 두 달만 더 모유를 먹이고 수유는 끝낼 테야." 아빠가 말한다. "우리 엄마는 내가 두 살이 될 때까지 젖을 먹였는데." 락토스 시니어는 할머니가 가져다줘 맛있게 먹은 과자 대사에 열중하느라 스위치 온 상태다. 락토스 주니어 역시 온 상태다. 그날의 마지막으로 모유를 먹을 때, 젖먹이는 엄마의 양쪽 가슴 모두를 깨끗이 비웠다.

____23시 45분 아빠는 엄마를 위해 따뜻한 코코아를 준비한다. "설탕 넣지 마. 아직 3킬로그램 더 빼야 하거든." 아빠가 짓궂게 말한다. "제발 부탁인데, 가슴에서 뺄 생각은 마." 엄마가 화제를 돌린다. "아르테TV에서 1세기 후 기대 수명에 관한 방송이 나왔는데, 마티아스는 186세까지 살 거래!" 아빠가 답한다. "그러면 장인 장모님께 요양원에 갈 비용 마련을 위한 계좌도 하나 열어달라고 부탁해봐." 젖먹이는 잔다(오프 상태). 따뜻한 코코아가 들어갔음에도 락토스 시니어는 아직 깨어날 기미를 보이지 않는다(오프 상태). 락토스 주니어는 21시에 먹은 모유의 영향으로 여전히 온 상태다.

### 해설!

이 세상에서 '타인'이라는 명칭으로 불러 마땅한 유일한 존재는 갓난아기다. 아기의 타자성은 어떻게 표현되는가? 성인의 뇌는 현재 순간과 먼 미래 사이를 규칙적으로 오가는 반면, 아기의 뇌는 영원한 현재에 닻을 내리고 있다. 아기의 조부모는 아기의 예금을 마련해두지만, 아기는 방금 뒤에 자신이 어떤 몸짓을 하게 될지조차 알지 못한다. 그런데 생각해보면 타인은 아기가 아니라 우리들이다. 현재에 단단하게 닻을 내린 아기는 아직 동물, 식물, 광물계에 속한다.

## 동물에게는 오늘만 존재하는가?

### 동물에게는 오늘만 존재하는가?(2,000자 내외로 답하시오)

그렇다. 그리고 그들만 그런 것이 아니다. 우리는 우주 전체에서 계획을 세우는 역량을 갖춘 개체라고는 단 하나도 만나지 못했다. 이 세상에서 모든 요소들은 온/오프/온/오프/온의 톱니바퀴에 물려 돌아가다가 결국 최후의 오프상태가 된다. 하나의 전자, 하나의 뉴런, 하나의 단백질, 하나의 미생물, 하나의 달팽이, 사막, 귀여운 한 명의 아기, 이 모든 것들은 예외 없이 '지금 여기'의 프레임에 갇혀 있다. 에일리언이 없는 것과 마찬가지로 이 프레임에서 벗어나는 피조물도 없다.

동물들이 현재에 닻을 내리고 있다는 것이 그들에게 기억이 없음을 의미하지는 않는다. 주인을 반갑게 맞는 개가 그 사실을 입증한다. 또한 동물들이 한 번에 아주 짧은 나노초 동안만을 느낀다고 생각할 이유도 전혀 없다. 그들의 현재는 베르그송식의 시간 개념에 상응한다고 보아야 할 것이다. 아코디언과 마찬가지로 그들의 현재는 때로는 오르가슴 순간처럼 한껏 수축하는가 하면, 때로는 두통이 올 때처럼 늘어나기도 한다. 내 고양이는 이빨이 아플 때면 그 치통이 영원히 계속될 것 같은 기분을 느낄 것이다.

마찬가지로 동물들이 '지금 여기'에 닻을 내리고 있다는 것이 그들에게 유추 능력이 없음을 의미하지 않는다. 하루가 반나절쯤 지나면 동물들은 곧 밤이 오리라는 것을 안다. 하지만 그들의 이 같은 앎엔 계획이라고는 손톱만큼도 들어 있지 않다. 그저 경험에 의한 예측에 불과할 뿐이다. 살아 있는 모든 피조물은, 병원균이나 곰팡이까지도 포함해 모두 24시간 리듬을 따른다. 하지만 이 리듬과 그 24시간 뒤에 이어질 일을 프로그래밍하는 것 사이에 무슨 관계가 있을까?

물론 겨울을 준비하는 동물들도 존재한다. 그렇지만 월동준비를 위해 다람쥐나 곰이 가을 내내 분주하게 일을 하는 까닭은 계획에 의한 것이 아니라 그들의 DNA에 그렇게 각인되어 있기 때문이다. 지구상에서 앞날을 예측하는 동물은 오직 인간들뿐이다. 혹시라도 말을 할 줄 아는 두루미를 만나 녀석에게 어디로 가는 길이냐고 묻는다면, 녀석은 우리를 물끄러미 쳐다보고는 잠시 숨을 가다듬고서 간단하게 대답할 것이다. "나는 날고 있어."

비쇼프 쾰러Bischof Koehler의 가설에 따르면 동물은 자신만의 미래를 예측하지 못한다. 그게 사실이라면 땅속에 뼈다귀를 숨겨두고는 일주일쯤 뒤에 그걸 찾아내서 열광적으로 갉아먹는 개는 어떻게 설명해야 할까? 우리 눈에 비친 녀석은 파라오와 그의 백성을 7년 동안 이어질 흉작에 대비시키는 요셉과 다를 바 없어 보인다. 그런데 사실 개의 후각으로 보자면 지표면에서 30센티미터 정도 아래 묻혀 있는 모든 것은 '지금 여기'에 해당된다. 아메리카의 잣까마귀 무리의 경우도 마찬가지다. 잣까마귀는 3만 개의 이삭을 '숨겨둔' 뒤 6개월에 걸쳐서 그 가운데 80퍼센트를 소비하는 역량을 지녔다고 알려져 있다.[73] 녀석들의 이러한 행동은 유전자적으로 프로그래밍된 것이거나, 인간의 투사가 빚어낸 결과일 것이다.

어느 날 동물행동학자들이 환호했다. 연구자들은 캘리포니아 어치 Aphelocoma californica를 훈련시켜 다음날 먹을 양식을 전날 저녁에 준비하도록 했다. 이와 같은 성공담에 고무된 어치 코치들은《네이처》에 '아침식사를 위한 준비'라는 제목의 논문을 게재했다.[74] 그 후 전문가들이 이들 연구의 신뢰성과 실험의 해석 방식에 대해 문제를 제기했지만 이 성공담은 기네스북에 등재되기까지 했다.

그럼에도 이 캘리포니아 까마귀는 어떠한 경우에도 자기 생일잔치에 누구를 초대할까 고민하는 여섯 살짜리 아이의 수준에는 절대 미치지 못한다. 이 세상에는 여자친구의 귀에 대고 "내일 여섯 시에 만나자" 하고 깍깍거릴 수 있는 까마귀라고는 단 한 마리도 없다. 이상 끝. 그게 전부다.

## 동물에게는 오늘만 존재하는가?(자유롭게 답하시오)

그렇다.

나는 이 책을 읽고 있는 당신을 잘 안다. 당신은 지금 전혀 설득되지 않았다. 우리의 친구 동물들이 현재라고 하는 낙원에서 살고 있다는 사실을 당신에게 납득시키기 위해 나는 소를 잡을 때처럼 진화의 뿔 즉 섹스를 통해서, 그리고 내가 존경하는 생물학자 재레드 다이아몬드를 통해서 이 문제에 접근해볼 것을 제안한다.

## 섹스에는 미래가 없다

당신들에게 인사를 보냅니다, 성적인 사랑의 신들이여!75

이래즈머스 다윈

"당신의 개가 당신만큼의 뇌를 가졌으며 말도 할 줄 안다면, 그래서 당신이 그 녀석에게 당신의 성생활에 대해서 어떻게 생각하는지 묻는다면, 당신은 아마도 녀석의 답변에 적잖이 놀랄 겁니다. 녀석의 답변은 대충 이런 식일 테니까요. 꼴 보기 싫은 인간들은 한 달 중에서 아무 날이나 성관계를 갖는단 말이야! 발레리는 생리 직후처럼 임신할 수 없는 날인 줄 뻔히 알면서도 성관계를 제안하기도 하지. 발레리와 필리프는 심지어 발레리가 임신 중일 때도 짝짓기를 한다니까, 내 참! 어쩌다 필리프의 부모님이 오시면 난 그 분들이 짝짓기 하는 소리를 듣기도 하지. 필리프의 어머니는 벌써 오래 전에 폐경을 맞았는데도 말이야. 이 무슨 낭비람!'[76]

재레드 다이아몬드는 가장 뛰어난 생물학자들 가운데 한 사람이다. 저서 《총, 균, 쇠》에서 그는 비유럽인들에 대한 보기 드물 정도로 깊은 이해와 공감을 보여줬다.[77] 그가 전적으로 언어에서 배제된 존재들의 대변인을 자처하는 까닭은 그 때문일까? 만일 그렇다면 스타니슬라프스키 방식(대사 외의 사실성과 내적 진실 전달을 강조하는 연기 기법)의 추종자 재레드가 메이플라워호에 올라탄 청교도들의 도덕적 가치, 섹스는 자손번식을 위한 수단일 뿐 나머지는 모두 죄에 해당한다는 식의 가치관을 개에게 부여하고 있다는 것이니 몹시 실망스럽다.

재레드 다이아몬드만 그런 것이 아니다. 섹스와 자손번식을 분리하는 것이야말로 우리가 자연과 갈라서게 된 중요한 요인이라고 생각하지 않는 사람이 있다면 그에게 돌을 던지라! 그런데 인간이 이 분야에서 특별히 대담하다고 해서 이것이 인간만의 특이성이라는 말은 아니다. 우리는 앞에서 이미 돌고래와 보노보들이 발정기가 아닐 때에도 짝짓기를 한다는 사실을 접했다. 진실은 정확하게 고정관념의 반대편에 위치한다. 우리 인간이 태양 아래에서 특별한 지위를 차지하게 된 까닭은 자연에서 가장 잘 보존되어 온 비밀, 곧 성교가 아기들과 모종의 관계를 가지고 있음을 발견한 덕분이다! 모든 생명체는 섹스를 사랑하기 때문에 섹스를 한다. 오직 호모 사피엔스만이 이따금씩 자손을 낳기 위해서도 섹스를 한다. 나를 포함한 인간의 이러한 이단행위는 책의 한 장 정도 할애할 만한 가치가 있다.

## "종의 다양성을 위해 섹스를 한다!"(다윈 가문)

다윈 집안사람들에게 진화의 발견은 혈관을 타고 자연스럽게 흘러다니는 것이었다. 일종의 유전적 특성이었다는 말이다. 진화론의 아버지 찰스 다윈의 할아버지 이래즈머스 다윈 박사는 손자의 관점을 미리 예견이라도 했다는 듯, 1795년에 저서 《주노미아 또는 생명의 법칙 Zoonomia or the Laws of Organic Life》을 출간했다. 이 책에서 그는 "모든 온혈동물들은 단 하나의 심줄에서 나왔다"고 공언했다. 그 후 그는 《자연의 사원 The Temple of Nature, or the Origin of Society》에서 이와 같은 생각을 좀 더 명확하게 가다듬는다. "참나무, 고래, 사자, 독수리, 그리고 스스로 신의 형상을 본떠 만들었다고 주장하는 오만불손한 인간에 이르기까지, 모든 것은 하나의 배胚, 쉼표 같이 생긴 아주 작은 점으로부터 형성되었다!" 저서의 제목이나 그 안에 담긴 주장에서는 벌써 《종의 기원》이 메아리처럼 울려 퍼진다. "그러니 나는 유추를 통해서 지상에서 살았던 모든 생명체들은 십중팔구 유일하고 원시적인 하나의 형태, 최초로 생명의 기운이 움텄을 그 형태에서 비롯되었을 것이라고 추론해

이래즈머스 다윈의 문장

"E Conchis Omnia"

모든 생명은

조개에서 비롯되었다.

야 마땅할 것이다." 이래즈머스 다윈의 저서는 물론 그의 마차에도 보란 듯이 새겨진 장서표는 '에 콘키스 옴니아E Conchis Omnia', 즉 모든 것은 조개에서 비롯되었음을 표명한다.

두 사람의 유사성은 천재적인 직관에만 한정되지 않는다. 찰스와 마찬가지로 이래즈머스도 비둘기, 개, 말 양식업자들에게서 영감을 얻었다. 이래즈머스 또한 닭이나 돼지처럼 겉으로는 전혀 닮지 않은 종들의 태아가 보여주는 믿기 어려운 유사성에 놀랐다. 그는 또한 날개와 손처럼 겉보기에 전혀 비슷하게 생기지 않은 기관들 사이의 유사성을 발견하며 즐거워하기도 했다. 이래즈머스 다윈은 "수컷들 사이의 이러한 경쟁이 궁극적으로 지향하는 것은 가장 강하고 가장 적극적인 동물이 종을 확산시키는 것이고, 그렇게 함으로써 종이 향상되는 것이 아닐까 싶다"고 말했다. 이래즈머스는 특히 성생활에서 동물계가 지닌 근본적인 힘을 보았다는 점에서 찰스 다윈, 그리고 프로이트를 예고하는 인물이기도 했다. 그의 말대로라면 심지어 식물들에서도 일정 수준까지 발달된 리비도가 관찰되며, 이 때문에 식물들도 흥분하고 사랑에 빠지며, 욕망과 쾌락을 느끼고, 자식들에 대해 자랑스러워 한다(《식물의 사랑The Loves of the Plants》, 1789년).

이 두 다윈은 자신들이 주장하던 내용을 실천에 옮겼다는 점에서도 비슷하다. 이래즈머스는 두 명의 부인에게서 열두 명의 자식을 얻었으며, 미스 파커라는 여인과의 사이에서 두 명의 자식이 더 태어났다. 반면 찰스는 사촌 엠마(결혼 전의 성은 웨제우드)밖에는 몰랐되, 그녀와의 사이에서 딸 넷과 아들 여섯이 태어났다.

정확하게 왜 그런지는 알 수 없으나, 이래즈머스와 찰스 다윈은 성생활이 배제된 세계는 너무 단조로울 것 같다고 예상했다. 그런데 유전학의 발달과 더불어 오늘날의 우리는 그 이유를 알게 되었다. 무성無性의 존재는 자기복제를 통해 번식한다. 그러므로 딸들은 엄마의 복사판이고, 손녀는 딸의 복사판, 증손녀는 손녀의 복사판, 이런 식으로 언제까지고 계속되는 것이다. 아주 드물게 나타나는 기능적 돌연변이(단백질 변화를 일으키는 돌연변이)만이 이들 가문을 따분함으로부터 구해준다.

반대로 유성 생식을 하는 생명체의 경우 각 개체는 수천, 수만 개의 유전자들 사이의 결합이 빚어내는 무한한 경우의 수로 인해 거의 유일무이한 존재라고 볼 수 있다. 조합의 수가 거의 무한에 가까우므로 모든 것이 똑같은 두 사람이란 있을 수 없으며, 바퀴벌레라고 해도 사정은 다르지 않다. 이래즈머스는 "많은 식물들이 부모와 다르고, 나아가서 일부는 부모보다 훨씬 우월해지듯이, 유성생식 세대 혹은 사랑을 하는 세대의 식물로부터는 자주 새로운 변종, 질적으로 향상된 종을 얻을 수 있다"[78]고 주장했다. 여기서 그의 유명한 신조가 등장한다. "유성 생식은 자연이 낳은 걸작품이다."[79]

## "게놈의 증식을 위해 섹스를 한다!"(신다윈주의자)

다윈 집안사람들은 성생활과 관련해 이타적인 입장을 견지했다. 즉 성생활을 어머니 자연에게 빚지고 있는 모든 생명체들이 당연히 짊어져야 할 의무로 간주했다. 반면 이들의 뒤를 이은 후계자들은 자기 시대에 충실한 자들답게 성생활에 대해 이기적인 관점, 즉 그것은 자신의 게놈에 대한 의무라고 여겼다. 오늘날의 경우 성생활마저도 민영화의 색채를 떠어간다. 1977년 이후 새로운 패러다임은 리처드 도킨스가 쓴 《이기적인 유전자》를 선언문으로 내건다.

## 탈무드식 막간극!

삼마이 학파와 힐렐 학파가 서로 논쟁을 벌였다. 삼마이 학파는 인간 입장에서 보자면 태어나지 않았던 편이 나았다고 주장하는 반면, 힐렐 학파는 인간의 입장에서 볼 때 태어난 편이 훨씬 나았다는 입장을 견지했다. 양측은 결국 인간에게 있어서 태어나지 않은 편이 나았겠으나, 어차피 태어났으니 자신의 행동거지를 세심하게 살펴야 한다는 결론에 도달했다."[80]

도킨스와 그의 멘토들은 얼핏 보아 도저히 풀릴 성 싶지 않은 문제, 즉 '암컷은 짝짓기를 함으로써 무엇을 얻는가?'라는 난제를 해결하기 위해 이와 같은 아이디어를 내놓았다. 암컷으로서는 무성생식을 통해서 자기와 똑같은 자손을 생산하는 편이 이중으로 득이 될 터였다. 다윈주의에 충실한 지지자들은 무려 반 세기동안이나 여성 성생활의 합리성이라는 문제를 가지고 논쟁을 계속했다. 유대교 랍비들처럼 그들도 마침내 여성은 자신의 유전자를 그대로 보존하는 편이 낫겠다는 합의에 이르렀다. 그렇지만 이미 섹스가 존재하지 않는가. 암, 그렇고말고! 그 결과 그들은 자기들만이 아는 묘한 수학모델을 동원해 스스로는 물론 여성들까지 설득했다. 유전학적 입장에서 볼 때 여성들에게도 따지고 보면 거래가 유리하다는 식으로 설득한 것이다.

그러기 위해서 생물학자들은 언제라도 그들의 구세주가 되어주는 데우스 엑스 마키나, 곧 자연선택에 의지했다. 즉 자연선택이 섹스에 그토록 엄청난 창의성을 부여했다면, 그건 섹스가 합리성의 결정체이기 때문이라는 식으로 정리한 것이다. 육체가 거래되는 시장에서는 천하의 사드 후작이라도 얼굴을 붉힐 정도의 각종 도구들과 체위가 난무한다. 그런 것들 중에서 수십 가지가 2003년 출간된 《모든 생물은 섹스를 한다Dr. Tatiana's Sex Advice to All Creation: The Definitive Guide to the Evolutionary Biology of Sex》에 묘사되어 있다. 특별히 흥미로운 한 가지 사례를 소개해본다.

"제 친구는 제가 이제껏 만난 황금여우원숭이들(가봉의 야행성 원숭이) 가운데 제일 잘생겼습니다. 그 친구의 등은 멋진 황금빛 털로, 배는 크림 백색으로 덮여 있죠. 게다가 그 친구는 대단히 섬세한 손과 발을 가졌습니다. 그런데 딱 한 가지 문제가 있어요. 타티아나 박사님, 어째서 그 친구의 페니스가 무지무지하게 큰 가시들로 뒤덮여 있는지 설명해주실 수 있나요?"[81]

## "재미있으니까 섹스를 하는 거지!"(수컷들)

생물학자들이나 문외한들은 모두 다음과 같은 매우 특별한 삼단논리를 구사하는 죄를 짓고 있다. **첫째, 성생활과 번식력 사이에 관련이 있**

고, 둘째, 암컷들도 수컷들과 마찬가지로 섹스에 의해 좌우된다면 셋째, 그들은 후손을 얻고 싶다는 뻔뻔스러운 욕망에 의해 움직이는 것이다. 이런 식으로 논리를 짜 맞추려 든다면 아무도 1과 2에서 3을 추론해낼 수 없을 것이다.

내분비학자들은 후손 호르몬 같은 것을 아직 찾아내지 못했다. 그리고 그렇게 된 데에는 그럴 만한 이유가 있다. 그런 호르몬은 존재하지 않기 때문이다. 후손을 갖고 싶다는 욕망을 분비하는 샘은 우리의 머릿속에 있다. 달리 말하면 오직 머릿속에만, 상상 속에만 존재한다는 뜻이다. 그리고 그것의 이름은 "내일 보자"다.

다시 우리의 개에게 돌아오자. 말을 할 줄 안다면 "섹스는 왜 하는데?"라는 질문에 대한 녀석의 대답은 "그야 뭐!"일 것이다. 녀석이 말하는 능력 외에 철학에 대한 열정까지도 겸비했다면 아마 이런 식으로 말을 이어갈 것이다. "미래 세대에 대한 걱정은 순전히 투사에 불과할 뿐이야. 당신들은, 아니 당신들만 유일하게 후손에 대한 집착을 제2의 천성으로 발전시켰지. 우리 다른 동물들은 말이지, 그냥 그게 좋으니까 섹스를 하거든."

만에 하나 우리가 녀석의 진솔함을 의심하는 눈치라도 보인다면, 녀석은 자신에게 동네의 모든 암컷들과 재미를 본 다음 그 즉시 자취를 감춰버리는 습관이 있다고 고백해 우리를 놀라게 할 것이다. 개만 그러는 것이 아니다. 정자의 운명에 대한 이 지독한 무관심은 자연에서 통용되는 규범에 해당된다. 예를 들어 포유동물의 경우 생물학적 아버지의 5퍼센트만이 자식에게 호의를 베풀고 자식을 보호한다.[82]

참여적 부성애란 자연에서는 거의 무시해도 좋을 만한 현상이다.

'페미니스트' 하나당 '마초'는 적어도 열은 되기 때문이다. 줄무늬 몽구스들Mungos mungo의 세계에서는 수컷이 부모 임무의 일부를 담당하는데, 이 때문에《네이처》에 관련 논문까지 게재되는 영예를 얻었다.[83] 이색 뾰족뒤지Crocidura leucodon의 수컷도 놀지만은 않는다. 다약과일박쥐Dyacopterus spadiceus 수컷도 젖꼭지를 물리느라 분주한 나날을 보낸다. 특이하게도 암컷이 아니라 수컷이 새끼들에게 젖을 먹이기 때문이다! 하지만 이 같은 몇몇 사례는 "사정이 끝났으면 그만 꺼져!"로 요약되는 일반적인 현상에 비추어 아주 예외적인 경우에 해당된다.

자기 자식을 향한 대부분 수컷들의 무관심은 생산 결함, 그것도 아주 심각한 하자로 다루어져야 마땅하다. 개체가 자신의 씨를 뿌리는 데 투자를 많이 하면 할수록 그 개체가 번성할 확률은 높아지기 때문이다. 자연선택은 왜 수컷들이 보다 적극적으로 부성애를 발휘할 수 있도록 프로그래밍하지 않았을까?

신다윈주의 경제학은 신자유주의적인 해결책을 제시한다. 포유동물들에게 있어서 암컷은 엄마가 되는 것 외에 다른 선택지가 없으나 수컷은 다른 선택이 가능하다. 수컷이 자신의 게놈을 퍼뜨리기 위해서는 적어도 두 가지 전략을 구사할 수 있다. 녀석들이 독립할 때까지 자손들을 잘 보살핌으로써 질적인 면에 투자하거나, 또는 최대한 많은 수의 암컷에게 사정하고 그 같은 성적 활동에 대한 결과에 대해서는 아무런 책임을 지지 않음으로써 양적 팽창에 집중하는 것이다.

새끼에게 젖을 먹이는 동안에는 암컷이 배란을 할 수 없음을 감안한다면, 집에만 틀어박혀 있는 수컷은 금욕생활을 자청하는 것이다. 그러니 대부분의 수컷들이 집밖으로 나도는 것은 전혀 놀라운 일이 아니다. 자신의 정자를 최적화시키기 위해서라도 경제적 동물Animal oeconomicum은 부지런히 사방을 돌아다녀야 하는 것이다.

## 내일을 가늠하는 번식, 오늘만 있는 섹스

그렇다고 하자. 그런데 이 같은 통계학적 계산을 통해 의지 행위를 추론하는 것은 논리학에서 기만fallace 또는 그릇된 추론에 해당된다. 발레리와 필리프의 개로 돌아와 보자. 5월 1일, 녀석은 나탈리와 장 피에르가 기르는 암캐와 사랑을 나눴고, 이 암캐는 7월 2일 새끼 여섯 마리를 낳았다. 그렇다면 발레리와 필리프의 개는 자신이 행복한 아빠가 되었다는 사실을 알아차릴 수단을 지니고 있는가? 녀석은 그 강아지들에게 아빠가 있다는 사실을 알아낼 방도가 있는가? 아니, 녀석은 그 새끼들이 어떻게 태어났는지 단 한 번이라도 궁금해하긴 했을까? 만에 하나 궁금해했다면 녀석은 나탈리네 암캐와의 애정 행각과 그 암캐의 출산 사이에 인과관계가 있음을 짐작할 수 있을 만한 인지력을 지니고 있을까? 이 모든 궁금증에 대한 대답은 굵은 글씨로 큼지막하게 쓴 **'아니다'**다.

번개가 치면 적잖은 피조물들이 곧 천둥소리가 들릴 것임을 미루어 짐작한다. 그러나 유추할 수 있는 역량이 있다 한들, 녀석이 두 달이라는 시차를 두고 일어난 두 사건 사이에 명확한 관계를 설정하기란 불가능하다. 친구에게 "내일 보자"라고 말할 능력조차 없는 자에게 그 같은 임무는 언감생심이다. 성행위와 출생이라고 하는, 각각 너무도 다른 범주에 속하는 이 두 사건 사이

**미래성**futurité_ 미래로 투사하고, 자신의 계획을 동료에게 전달하는 능력을 일컫는 조어.

미래 중독자 _____

에 모종의 관계가 있음을 짐작하기 위해서는 의식이 시간 속으로, 즉 뒤로나 앞으로 여행을 떠날 수 있어야 하며, 그것도 아주 멀리 떠날 수 있어야 한다. 가령 몇 주, 몇 달 심지어 코끼리의 경우 2년이라는 긴 시간이 필요하다. 코끼리의 경우 그야말로 코끼리다운 기억력을 가지고 있지만, 그럼에도 코끼리는 바로 다음날 자기가 뭘 할지는 전혀 모르며 산다. 앵무새는 상당히 뇌화지수가 높은 편이고, 돌고래 역시 천재급이지만, 미래성지수Quotient de Futurité가 제로인 까닭에 이들의 뇌는 바로 코앞까지만 바라볼 뿐 더 멀리 내다보지 못한다.

이 단계에 이르면 신다윈주의자들은 '보이지 않는 손', 그러니까 시장 경제의 기초가 되는 개념에 호소하려 든다. 애덤 스미스는 이렇게 말했다. "상인은 자신의 이익만을 생각한다. 그런 점에서 그는 다른 많은 경우에도 그렇듯이, 보이지 않는 손에 이끌려 자신이 전혀 의도하지 않았던 목적을 달성하게 된다. 오로지 자기 자신의 이익만을 추구하면서도 상인은 사회의 이익을 원래 목표 삼아 일할 때보다 훨씬 더 효율적인 방식으로 사회의 이익을 위해 일하는 셈이기 때문이다."[84]

## 7,000,000,000 또는 부성애

신다윈주의와 신자유주의의 융합에 관해서는 한 장, 아니 책 한 권을 써도 모자랄 지경이다. 여기서는 한 가지만 말해두겠다. 자연선택의 보이지 않는 손에 대해서 말하는 것은 얼마든지 적절하다. 단 발레리와 필리프의 개에게 "섹스─임신─새끼 출산"이라는 일련의 시퀀스에 대한 인식이 있음을 인정하지 않는다는 조건에서만 그렇다. 마찬가지로 개에게 프로이트식의 무의식이 있다는 것도 인정하지 않아야 한다.

자연선택이 성불구자나 금욕주의자들보다 왕성하게 성생활을 하는 개체들을 선호한다는 것은 두말할 필요도 없다. 자연선택이 노르웨이에서 9월에 출발해 이스라엘에서 잠시 쉬면서 기운을 차렸다가 11월 중순에 에티오피아에 도착하는 황새를 바람이 부는 대로, 혹은 마음 내키는 대로 제멋대로 날아다니는 황새에 비해서 편애하는 것도 두말하면 잔소리다. 비록 황새 자신은 날기 시작해서 5분 후에 자기가 어디를 날고 있을지에 대해 전혀 아는 바가 없다고 해도 말이다. 황새도 개도 짝짓기가 어떠한 목적을 위한 수단에 불과하다는 사실을 인식할 필요조차 없다.

보이지 않는 손이라는 교리는 인간의 적응도가 문제되는 순간 그 한계를 드러낸다. 그 교리를 자연에 적용할 경우, 성적(性的) 무지가 오히려 번식력을 높여주게 될 것이고, 반대로 성적 지식은 여기에 부정적으로 작용하게 될 것이다. 우리의 인구팽창은 정확하게 그 반대를 입증한다.

인간만이 유일하게 큐피드www.Cupidon.fr 사이트에서 서핑을 계속하다 보면 아기에 이르게 된다는 사실을 아는 존재다. 인간만이 유일하게 아기에 이르지 않도록 조심하면서 성기를 삽입할 수 있는 존재다. 인간만이 유일하게 누군가의 총애를 애타게 갈구하는 자체를 목적으로 삼겠노라고 결정할 수 있는 존재다. 인간만이 유일하게 최초로 작업걸기에 앞서 아이를 몇 명이나 원하는지 계산해볼 수 있는 존재다. 인간만이 유일하게 본격적인 성행위에 들어가기에 앞서서 탄트라 의식에 버금가는 전희를 즐기는 존재다. 인간만이 유일하게 토지의 수용 역량

K(주어진 환경이 감당할 수 있는 최대 인구 수)를 3만 배나 능가할 정도로 인구 수를 대대적으로 증가시킨 동물이다.

논제!

이 모든 예상과 인간의 과잉번식 사이에는 인과관계가 성립한다. 성생활이 임신으로 이어지며, 임신은 자식의 출생을 초래한다는 사실의 발견이야말로 아프리카에서 5만 8,000년 전에 발생한 인구 거품의 주요 요인이다.

시간 속으로 여행할 수 있는 수컷이라면 자신의 정액을 지혜롭게 사용할 것이며, 그 결과를 수확함에 있어서 신중할 것이다. "내일 보자"라고 말할 수 있는 수컷이라면 다음과 같은 복리계산 정도는 할 수 있을 것이다. "나는 노년기에 접어들었을 때 아들들 가운데 적어도 한 명쯤은 나의 땅을 일구고 나를 먹여 살릴 수 있기에 충분할 만큼, 내가 알츠하이머 증세를 보일 때 자식들 가운데 적어도 한 명은 나를 보살펴 줄 수 있을 만큼, 적어도 아들이 한 명은 있어서 내 장례식에서 제문을 읽어줄 수 있도록, 그러기에 충분할 만큼의 자식을 낳을 것이다."

위에서 언급한 것 못지않은 또 다른 하나의 요인이 고삐 풀린 우리의 적응도를 부추기는 쪽으로 작용한다. 바로 의존성이다. 자궁 밖으로 나온 아기의 상태, 이어서 네 살까지 계속되는 아기의 전적인 의존상태, 그리고 특히 뇌가 사춘기 무렵까지 지속적으로 성장한다는 사실은 성인들로 하여금 자기들 이미지에 따라, 필요에 맞춰 자식들을 가르치게 만든다. 나아가 이는 곧 성인들이 자식들, 다시 말해서 자기들의 투자대상을 한층 더 보호하게 만드는 결과를 낳는다.

우리는 지금까지 조부모에 대해서는 언급하지 않았다. 발레리와 필리프가 기르는 개를 그토록 질겁하게 만든 그들의 성생활이 아니라 종의 적응도 향상을 위한 그들의 기여에 대해서 말하지 않았다는 뜻이다. 구석기인류학자 레이첼 캐스퍼리Rachel Caspari에 따르면 호모 사피엔스의 경우 노인의 수, 가령 서른 살을 넘긴 사람들의 수가 그와 동시대 인류인 네안데르탈인에 비해서 다섯 배나 많았다고 한다! 현역으로 일하는 노인의 출현은 손주들의 기대수명을 높이는 데 긍정적일 수밖에 없었다.[85] 성생활과 아기 탄생 사이의 인과관계를 발견하는 데에도 위험천만한 시간여행이 필요했음을 고려한다면, 무언가가 자신을 자기 자식의 자식들과 이어주고 있음을 발견한 우리의 나이든 조상들은 가히 예언자적인 혜안을 가졌음에 틀림없다.

번식을 위해서 성관계를 갖는다기보다 다른 이유로 성관계를 갖는 경우가 훨씬 잦은 유일한 동물은 이렇게 해서 수단에 있어서나 목적에 있어서 타의 추종을 불허하는 뛰어난 자질을 보였다. 그렇다면 어떻게 해서 인간이라고 하는 정자 낭비 챔피언은 적응도와 관련된 모든 범주에서 챔피언으로 등극하게 되었을까? 바로 성생활과 부성애를 밀접하게 연결시켰기 때문이다.

# 동물들이 왜 미래를 기약하며 섹스를 해야 하지?

존재는 존재하나, 무는 존재하지 않기 때문이다.

*파르메니데스*

미래에 입문하게 되는 날부터 아이는 더 이상 미래를 떼어놓고는 상상할 수 없게 된다. 내일이라고 하는 것이 아이의 생각, 언어, 행동 등 모든 것 속에 압도적으로 존재하게 되므로 아이는 그것의 진정한 본성마저 잊어버리게 된다. 덕분에 학교에서 과거—현재—미래라고 하는 세 요소를 배울 때면, 그저 당연한 것으로 여기게 된다. 미래가 존재하지 않았던 삶은 아이의 뇌에서 완전히 사라져버리는 것이다. 애석하게도.

시간의 화살은 누구나 공통적으로 믿는 하나의 선, 빅뱅과 더불어 시작되었으며 최후의 심판과 더불어 멈추는 직선으로 상상된다. 하지만 그 생각은 틀렸다. 이 상상의 선상에서 진행되는 세 개의 단계는 사실 서로 화해할 수 없는 두 진영으로 확실하게 분리된다. 한편엔 '예전'과 '지금'이라는 존재의 영역, 다른 한편엔 '내일'이라고 하는 비존재의 영역이 대치하는 것이다. 이 두 진영은 진리와 현실이라고 하는 두 개의 변수에 따라 분리된다.

우선 진리라는 변수부터 보자. "예전에 나는 독일어를 배웠다"는 문장이 있다고 할 때, 그 문장은 "나는 현재 독일어를 배운다"는 문장과 마찬가지로 참이거나 거짓이다. 반면 "언젠가 나는 독일어를 배울 것이다"는 문장은 참도 거짓도 아니다. 내가 말을 한다는 사실은 진실이냐 아니냐의 영역이 아니라 믿을 만한지 아닌지의 영역에 속한다. 내가 그

말을 지키지 않을 경우, 나는 거짓말쟁이가 아니라 낙천주의자가 되는 것이다. **존재의 지속성 원칙은 미래에는 적용되지 않는다. 아직 일어나지 않은 것에 속하는 증언은 전혀 진실로서의 가치를 갖지 못하기 때문이다.**

이번에는 현실이라는 변수를 보자. 동물들이 아직 일어나지 않은 것에 대해서는 전혀 개념이 없다고 해서 놀란다면 완전히 어이없는 노릇이다. 동물들에게 아주 초보적이거나 떡잎상태에 불과할지라도 그 같은 개념을 굳이 선사하려는 동물행동학적 집착도 어이없기는 마찬가지다. **도대체 동물들이 왜 그런 것을 가져야 한단 말인가. 그들에게 미래는 존재하지도 않는데 말이다!** 제일 완고하다는 영장류 전문가들마저도 침팬지는 죽음 따위는 모른다는 일치된 입장을 보이고 있다. 죽음이 가장

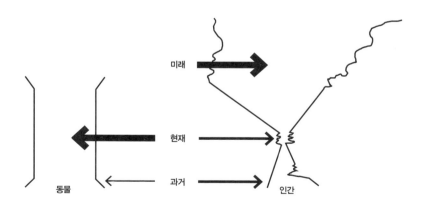

**시간의 두 화살**

우리의 현재는 탄력적이다. 때로는 순간적이지만(오르가슴), 때로는 영원처럼(치통) 지속된다. 과거는 언어로 다룰 수 있는 제한된 자원이지만, 미래는 생각하고 말고도 없이 무한하다. 이 같은 비대칭 때문에 미래는 5만 8,000년 이래 줄곧 인류 진화의 주역이 되고 있다.

미 래 중 독 자

현실감 있는 무無인데도 말이다. 사실 '무'라는 생각 자체가 이미 미래의 산물이다. 무를 상상하기 위해서는 존재하지 않는 것, 실현되지 않을 가능성이 99.9퍼센트 이상 되는 것에 자신을 투사해야 한다.

우주는 영원한 현재진행형이다. 그곳에서 모든 것은 항상 스위치 온 상태이거나 오프 상태다. 우리의 신경은 자극과 반응 사이에서, 다시 말해서 하나의 현재에서 다른 하나의 현재 사이를 왕복운동한다. 그래서 "내일 보자"처럼 간단한 한 마디 말은 우리에게 '우주의 이방인'(이 책의 다른 제목으로 어울리지 않을까?)으로서의 지위를 선사한다. 우리는 말하자면 보편적 정상성의 대척점에 위치하고 있다.

미래는 빈곤하고 좌절감만 안겨주는 현재로부터 우리를 기분전환시켜준다. 동물들은 이와 같은 탈출구의 덕을 보지 못한다. 그렇기 때문에 자연을 탐구의 대상으로 선택한 학생은 미래를 아껴가며 사용해야 한다. 그가 미래를 덜 활용하면 할수록 그에게는 이득일 것이다.

그러나 신다윈주의자들은 흥청망청 미래를 끌어다 쓴다. 누구에게 제공하려고? 그야 물론 자연선택이다. 자연선택이 생명체로 하여금 앞으로 닥칠 어려움에 대비하도록 하니까. 자연선택이 개체군의 유전자 변이성을 위해 제한적이기는 하나 꾸준한 돌연변이의 움직임을 보장해주니까. 자연선택이 최적화와 합리화의 전문가니까. 과학 관련 논문들이나 교과서에서 자연선택은 미래에 대해 편집증적인 관심을 가진 인물로 묘사된다. 그러나 자연선택만 미래에 관심을 갖는 것은 아니다. 생물학자들은 암컷의 관심을 끌기 위해 혈안이 된 수컷들에게 전략적 기술을 제공하는 데 거리낌이 없다. 가령 정자를 슬쩍 조종한다거나 난자에 기술공학을 도입하는 식이다.

그런데 실제로 은유적 표현의 도움 없이 눈에 보이지 않는 지식을 설명할 수 있을까? 물론 그럴 수 없다. 잠바티스타 비코와 프리드리히 니체는 심지어 비유적 의미가 글자 그대로의 의미보다 선행하는 것은 아닌지 고민했다. 이들보다는 절제된 입장을 보인 라코프와 존슨은 1980년 저서 《삶으로서의 은유Metaphors We Live By》에서 은유가 언어와 행동의 모든 층위에 스며들어 있음을 보여주었다. 물리학자이자 과학철학가인 제럴드 홀튼Gerald Holton은 인식의 발전을 위한 비유적 언어의 역할을 강조했다.86

생물학자들이 자연선택을 능동적이고 뭔가 음모를 꾸미는 힘이라도 되는 것처럼 취급한다고 비판한다면 그들은 잘못을 인정하면서도 변호인으로 다윈을 들이댄다. 현대 생물학의 아버지 다윈 자신이 자연선택의 의인화를 그가 주장한 이론의 중요한 난제로 간주했다는 것이다. 리처드 도킨스는 뉴클레오티드(유전자)의 우연한 배열을 의인화한다는 비판을 받고 '유전자가 이기적이란 표현은 비유일 뿐이며, 그것으로 과학적 발견에 도움이 된다면 의의가 있을 것'이라고 반박했다.

이러한 논리는 물론 타당하다. 다만 몇몇 은유는 사용하기에 너무 위험부담이 크다. 다시 말해서 우리의 이해를 돕는 것이 아니라 오히려 방해할 수도 있음을 인정해야 한다. 까치에게서 멜랑콜리를 발견한다거나 단백질이 염세적 기분에 빠졌다고 표현한다고 해서 안 될 것은 없다. 그러나 인간이 아닌 존재에게 인간만이 가능한 계획능력을 부여하는 것은 금기시되어야 한다. 자연의 본성을 거스르기 때문이다.

자주 인용되는 하나의 사례를 소개해본다. 수사자 한 마리가 암사자들의 규방을 차지하게 되면 선왕의 아들들을 제거하는 일부터 시작한다. 이렇게 해서 죽임을 당하는 죄 없는 새끼 사자들의 비율은 80퍼센트에 달한다. 신다윈주의자들은 이러한 행태를 유전학적 논리로 설명한다. 새로 나타난 수컷 알파가 아비 잃은 고아들을 제거하는 까닭은 그에게 죽은 이전 우두머리의 유전자를 물려받은 자식들을 보호해주고 먹여야 할 이유가 없기 때문이라는 것이다.

하지만 이보다 훨씬 덜 미래지향적인 설명도 가능하다. 새끼들에게 젖을 먹이는 한 암사자는 배란을 하지 못한다. 새 왕은 자신의 리비도를 충족시키고 싶지만 '노블레스 오블리주' 때문에 차마 왕비를 강간할 수는 없는 노릇이니 아예 새끼들을 죽여서 암사자를 다시 발정이 나게 만드는 것이다. 이렇듯 수사자들은 미래를 예측하고 아빠가 되기 위해서가 아니라, 짝짓기를 하기 위해서 손발에 피를 묻히는 것이다. 생물학자들은 그럼에도 불구하고 동물들에게도 미래지향성이 있다는 것을 어느 정도는 인정해야 한다면서 반박할 것이다. 그러면 나는 그들에게 "명중!"이라고 대답할 것이다.

재미삼아서 이 같은 태도를 유난히 명백하게 드러내는 사례들을 모아보았다. 이것들을 놓치고 싶지 않은 독자들이라면 〈나가는 글을 대신하는 과잉〉의 "경제적 동물"편을 참고하기 바란다.

## 언어의 바닥에서 태어난 내일

언어 없이는 "내일 보자"도 있을 수 없다. 그러므로 언어는 계획을 수립하고 이를 공유하기 위한 필요조건이다. 하지만 고래 역시 언어를 가지고 있으며, 돌고래와 카나리아 또한 나름의 언어를 보유하고 있다. 그러므로 모든 생명체는 무엇이 되었든 지극히 초보적일 수도 있으나 수백만 년 동안 살아남기에 충분한 수준이 되는 소통 수단을 가지고 있을 가능성이 매우 높다. 그러나 인간을 제외하고는 몇 시간보다 더 멀리 내다보며 계획할 수 있는 동물이라고는 하나도 없다. 고래도 돌고래도 그렇게 하지는 못한다. **언어는 미래를 위해 필요한 조건이기는 하나 충분 조건은 아니다.**

언어가 유전학적 토대가 된다는 것은 확실하다. 그 어떤 정복자도, 탐험가도, 인류학자도 말을 하지 못하는 인간 집단과 맞닥뜨린 적은 없었다. 5만 8,000년 넘게 외부세계와 접촉하지 않았던 부족이란 없다는 사실을 놓고 볼 때, 말하기 역량은 분명 인간 부족 모두에게 공통되는 조상, 그러니까 아프리카 탈출 이전부터 존재했던 조상의 게놈을 구성하는 요소였으리라고 추정할 수 있다.

미래라고 하는 것이 인간 언어의 '허벅지'에서 솟아오르는 기이한 일 또한 아프리카 탈출 이전에 일어났다. 그 어떤 정복자도, 탐험가도, 인류학자도 미래성을 표현하는 형태를 갖추지 못한 언어를 사용하는 인간들은 만나지 못했다. 따라서 나는 우리 조상들이 이미 언어 안에, 그러니까 아프리카를 떠나기 훨씬 이전부터 미래를 표현하는 역량을 담고 있었을 것이라고 미루어 짐작한다.

이러한 주장에 흔히들 미래시제 없는 언어가 꽤 많다는 반론을 제시하고는 한다. 주로 일본어가 해당 사례로 자주 들먹거려진다. 그러나 이런 반론은 얼토당토않은 것이다. 일본어의 통사 구조에 미래가 존재하지 않는다면 혼다자동차의 사장이며 엔지니어와 근로자들은 모두 영원한 현재, 미시마 유키오의 모국어로 발음하자면 '이마ᵢₘₐ'인 젖먹이들이나 참치, 전자들이 몸담고 있는 세계에 머물러 있어야 함을 함축하기 때문이다. 분재의 달인이 수십 년 후를 상상할 수 없다면 어떻게 나무를 매만질 수 있을까?

역설적으로 바로 그 같은 결핍 때문에 일본어는 미래를 표현할 때 굉장히 창의적이다. 예를 들어보자. 일본어의 접미사 '무む'는 추측, 암시 또는 의도를 함축한다. '大宮人の玉藻刈るらむ'은 '궁중의 벼슬아치는 말을 베고 있겠지'로 해석된다. 다른 옵션도 널려 있다. '今晚, 電話するよ'는 '오늘 저녁 전화할게요'고 '君は将来の大物になる'는 '너는 미래의 거물이 될 것이다(장차 큰 인물이 될 것이다)', 'それでは僕は歌います'는 '그럼 난 노래합니다(할 것입니다)'다.

일본 사람들만 결핍 상태에 있는 것이 아니다. 인류의 약 4분의 1은 통사 구문상의 미래가 존재하지 않는 언어를 사용한다. 그럼에도 모든 언어가, 현재 사용되는 언어든 죽은 언어든 현재, 과거, 미래를 명확하게 구분하고 있다고 할 때, 지구상에 사는 70억 명은 모두 "내일 보자"라고 말할 수 있다. 일본어로는 "では, また明日"가 될 것이다.

언어학의 세계는 한창 뛰어오르는 중이다. 아마존의 깊은 정글에 사는 피라항족은 '문장 안에 관용구들을 박아 넣는 것이 인간의 모든 언어에서 나타나는 공통점'이라고 주장하는 노엄 촘스키의 이론을 보기 좋게 반박할 것이다.[87] 사태를 더욱 꼬이게 만드는 쾌감을 맛보기 위해서라는 듯, 피라항족의 언어에는 색깔도 숫자도 없으며, 무엇보다도 "앞", "뒤"처럼 시간을 구분하는 단어들이 존재하지 않는다. 과거나 미래도 물론 없다. 피라항족의 언어엔 "내일"을 가리키는 단어도 없다!

이와 같은 문헌학적 돌풍을 일으킨 장본인은 대니얼 에버렛Daniel Everett으로, 전직 선교사이자 피라항족 언어의 비밀을 접한 최초의 외국인이다.[88] 이 소식을 듣자마자 나는 미국 일리노이주 노멀에 사는 그에게 전화를 걸어 다짜고짜 물었다. "피라항족은 계획을 세울 줄 압니까?" 에버렛은 "그렇다"고 답했다. 내가 다시 "그들은 다음날 만나자는 약속을 할 수 있습니까?"라고 물었고 에버렛은 이렇게 대답했다. "네, 그들은 몇 달 후에 만나자는 약속도 할 줄 압니다." 그 말에 나는 '휴우' 하고 안도의 숨을 내쉬었다! 다음날 에버렛은 친절하게도 간단한 보고서를 보내줬다. "피라항족은 자연에서 차용한 시간 표시 단어들을 활용한다. '강물의 수심이 낮아지면 나는 강변에서 잔다', '브라질 호두가 떨어질 무렵이면 나는 상류에 있다', 대략 이런 식이다. 그들은 먼 미래는 거론하지 않지만 '내일 나는 사냥간다, 고기 잡으러 가지 않고' 식의 형태를 구사한다." 이 이야기의 교훈을 정리하자면 이럴 것이다. <u>호모 사피엔스는 미래로 무장한 채 아프리카를 떠난 것이 확실하다.</u>

미래성이 없는 인간 언어가 있을 수 있을까? 물론이다, 그것도 한 번이 아니고 두 번씩 가능하다. 계통발생 수준에서 한 번, 개체발생 수준에서 또 한 번이다. 이 놀라운 사실을 이토록 자신 있게 장담하려면 인간의 제일 좋은 친구가 보여주는 사례를 통한 우회가 필요하다.

**계통발생!** 스탠리 코렌은 개 심리학 분야의 세계적 권위자다. 그는 40년 동안 개에게 바친 연구를 이렇게 요약했다. "개들과 두 살배기 아이들은 정신적으로 같은 수준에 있다고 볼 수 있다." 인간의 어린아이처럼 평범한 개는 대략 165개 정도의 단어를 이해한다. 콜리, 셰퍼드, 푸들 등은 250개까지도 이해한다. 보더콜리종이었던 체이서는 학습을 통해서 1,022개의 각기 다른 장난감을 구별해내기도 했다![89] 코렌은 "인간이 손가락으로 무엇인가를 가리키면, 늑대는 그 손가락을 보는 반면 개는 손가락이 가리키는 방향을 본다"고 말한다. 아이를 가진 부모라면 누구나 자식이 생후 7개월쯤 되었을 때 이런 단계를 거쳤다고 확인해줄 것이다.[90]

호모 사피엔스가 오랜 기간 셰퍼드나 두 살배기 어린아이 수준의 "언어를 구사했"으리라고 추정하는 것은 지극히 상식적이다. 또한 호모 에렉투스나 네안데르탈인이 몇몇 물체들에게 이름을 지어줄 역량조차 갖추지 못했으리라고 보아야 할 이유도 없다. 그들도 분명 아래로 내려 앉은 후두와 후두개를 가지고 있었다. 물론 그들이 사전까지 가지고 있었다고 해도, 그것이 그들을 멸종으로부터 지켜주지는 못했다.

차우차우가 백여 개의 단어와 신호를 학습할 수 있다고 하는 것처럼, 영리한 동물 대다수는 인간이 사용하는 간략한 어휘를 이해할 수 있다. 하지만 문법은 인간을 제외한 어느 동물도 감히 넘보지 못하는 엄청난 도전이다. 어떤 단어를 어떤 방식으로 늘어놓아야 그럴 듯한 문장이 되는지 결정하는 규칙을 다듬는 일은 호모 사피엔스만의 전유물이다. 그러고 보니 이 책의 제목을 '그리고 인간은 통사 구조를 창조했다'로 정했어야 했다는 생각마저 든다. 하지만 썩 섹시하달 수는 없는 제목이다. "내일 보자"는 사랑의 여신 아프로디테가 우라누스의 정자가 들어 있는 거품aphros에서 태어난 것처럼 통사 규칙에서 태어났으리라는 점엔 의심의 여지가 없다. "내일 보자"는 지혜의 여신 팔라스 아테나가 우라노스의 아들인 크로노스의 아들인 제우

**아프로디테의 탄생_** 크로노스는 아버지 우라노스를 거세하고는 떼어낸 성기를 바다에 던졌다. 크레타 섬까지 떠내려간 우라노스의 성기는 파도에 휩쓸려 키프로스까지 갔다. 아프로디테는 그 성기를 둘러싼 거품에서 태어났다.

스 머리에서 태어난 것처럼, 문장에서 태어났다.

**개체발생!** 미래성은 거의 모든 어린 아이들에게 거의 같은 시기에 나타난다. 임신 몇 개월째에 태아에게 췌장이 생기는지, 혹은 아기가 태어나서 몇 개월 되었을 때 처음으로 뒤집기를 하는지 정확하게 예측할 수 있는 것과 마찬가지로 우리는 내 손녀, 매우 특별하게 태어난 그 아이가 몇 살 무렵에 현재, 과거처럼 뚜렷하게 구분되는 시제로서의 내일을 언급하게 될지 예측할 수 있다. 그 아이는 다른 누구와도 닮지 않은 아이지만 네 살이 될 때까지는 암소처럼 "지금 여기라는 말뚝에 붙들어 매인 상태"(니체)를 면치 못할 것이다.

그리고 다섯 살에 접어들게 되면 마치 마법처럼 동물계를 떠나 인간 가족의 품에 합류할 것이다. 그 순간이 되면 그 아이는 아침부터 열병 중인 병사처럼 자신의 하루를 계획하게 될 것이다. 한두 해 정도는 근접 미래와 근접 과거를 구별하는 데 어려움을 겪고, '금방'과 '한참 뒤에'를 혼동하겠지만, 초등학교 1학년 정도만 되면 다음 주로 다가온 성탄절과 두 달 후인 자기 생일을 구별하는 데 전혀 문제가 없을 것이다.

다만 먼 훗날에 대한 개념은 아직 희미한 상태로 남아 있을 것이다. 가령, '내년에 파리에 간다'와 '이 다음에 내가 크면 엄마가 될 거야'를 같은 선상에 놓는 식이라는 뜻이다. 그러나 열 살만 되면 이 같은 동물적인 천진함마저 완전히 자취를 감추게 된다. 에덴동산에서 추방당한 자들의 무리에 합류한 것을 환영한다, 아가야. 알츠하이머병만이 너를 영원히 끝나지 않는 현재로 다시 데려갈 테지.

## 마티아스, 네 살 반에 낙원에서 추방당하다

"쥘리가 네 살이 되면 나는 다섯 살이 될 거야. 내가 학교에 가면 쥘리는 유치원에 갈 거고. 내가 초등학교 2학년이 되면 쥘리는 초등학교 1학년이 될 거지. 우리가 학교를 끝마치면, 그 앤 여자가 될 거고. 쥘리는 언제나 나보다 어려."

"널 영원히 미워할 거야. 아흔 살이 되어도 너를 미워할 거라고."

"엄마하고 아빠가 늙으면 내가 보살펴 드릴게요. 아빠 대신 회사에도 갈게요. 저도 이제 다섯 살이에요."

"엄마, 내가 열여덟 살이 되기 전에 돌아가시면 내가 아빠를 위해 새 엄마를 구해드릴게요. 그런데 그보다 늦게 돌아가시면 난 아빠가 새 엄마를 얻는 걸 허락하지 않을 거야."


## '내일'은 발명이 아닌 돌연변이다?

내일을 위해 계획을 세울 줄 아는 역량이 개체발생의 동일한 단계에서 이루어지고 있으므로, 자랑스럽게 그 바탕에는 유전자적인 토대가 있으리라고 추정해볼 수 있다. 만일 그렇다면 내일의 발명이 아니라 내일의 돌연변이가 있었던 셈이 된다. 단 한 번의 돌연변이? 이 우주에서 단 한 가지 역량이 발현되려 해도 얼마나 많은 유전자의 참여가 있어야 하는지를 감안한다면, 이러한 가설은 거의 성립 불가능하다. 거기에 대면 날개 발생도 저급한 기술에 불과하다. 완전히 논리적 궁지에 빠졌다.

# 당신과 나를 구별 짓게 하는 미래성

말을 하는 사람은 누구나 내일을 계획하는 데 필요한 도구들을 가지고 있다. 그렇다면 어째서 몇몇 사람들에게는 바로 다음날, 그 다음날을 상상하는 것이, 또 대부분의 사람들에게는 다음 달이나 그보다 훨씬 더 먼 미래를 상상하는 것이 그토록 어려운 일일까?

바로 언어를 통한 표현이 미래성의 필요조건에 불과하기 때문이다. 장기적인 계획을 수립하고 이를 남들에게 알리기 위해서는 상당히 발달된 수준의 상상력과 추상화 능력을 지니고 있어야 한다. 인간의 뇌는 가장 초보적인 상태일지라도 일정한 수준의 상상력을 갖추고 있다. 하지만 다음 해를 계획하는 일은 시간을 넘나드는 기계가 제법 오래도록 여행을 떠날 것을 요구한다. 우리 인간 대다수에게는 그 같은 여행을 할 수 있을 만큼 풍부한 상상력 또는 용기가 없다.

인간의 뇌는 가장 초보적인 상태일지라도 현실로부터 자신을 떼어 놓을 수 있는 능력을 지니고 있다. 하지만 '지금 여기'라는 현실을 의도적으로 중지시키려면 특별히 성능 좋은 추상화 능력이 필요하다. 두 사람이 있을 때, 그 두 사람이 완전히 동일한 수준의 언어 능력, 상상 능력, 추상화 능력을 가질 수는 없을 것이다. 따라서 **미래성이란 전형적인 변별적 능력이다.** 언젠가 그 능력이 정량화되는 날이 올 것이다. 그렇게 되면 우리는 각 개인의 미래성 지수를 측정할 수 있을 것이다.

미래성 지수의 격차를 체스만큼 극명하게 느낄 수 있는 활동도 드물다. 세계 수준의 명인이 여럿을 상대로 동시에 대작하는 시합에 참가한 아마추어 선수는 상대의 수를 고작해야 네 개 정도 미리 예측해볼 수 있

미래중독자

다. 더 이상은 힘에 부친다. "내가 기사를 C3 자리에 놓으면 상대는 십중팔구 졸을 D6로 옮길 테지. 아니 어쩌면 비숍을 F5에 놓을 수도 있잖아? 아냐, 로크 수를 두기로 결정할 지도 모르잖아? 아니, 계책을 써서 비숍을 C5로 옮길 수도 있어. 아, 포기해야겠어." 105명의 아마추어들을 세 시간 반 만에 물리친 그 세계 수준의 명인은 그로부터 두 달 후 인도 출신의 열여섯 살짜리 명인에게 패하고, 다시 그 16세의 명인은 당시 절정의 기량을 뽐내던 가리 카스파로프에게 무릎을 꿇었다.

21세기에 들어와 6만 년이 넘는 세월이 흐른 후에도 챔피언과 아마추어가 그토록 엄청난 차이를 보인다면, 동부 아프리카 동굴에서 생활하던 자들의 엘리트와 당시의 보통사람들 사이에는 얼마나 깊은 심연이 자리 잡고 있었을까.

추상화 능력을 단지 개인적인 재능으로만 치부할 수는 없다. 그 능력은 여러 인간 집단들 가운데 불균등하게 분포되어 있다. 일상생활 속에서 이 같은 능력을 자주 발휘해야 하는 사람들이라면 그렇지 않은 사람들에 비해서 여기 말고 저기, 지금 말고 나중에 식으로 투사하는 일에 좀 더 훈련이 된다. 미래성이 구전언어만 가진 문화권보다는 문자를 지닌 문화권에서 훨씬 발달하는 것도 이러한 이유 때문이다. IQ 검사 결과가 문화적으로 영향을 받는 것이 사실이라면, 미래성 지수는 그보다 훨씬 더 문화에 의해 좌우될 것이다.

인간이 "불, 도끼, 여기, 내일"이라는 말을 한 순간과 두 명의 인간이 뜻을 모아 다음날 함께 떠나기로 결정한 순간 사이에 오모강에는 많은 물이 흘러갔다. 그 시간은 수천 년 정도였을까? 아니면 수만 년? 우리는 그 답을 결코 알 수 없을 것이다. 반면 내일이라는 것이 발명된 이후 줄

곧 인류 사회에 들불처럼 번져나갔을 것임은 얼마든지 짐작할 수 있다. 다음에 나오는 오른쪽 벽의 우화는 언젠가 미래성 또한 민주화될 것임을 우리에게 확인시켜준다.

## 그러나 언젠가 우리는 모두 '오른쪽 벽'에 닿을 것이다

인간 종 사이에서 다양성이 사라지고 있다. 똑같은 행동방식, 사고방식, 감정 표현방식이 전 세계 어디에서나 관찰된다. 모든 사람들이 보다 많이 교류하고 보다 충실하게 서로를 흉내 내기 때문만은 아니다. 이는 각국에서 사람들이 예전엔 하나의 계급, 하나의 직업, 하나의 가문에서만 특별하게 나타나던 사상이나 감정들에서 점점 더 벗어나, 동시다발적으로 인간을 형성하는 것에 보다 더 애착을 보이기 시작했기 때문이다. 인간을 형성하는 것이란 어디에서든 동일하다.

*알렉시 드 토크빌, 《미국의 민주주의》*

사실 내가 굳게 믿는 예측이 하나 있다. 문자 교육과 수학이 일반화되면 각기 다른 여러 집단 사이에 존재하는 미래성의 변별적 기능이 사라지리라는 점이다. 그 같은 축복의 시간이 오면, 오직 개인 간의 차이만 존재할 것이다. 이러한 예견은 두 가지 법칙을 적절하게 조화시킴으로써 가능하다.

첫째, 돌연변이는 문화적 돌연변이를 포함해 점진적이고 지속적인 리듬으로 꾸준하게 확산된다. 곧 양성 피드백의 전형적인 예에 해당된다.

둘째, 돌연변이가 확산될수록 개체군의 구성원들은 점점 더 비슷해진다.

흔히 필요는 발명의 어머니라고 한다. 하지만 적지 않은 혁신들이 잠재적인 상태에 머물러 있다가 마침내 선택을 받고, 그런 다음에야 없어서는 안 될 것으로 받아들여진다. '기원전'과 '서기'라는 분리를 예로 들어보자. 베다 베네라빌리스Beda Venerabilis는 이미 731년에 그와 같은 제안을 했다. "우리 주님께서 강생하시기 60년 전, 가이우스 율리우스 카이사르는 로마인들 가운데 최초로 영국을 침략했다."[91] 그런데 우리들에게는 너무도 당연한 것으로 보이는 이 도구를 무려 천 년 동안이나 사용하는 사람이 아무도 없었다. 프랑스 대혁명이 발발하면서 비로소 역사학자들을 필두로 모든 이들에게 전파되어 나갔다. 오늘날엔 '기원전'이냐 '서기'냐의 구분이 없는 과거란 상상조차 할 수 없다. 그야말로 베다의 발명은 폭발적인 잠재력을 아낌없이 드러내보였다고 할 수 있다.[92]

모든 과정은 이와 비슷한 진화를 거친다. 전광석화처럼 시작될 수도 있고, 아주 작게 시작할 수도 있으나 일단 순항 속도에 도달하고 나면 확실하게 정점에 이른다. 스티븐 제이 굴드는 이러한 현상을 오른쪽 벽이라고 부른다.[93] 가령 한 그루의 나무는 충분한 여건이 주어지는 한 성장을 계속할 수 있다고 여겨진다. 그런데 《네이처》에 나무 한 그루의 최대 높이는 130미터라고 계산한 연구 결과가 소개되었다. 물과 빛이

**오른쪽 벽:** 생명체의 복잡성을 보여주는 분포도가 있다고 할 때 x축은 복잡성을, y축은 개체 수를 나타낸다면 처음 출현한 원시생명체의 좌표는 왼쪽으로 치우치고, 그 생명체가 진화를 거쳐 다양성을 보이며 성공적으로 확산되어 나감에 따라 분포도는 오른쪽으로 진행하게 된다. 자연에서 복잡성이 증가할수록 개체 수가 줄어드는 경향을 보이므로 분포도는 한때 개체 수가 정점에 올랐다가 점점 줄어들면서 오른쪽을 향해 뻗은 얇은 손 같은 형태가 되어간다. 오른쪽 벽은 개체 수가 정점에 올랐을 때의 복잡성을 가리킨다.

무제한으로 제공되어도 그렇다는 것이었다. 중력이라는 물리적 제약 때문에 세쿼이아조차도 그 이상의 높이까지 물을 끌어올릴 수는 없다는 것이다.[94]

우리는 세 가지 맥락에서 뇌화의 오른쪽 벽 현상을 만났다. **첫째, 출산이다.** 인간의 뇌는 성장을 멈출 수밖에 없는 것이, 그렇지 않으면 태아의 머리가 자궁 밖으로 나올 수 없다. **둘째, 신생아다.** 태생적인 엄청난 식탐을 고려할 때, 뇌는 뇌 주인에게 억지로라도 많은 양의 음식을 먹게 하지 않으면 도저히 더는 성장할 수 없는 처지가 되고 말았을 것이다. **셋째, 시냅스 가지치기다.** 뉴런의 상당수가 여섯 살 무렵에 제거된다는 사실은 어린아이 시절부터 이미 뉴런 과잉으로 인한 문제가 발생하고 있음을 암시한다. 그러니 아이가 그보다 더 용량이 큰 뇌를 가졌으면 어땠을지 한 번 상상해보라!

이 세 가지 천정은 최고, 최대만을 지향하는 얼마든지 정당화될 수 있는 광기에도 불구하고 창조의 보석이라는 회백질에 있어서는 이미 20만 년 전에 도달한 1,350$cm^3$가 최대 용량임을 확인시켜 준다. 그런데 이 수치는 처음엔 인간 종이라는 개체군의 구성원들에게 있어서 매우 드문 경우였으나 오늘날엔 흔한 사례가 되어버렸다. 굴드의 이론 덕분에 우리는 이를 확인할 수 있다. 오른쪽 벽은 기계적인 효과에 의해 가치의 평준화를 촉발하며, 일단 시작된 평준화는 가속화된다.

인간의 기대 수명 관점에서의 오른쪽 벽은 뇌화에 비해서 훨씬 최근에 확인되었다. 신이 인간에게 "너희들의 삶은 120세로 줄어들 것"(〈창세기〉 6장 3절)이라고 약속하신 날이 바로 그날이기 때문이다. 그 이후 오직 두 명의 인간만이 모세가 35세기 전에 달성한 기록을 넘어섰다.

시게치요 이즈미(1865년 6월 29일~1986년 2월 21일)와 122세 하고도 164일째 되는 날 사망한 잔 칼망, 이렇게 두 사람이다. 잔 칼망은 특히 '시간의 주인Maîtresse du temps'이라는 제목의 랩을 취입하고 일 년 만에 사망했다. 우리의 기대 수명이 3,500년 전 이래 계속 120세에 묶여 있는 반면, 인류의 평균 장수 비율은 끊임없이 올라갔다. 1900년 프랑스에는 100세 넘는 사람이 100명이었다. 이 숫자는 2011년엔 1만 6,269명으로 늘어났으며, 2060년엔 19만 8,645명 정도 될 것으로 추정된다. 아마 2060년의 백 세 노인 행렬에는 나도 포함될 것이다.

문맹퇴치 역시 같은 곡선을 그리고 있다. 서양의 경우 대부분의 나라에서 문맹퇴치 비율이 99퍼센트에 육박한다는 사실을 고려할 때, 그 벽은 기껏해야 몇 센티미터 정도 이상은 움직일 수 없다는 점만 다르다. 1841년 당시 세계에서 가장 경제가 발전한 나라였던 영국에서는 남자 33퍼센트, 여자 44퍼센트가 엄지손가락 지장으로 결혼계약에 서명했다. 한편 아프리카 탈출기의 주역들이 태어난 동아프리카 대지구대의 경우에는 2011년도 문맹 퇴치 비율이 지금으로부터 백 년 전 영국의 문맹퇴치 비율과 비슷한 수준을 보인다. 그러니 예언자가 아니더라도 지금으로부터 백 년 후 탄자니아와 케냐, 에티오피아의 문맹 퇴치 비율 또한 100퍼센트에 육박하리라고 예상할 수 있다.

읽기와 쓰기가 인류의 기준이 되기까지 3,500년이라는 세월이 필요했다. 따라서 '아주 멀리까지 내다보고 계획하기'라는 선천적으로 타고난 재능과 후천적으로 학습된 고도의 역량을 요구하는 이 같은 활동이 도처로 확산되기까지는 훨씬 더 긴 시간이 필요할 것이다. 그러니 이제껏 인류가 주파해온 거리 앞에서 기꺼운 마음으로 놀라워하자. 오래도록 현재라는 감옥에만 갇혀 있던 몇몇 인간이 "내일 보자"라고 말하면서 그곳에서 탈출했다. 그렇게 하지 않았더라면 그들은 언제까지고 그곳에 갇혀 있어야 했을 것이다. 그들의 후손 가운데 한 사람이 부인에게 "3주 후에 돌아올게"라고 말하게 되기까지도 수천 년이 걸렸다. 5개년 계획이라고 하는 것은 20세기에 들어서 등장했고, 100주년을 기념하기 위한 각종 계획은 그 다음 세기인 21세기에 처음으로 출현했다.

예측!

천 년을 내다보는 예측은 2330년에 등장할 것이다.

---

**문맹퇴치 혹은 탁월성의 민주화**

97% 초과 ●    90 - 97% ●    80 - 90% ●    70 - 80% ●    60 - 70% ●    50 - 60% ●    50% 미만 ●

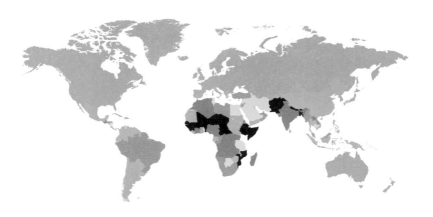

# 5만 8,000년 전에 이미 우리는 이겼다니까!

　다음 페이지에 뜬금없이 튀어나온 사진에는 따로 설명을 붙일 필요조차 없어 보인다. 그렇지만 우리의 뇌는 묵언 수행하는 트라피스트 수도사들과는 거리가 멀다. 다만 짧게나마 해설을 붙여보자.

　가엾은 침팬지 녀석은 자신이 게임에서 이길 확률이란 도도새가 막섬에 상륙한 네덜란드제 권총을 피해 살아남을 확률, 어쩌다 총을 휘두르는 아마추어 총잡이가 미국 서부를 통틀어 가장 빠르다고 알려진 빌리 더 키드를 죽일 확률, 파스칼이 1642년에 발명한 계산기 파스칼린이 IBM이 개발한 소프트웨어 딥 블루를 이길 확률에 버금간다는 것을 '알기' 때문에 머리를 긁적인다. 참고로 딥 블루는 1997년 체스 챔피언 가리 카스파로프에게 충격적인 패배를 안겨주었다.

　적어도 백만 년 전부터 호미니드 젖먹이 아기의 뇌 발달은 본질적으로 출생 후에 이루어졌다. 따라서 호모 에렉투스는 호모 사피엔스만큼이나 자손들의 선천적 · 후천적 발달의 비율을 후자 쪽에 유리하도록 수정할 수 있는 기회를 가지고 있었다. 그런데 언어와 미래성의 부재로 인해 그들은 그렇게 하지 못했다.[95] 그 때문에 '내일'은 동부 아프리카에서 출현했으며, 그것에 일찌감치 입문한 자들에게 커다란 이득을 가져다줬다. 물론 처음에는 미래주의자들 또한 그것을 어떻게 활용해야 하는지 잘 알지 못했다. 그러나 미래성을 제어하게 되는 즉시 그들은 그렇지 못한 자들에 대해서 결정적인 우위를 차지하게 되었다. 그러니 다른 동물들에 대해서는 두말할 필요도 없다.

　호모 사피엔스의 승리는 그 유례를 찾아보기 힘들다. 지금도 여전히

체스판을 앞두고 머리를 감싸쥐는
침팬지

슈퍼컴퓨터 딥 블루에게 패배하고 머리를 감싸쥐는
체스 챔피언 카스파로프.

인기몰이 중인 대재앙 예언자들은 미래에 관심을 가진 사람들에게 들으라는 듯 끝이 좋지 않을 것이라고 장담한다. 매머드들도 수백만 년 동안 자기들이 특권을 누리고 있다고 믿지 않았던가? 객쩍은 소리 같으니. 핵으로 인한 대학살이 불가피하다고 해도, 70억 지구인들 가운데 99퍼센트가 죽는다고 해도 핵대피소에 들어간 7,000만 명 정도는 살아남을 것이다(바퀴벌레 백 마리 정도도 바퀴목과 흰개미목의 견본들을 안전하게 보관해둔 곤충학자 덕분에 명맥을 이어갈 것이다).

지구가 다른 행성과 충돌하지 않는 한 인류의 승리는 전적이며 불가역적이다.


## 인간답게 다음 장의 '미래'를 예측한다면

지금까지 우리는 미래성이 우리 인간에게 제공해왔고, 지금도 제공하고 있으며, 앞으로도 제공하게 될 이점만 강조했다. 그러니 이 책의 마지막 장에서는 그것으로 인한 폐해를 다루고자 한다.

**왔노라, 보았노라, 이겼노라**Veni, Vidi, Vici. **자, 그렇다면 앞으로는 어떻게 될 것인가?** 이 질문에 대답하기 위해 다시 한 번 오른쪽 벽, 즉 더 이상 나아갈 수 없는 한계에 대해 언급할까 한다. 문맹 퇴치율 99퍼센트, 잔혹함의 극치 쇼아Shoah(나치 독일의 유대인 학살_옮긴이), 나무의 최고 높이 130미터. 오른쪽 벽은 한결같이 가치를 평준화하는 효과를 가져온다. 시간이 지남에 따라 평균치가 그곳에 접근하기 때문이다.

그런데 인간이 거둔 최후의 승리는 그야말로 최후의 오른쪽 벽을 의미한다. 아무도 그보다 더 높은 벽을 세울 수 없을 테니까. 아니, 심지어 상상조차 할 수 없을 테니까 말이다.

이 벽 중의 벽은 반드시 부작용을 낳게 되어 있고, 그것이야말로 이 벽이 지니는 특성이다. 특히 너무 많은 선택지와 두카(실존으로부터 생겨나는 불안), 이렇게 두 가지 부작용이 지배적이며 나머지는 그 두 가지에 부수적이다. 이 두 가지는 서로에게 자양분이 되어준다. 미래성은 실제로 경험하는 현실에 대해 끊임없이 대안을 제시한다. **미래를 발견한 이후 줄곧 인간은 너무 많은 선택에 시달리게 되었다.** 그리고 그 때문에 만성적 불안을 안고 산다.

인간은 위임하는 동물이다. 미래성, 상상력, 추상능력 덕분에 점점 더 정교한 분업이 용이해진다. 채집 수렵꾼 시대는 끝났다. 이제 한 사람은 산딸기를, 또 한 사람은 딸기를, 세 번째 사람은 월귤나무 열매를 딴다면 다른 열 명은 이들을 감독한다. 권한을 위임받은 대리인, 하청업자들이 엄청 늘어난 덕분에 우리들 각자는 대부분의 성가신 일들, 예전에는 생존을 위한 개인적인 투쟁의 일부였던 부역에서 해방되었다. 이렇게 해서 확보한 자유시간 때문에 뉴런의 압도적 대다수는 기술적 실업 상태에 놓였다. 이는 곧 권태로 이어지고, 권태는 '지나침'을 낳는다. 무대의 막이 내려오는 것이다.

그렇다면 앞으로 일어날 일에 대해서 그다지 고상하지 못한 해석도 가능하다. 미래가 없는 뇌는 곧 작동을 멈추고는 C. Q. F. D., 즉 '이와 같이 증명됨'이라고 선언할 것이다. 서두에서 언급한 여러 가지 도전에는 사실상 모두 응전이 이뤄졌고, 결과 또한 긍정적이었다. 좋은 장비를

미 래 중 독 자

갖췄음에도 사촌뻘이면서 동시에 경쟁자인 다른 동물들에 비해 적응도가 현저하게 떨어졌던 동물의 수수께끼도 해결되었다. 아프리카로부터의 탈출이라는 우여곡절도 설명이 되었다. '가장 □□□한 동물'이라는 인간의 정의도 나름대로 방어되었으며, 예시도 제공되었고, 두카의 신비도, 70억이라는 어마어마한 숫자도 지나침의 비밀과 마찬가지로 대략적으로 밝혀졌다.

**불행히도 "이 정도면 충분해!"는 인지적인 옵션이 될 수 없다.**

동물들에게는 '무소식'이 정말로 희소식이다. 하지만 나의 조상들에게 승리를 안겨준 100억 개의 뉴런은 아프리카 고원에서처럼 절대 만족하지 못할 것이다. 내가 이번 장의 집필을 끝내자마자 이 속물들은 줄곧 나를 괴롭힌다. "네 머릿속에만 가만 틀어박혀 있자니 우린 너무 따분해. 그러니 우리에게 도전거리를 줘! 우리에게는 새로운 고르디우스 매듭이 필요하다니까!"

나는 그들의 요구에 순순히 따른다.

내일을 발명한         인류의         어떻게 진행될까?
내일은

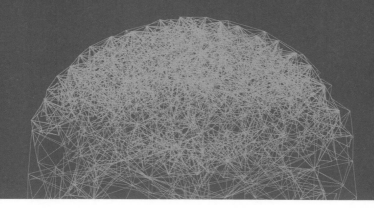

제3장
**전이**

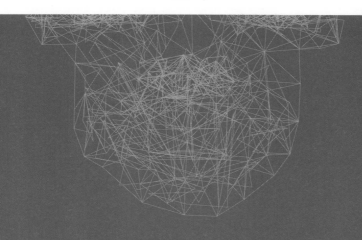

나의 삶은 미래에 대한 준비 과정이다.
나를 먹여 살리는 양식은 내일에 대한 기대다.
나에게 마약은 내일이다.

프랑수와 자코브. 의학자.

정점에 도달한 데다, 정점에 도달했다는 사실을 너무도 잘 인식하고 있을 때는 무엇을 해야 하는가? 그것은 확실히 딜레마다. 랭보나 뒤샹, 비욘 보리처럼 은퇴하는 사람들이 있는가 하면, 기를 쓰고 현상 유지나 심지어 퇴락에 매달리는 사람들도 있다. 2008년 이스라엘 출신 소설가 예호수아A. B. Yehoshua는 이렇게 선언했다. "《마니 씨》(1990년)는 내가 절대 도달할 수 없을 최정상이다. 그 뒤로 이어지는 모든 것은 하강이며, 그 내리막길이 가파를 것이냐 아니냐를 아는 것이 문제다." 1990년 이후 예호수아는 십여 권의 책을 출판했는데, 이를 정당화하기 위해 그는 자신보다 위대한 인물을 끌어들여 도움을 청한다. "윌리엄 포크너는 서른다섯 살이 되기 전에 대표작 다섯 권을 썼다. 그 뒤 그에게 무슨 일이 있었는지는 잘 알려져 있다."96

1896년 아테네에서 열린 최초의 올림픽 경기에서부터 2008년 베이징 올림픽 경기까지 정량화 가능한 다섯 가지 종목, 즉 육상, 사이클, 역도, 수영, 스피드 스케이팅에서 세워진 3,260개의 세계 기록을 대상으

로 삼은 한 연구는 다음과 같은 결론에 도달했다. 2060년이 되면 더 이
상 갱신할 기록 따위는 없다는 것이다.[97] 운동선수들이 모두 각자의 해
당 종목에서 오른쪽 벽에 맞닥뜨리고 나면 은퇴를 한다는 의미일까? 당
연히 아니다. 적어도 자신이 몸담고 있는 분야에서 가장 뛰어난 작품은
이미 과거, 그것도 아주 먼 과거가 되어버렸음을 알면서도 계속 작곡하
는 오페라 작곡가 같은 태도는 견지될 것이다.

이러한 분석이 너무 잔인하다고 느껴진다면, 당신 자신의 사생활을
한 번 생각해보면 된다. 심리–신경–내분비학은 낭만적인 사랑의 기
대 수명 평균치는 1년을 넘지 않으며,[98] 성적 욕망은 2년 넘게 지속되지
않는다고 장담한다.[99] 그런데 대부분의 커플들은 그보다 오래,[100] 훨씬
오래도록 유지된다.[101]

제일 좋은 것이 저 앞에서 나를 기다리고 있다는 믿음은 기분 좋고
또 건전하다. 그 같은 해결책이 자신을 온전하게 보전하도록 도와준다
면, 그 높은 곳에서 최대한 오래 머무를 수 있도록 최선을 다하면 된다.
하지만 그러기 위해서는 몽블랑처럼 정말 높은 산은 잊고 베르코르처
럼 야트막한 정상으로 만족해야 할 것이다. 이러한 전략을 고급 노화라
고 부르자. 우아하면서 안심도 시켜주니까 말이다.

## 멸종 직전에서 벗어나 지구를 장악한 이후

**찰스 다윈(1871년)** "인간은 야만 상태에서도 벌써 지구상에 출현한 가
장 지배적인 동물이었다."[102]

**밀로(2009년)** 그렇다면 왜 인간은 차분해지지 못하는 걸까요?

　　**다윈** "인간은, 비록 순전히 자신의 노력만으로 그렇게 된 건 아니지만 생명체 사다리의 정점까지 올라갔다는 데 대해서 약간 자부심을 느낀다고 해도 용서받을 수 있다. 인간이 처음부터 높은 곳에 있었던 것이 아님에도 그토록 높이 올라갔다는 사실은 먼 미래에 그보다 더 높은 곳으로 갈 수 있으리라는 희망을 가질 수도 있음을 암시한다."[103]

　　**밀로** 도대체 승자가 왜 굳이 자신의 위치를 바꿔볼 마음을 먹는단 말이지요?

**싯다르타 고타마 붓다(기원전 533년)** 삶은 고행이다.

　　**밀로** 이기는 팀은 바꾸지 않는다고들 하지 않던가요?

**호모 사피엔스(5만 8,000년 이래 줄곧)** 물론 그렇긴 하지. 하지만 난 도저히 질 수 없는 팀은 바꿔야겠어.

**예호수아(2008년)** 나는 계속 글을 쓸 필요가 있다. 내가 쓰고 싶은 이야기들이 아직 많이 있는 데다, 나에겐 여전히 그렇게 하고자 하는 의지가 있으니까.

**스티븐 제이 굴드(1996년)** 생존을 위한 투쟁에 있어서 최후의 심판은 필연적으로 탁월성의 민주화로 이끌도록 되어 있다.

**윌리엄 로버트 포겔(2004년)** "20세기는 그보다 앞선 두 세기 동안 생산된 것과는 뚜렷하게 구분된다. 측정 가능하며 생활수준에 영향을 끼치는 모든 것들(실질 소득, 노숙자 비율, 기대 수명, 개인들의 키) 가운데, 하위 계층이 획득한 것들이 주민 전체가 획득한 것들보다 현저하게 경쟁력이 있으므로."[104]

　　**밀로** 그럴까요. 사회의 양 극단 계층에 위치한 자들의 자녀들은 똑같은 TV 프로그램을 시청하지요.

___**굴드** 하지만 그 아이들의 부모도 그러리라고는 생각하지 않습니다. 일단 오른쪽 벽에 도달하게 되면, 그 이전에 전위 그룹과 나머지 대다수를 갈라놓던 격차란 항상 메워지게 되어 있으니까요.

___**토마스 홉스(1651년)** "자연은 인간들을 신체적·정신적인 능력에 있어서 동등하게 만들었다. 따라서 이따금씩 다른 사람에 비해서 월등하게 튼튼하거나 머리가 빨리 돌아가는 사람이 눈에 띄긴 하더라도, 한 사람과 다른 사람의 차이란 곰곰이 생각해보면 대수롭지 않기 때문에 그로 인해 어떤 한 사람이 그 차이를 들먹이며 다른 사람은 요구할 수 없는 이득을 달라고 떼를 쓸 정도는 아니다."[105]

___**앨프러드 러셀 월리스(1864년)** "자연선택 덕분에 인간의 신체는 이미 최후의 목적지에 도착했다. 인간의 정신적인 발달은 앞으로도 계속 진행될 것이며, 이 세상에 다시금 단 하나의 동질적인 종이 존재하게 될 때까지, 다시 말해서 어느 개체도 현존하는 인류의 가장 고귀한 견본에 비해 열등하지 않게 될 때까지 계속 향상되어 나갈 것이다."[106]

___**홉스** 인간들을 서로 싸우게 만드는 건 바로 그들의 유사성입니다.

___**월리스** 정말로 닮게 되면 인간들은 마침내 조화롭게 살 수 있겠죠.

___**홉스** 역량의 평등으로부터 우리의 목표 실현과 관련한 희망의 평등이 비롯됩니다. 두 사람이 같은 것을 원하는데, 그럼에도 두 명 모두가 그것을 향유할 수는 없다면 그 둘은 적이 되고 맙니다.

___**월리스** 우리 각자는 타인이 느끼는 행복과의 연계 하에서 각자의 행복을 만듭니다. 완벽한 행동의 자유는 유지되겠죠. 도덕적 역량이 균형 상태를 유지하면서 어느 누구도 타인의 자유를 침범하고 이를 훼손하

지 못하게 하기 때문입니다. 모든 인간이 가장 뛰어난 법의 이끌림을 받을 것이므로 제한적인 다른 법들은 필요하지 않을 것입니다.

    **마크 트웨인(1896년)** 늑대에게 인간은 그저 인간이다. 아나콘다는 자신의 생존을 위해 살생을 하는 반면, 영국 백작은 재미를 위해 살생을 한다.

    **다윈(1859년)** "무용성과 다양성 사이에는 매우 강력한 상관관계가 존재한다. 아무 짝에도 소용없는 것은 더 이상 자연선택에 의해 통제받지 않는다. 성장 법칙의 자유로운 유희에 맡겨지는 것이다."[107]

    **밀로** 인간의 승리로 그의 뉴런 대부분은 실업 상태에 놓이게 됩니다. 이렇듯 쓸모가 없어진 뉴런들은 엉뚱한 도전거리를 꾸며내지요.

    **몽테뉴(1573년)** "욕망은 먹고 마시는 것처럼 자연적이면서 필요하거나, 암컷들의 교류처럼 자연적이면서 불필요하거나, 자연적이지도 않고 필요하지도 않다. 인간의 거의 모든 욕망이 이 마지막 경우에 해당된다. 그 욕망들이란 하나같이 불필요하고 인위적이다."[108]

    **밀로** 다른 동물들을 이기고 난 인간은 점점 더 해괴한 것에 도전합니다.

    **고바야시 다케루(2011년)** 소시지 몇 개를 먹는다고 해서 다른 마스토돈을 링 밖으로 내던지기 위해 돌진하는 마스토돈보다 더 부조리한 건 아니잖아요.

    **콘라드 로렌스** 인간이 할 수 있는 모든 것은 동물들도 할 수 있으며, 어쩌면 더 잘 할지도 모릅니다. 푸른 고래에게 그깟 소시지 예순 아홉 개가 대수일까요?

    **마크 트웨인** 인간과는 다르게 배부른 곰은 고깃덩어리를 보아도 달려들지 않을 것입니다. 섭식장애Eating disorder란 열등한 동물들이 지닌 고유한 특성이지요.

**밀로** 오른쪽 벽에 도달한 인간은 자신에게 긴 꼬리가 자라나는 것을 봅니다.

**모두** 뭐라고요?

**크리스 앤더슨(2004년)** "예전엔 시장의 상당 부분이 대대적으로 성공을 거둔 몇몇 상품들에 의해 통제되었다. 그런데 오늘날엔 그 같은 상품들은 극히 제한적인 부분만 지배할 뿐이며, 나머지 상품들이 시장의 곳곳에 흩어져서 틈새시장을 형성하고 있다. 이러한 물건들 앞에 서는 줄이 점점 더 길어진다."[109]

**모두** 네?

**밀로** 기회주의적인 운동선수라면 명망 높은 100미터 경기에 나가 지느니 차라리 뒤로 걷기 같은 종목을 선호할 겁니다.

**미로(1928년)** "나는 성공으로 인한 위험성을 깨달았으며, 멍청하게 지나간 성공을 우려먹기보다는 새로운 경험에 나서야 한다고 느꼈다."[110]

## 오른쪽 벽에 나타난 롱테일

다윈을 계승해 성적(性的) 선택의 개념을 발전시킨 수학자 로널드 피셔는 DNA가 2차 성징 기관 시장에 신형 '모델', 다시 말해서 훨씬 압도적인 모델을 출시하면 암컷들은 그 모델 소유자를 선호하도록 프로그래밍되었다고 주장했다. 그렇기 때문에 최신형 뿔을 장착한 운 좋은 수사슴은 대부분의 암사슴들과 교미할 수 있는 반면, 그보다 운이 덜 좋은 수컷들은 녀석이 건드리지 않은 나머지 암컷들로, 그마저도 여의치 않으면 자위행위로 만족하는 수밖에 없다는 것이다. 이 같은 과정은 뿔의 크기(성적 선택)가 생존을 위한 투쟁(자연선택)에서 핸디캡으로 작용하게 될 때까지 계속된다. 말하자면 뿔이 오른쪽 벽에 닿은 것이다.

최초로 오른쪽 벽에 닿은 수사슴은 엄청난 혜택을 누렸다. 하지만 성공에 따르는 몸값은 후손들에 의해 결제된다. XL사이즈 뿔이라는 변이체가 XXL사이즈의 뿔이 자연선택에 의해 금지된 개체군 사이에 확산된다고 하면, 이 변이체는 결국 보편화된다. 너무 많은 수컷들이 XL사이즈의 뿔을 갖게 되어 희소성이 없어진다는 말이다. 결국 그 뿔은 더이상 암컷들을 유혹하는 장점으로 기능하지 못하게 된다. 반면 XL사이즈 뿔이 지니는 무게는 계속해서 그들에게 불리하게 작용하는데, 이것은 또 다른 문제다.

자연에서 일을 꾸미는 것은 수컷이지만 그것을 받아들이고 말고는 암컷이 결정한다. 그러니 구애의 열쇠를 쥐고 있는 암컷들 쪽을 살펴보자. 사슴이라는 종의 뿔이 자꾸 커지면서 가지를 치게 되면 모든 암컷들은 "큰 게 좋은 것"이라는 구호를 실천한다. 하지만 XL사이즈 뿔이 흔해지면 암컷들은 곧 또 다른 매력의 기준을 찾아 나선다. **'개인의 취향'**이 탄생하는 것이다. 유행의 첨단을 가는 암컷이라면 S사이즈 뿔을 가진 파트너를 선호할 수도 있고, 낭만적인 암컷이라면 뿔 따위는 완전히 잊어버리고 오직 상대의 두 눈에만 집중할 수도 있다. 쉽게 감상에 젖는 암컷은 무리 중에서 가장 큰 뿔을 가진 수컷에게 마음을 줄 것이다. 그런가 하면 어느 날은 애수에 젖은 눈길을 보내는 수컷을 택하고, 다음날은 그냥 길 가다가 마주친 상대와 어울리는 암컷도 등장할 수 있다. 보편화된 기준이 없는 상태에서는 암컷들의 취향이 종잡을 수 없을 정도

| 긴 꼬리가 생겨난 오른쪽 벽 |
|---|

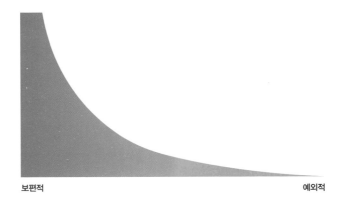

보편적                                                 예외적

| "말도 안 돼!" 수사슴의 뿔 |
|---|

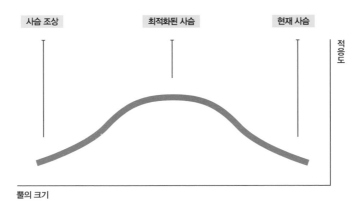

**240**                                                         미 래 중 독 자

로 다양해진다. <u>오른쪽 벽이 개인주의를 낳은 것이다.</u>

<u>일부다처제(혹은 일처다부제)와 체제순응주의 사이에는 일부일처제와</u> <u>변덕의 사이처럼 매우 강력한 상관관계가 존재한다.</u> 고릴라들의 경우 우 두머리 수컷은 하렘을 소유한 반면 대다수 수컷들은 거의 한 번도 교미 를 하지 못한다. 그러니 암컷들은 동일한 유형의 수컷을 선호할 수밖에 없다. 쾌락을 즐기는 종들의 경우, 가령 멧새류인 라크번팅Calamospiza melanocorys은 이상적인 수컷을 놓고 '약한' 성이라고 불리는 암컷들의 의견이 여러 갈래로 갈린다. 같은 암컷이라도 철이 바뀔 때마다 취향이 바뀌기도 한다.111 제비들도 아주 좋은 예에 해당된다. 공기역학에 따 른 제한 때문에 제비의 꼬리는 130밀리미터를 넘어서기 힘들다.112 이 문제에 관해서 제비 수컷들은 이미 수백만 년 전에 오른쪽 벽에 다다랐 고, 따라서 암컷들의 취향은 점점 더 변덕스러워졌기 때문에 결과적으 로 모든 수컷들이 짝을 찾을 가능성이 있다.

라크번팅이나 제비들의 변덕은 상대적으로 평온한 가운데 살면서 다양성을 위한 다양성의 기치를 높이 치켜들 수 있으며, 그와 같은 사실 을 누구보다도 명확하게 인식하고 있을 뿐 아니라 나아가 거기에 편집 증적인 집착을 보이는 또 다른 종의 변덕에 비하면 단조롭기 그지없다. 게다가 일이 더 복잡해지려니까 적어도 공식적으로는 일부일처인 종의 경우, 수작 걸기가 수컷만의 전유물이 아니다.

만화경처럼 다양한 인간 군상들을 볼 때 인간의 암컷, 수컷 각각은 결혼 상대를 결정함에 있어서 너무도 많은 선택지 앞에서 곤혹스러워 한다. 불행하게도 이와 같은 조직적 통합주의는 미적 탁월성을 비롯해 공통적으로 받아들여지는 다른 기준들에 의해 균형을 맞춰간다. 브래

드 피트와 안젤리나 졸리를 향한 객관적인 쏠림 현상이 구체적인 결과물로 구현될 가능성이 매우 희박한 것이 현실임을 인정할 때, 우리는 결국 가장 덜 나쁜 선택을 해야 한다는 결론에 도달할 수밖에 없으며 실제로 이러한 선택은 널려 있다. 우리에게 부여된 옵션과 더불어 정착하게 되면 우리는 '그래도 문화에서는 모든 취향이 골고루 다 반영되니 얼마나 다행이야!', '자연에서 아름다움이란 관찰자의 시선 속에 존재한다. 제 눈에 안경이라니까!' 따위의 격언들을 되뇌며 스스로를 위로한다. 모든 건 상대적이니까. 113

> 우리는 최고를 사랑하며 그 나머지를 나눠 갖는다.
> 차선을 우리는 "나의 최선"이라고 부르며,
> 최선을 향해서 "빌어먹을 최선"이라고 말한다.
> 우리는 최고를 사랑하며 그 나머지를 나눠 갖는다.

**인간이 거둔 최후의 승리는 과잉으로서의 '나'의 요람이 되었다.** 탁월성의 확산은 혁신과 주관성을 낳는다. 그러므로 이처럼 전형적인 인간 정서의 전조가 아프리카 탈출 직후부터 나타나기 시작했다고 해도 그리 놀랍지 않다. 구석기학자 리처드 클라인은 5만 년의 역사를 자랑하는 지역에서 발견한 이와 같은 변화들을 가리켜 선사시대 혁명이라고 명명했다. 그에 따르면 그 전까지 아프리카와 유럽에서 발견된 인공물들은 비슷비슷하면서 10만 년 전에 만들어진 것들과도 닮았는데 갑자기, 마치 마술봉이라도 휘두른 것처럼 이와 같은 동질성이 창의적이고 이질적인 것들의 군집으로 변했다는 것이다. 동굴 벽화며 각종 연장, 장

신구, 무덤 등이 지역에 따라, 부족에 따라, 심지어 개인에 따라 스타일을 달리하며 다듬어지기 시작했음을 입증한다. 예술의 탄생에 환호하지 않을 자 누구인가? 물론 그야 어머니 자연이지.

## 변화를 위한 변화, 진화론을 위한 진화론

검사가 늘 똑같은 생각만을 퍼뜨리고 다닌다면서 소크라테스를 비난했을 때, 이 철학의 아버지는 이렇게 반박했다. "그러는 자네는 사람들이 2 더하기 2는 몇이냐고 물을 때 매번 다른 대답을 하나?"[114]

진화론과 관련해 좋지 않은 오해 가운데 하나는 바로 진화론이라는 이름에서 기인한다. 비전문가들은, 프로들도 마찬가지지만 자연선택에게는 '진화'라고 하는 단 하나의 임무만 있다고 생각한다. 그런데 사실은 전혀 그렇지 않다. 아니, 진실은 오히려 그 반대다. 자연선택은 무엇보다도 진화를 배제하기 위해 힘쓴다. 적어도 활용성이 발견되기 전까지 변화는 자연의 으뜸가는 적이다. 다윈이 자신의 이론을 '정체론'이라고 작명하기만 했어도 과녁에서 멀리 벗어나는 일은 없었을 것이고, 따라서 오류가 확산되어 나가지도 않았을 것이다. 하지만 그랬다면 아마 이론 자체도 전파되지 않았을 확률이 높다. 참고로 다윈은 《종의 기원》의 여섯 번째이자 마지막 판본, 그러니까 1872년판에서야 '진화'라는 용어를 사용했다.

이상적인 세계에서라면 철학자는 자연을 모방해야 마땅하다. 소크라테스는 진리란 무척 따분한 것이지만, 일단 발견하고 나면 철학자는 그 진리를 물리도록 반복해야 한다고 가르쳤다. 진리를 접한 사람에게 견해를 갖는다는 것은 곧 매춘과 다름없다. 그러나 이 같은 이상적인 세계는 뇌를 배제하고 구축되어야 한다. 잭 더 리퍼와 마찬가지로 집단 기억은 그가 푸딩을 먹으면서 보낸 수천 시간은 기억하지 못하고 오직 그가 매춘부들을 살해하는 데 할애한 여섯 시간만을 기억한다. 이러한 기억은 소크라테스의 삶을 그가 질리지도 않고 되풀이했던 하나의 문장 "나는 내가 알지 못한다는 것을 알기 때문에 지혜롭다"와 시민들이 그에게 부여한 폭력적인 죽음으로 요약해버린다. 하나의 전형적인 명제가 그의 사상을 대표한다. 인생의 가장 극적인 순간이 그를 상징하는 아이콘이 되어버렸다. 마치 에펠탑이 파리를 대표하는 상징물이 되어버린 것처럼 말이다.

이와 같은 귀류법Reductio ad absurdum이 과학계에서도 판을 친다. 귀류법의 대상은 따분해할 틈이 없다. 오히려 그 반대로, 자연은 무엇보다도 이를 좋아한다. 자연은 소크라테스보다도 한 술 더 뜬다. 가령 소크라테스는 자신의 유명한 경구들에 신화나 은유, 저속한 표현이나 농담들을 양념처럼 곁들여가며 변화를 주기라도 한다. 그런데 자연은 시계추처럼 너무도 정확하게 원본 그대로 반복하기 때문에 번식의 주기마다 복제되는 30억 개의 뉴클레오티드들 가운데에서 175개의 돌연변이를 찾아내려면 엄청 성능 좋은 전자현미경이 필요할 정도다.

그러나 진화생물학자들은 전혀 아랑곳하지 않는다. 그들의 저작물을 읽다보면 대중매체의 '피플'란이 연상될 정도다. 자극적인 것에만 관심을 두니까! 그들은 "출판하기 아니면 폐기하기!" 식의 행태를 도피처로 삼겠지만 글을 쓰는 스스로조차 설득하지 못했을 것이다. 이제 우리는 그들이 왜 자극적인 특종을 선호했는지 알게 되었다. 뉴런이라고 하는 100억 명의 부르주아들을 깜짝 놀라게 하고 싶었던 것이다. 뉴런들은 이건 어디까지나 뉴런의 문제니까 알려진 것, 놀라움, 한 번도 보지 못한 것 이 세 가지의 비율을 교묘하게 조절할 것을 요구한다.

비전문가들은 새로운 것이 나올 때마다 진화라는 교리로 이를 정당화하려는 전문가들의 오류 속으로 쉽사리 빠져든다. 다음은 어떤 광고장이의 독백에서 따온 구절이다. "시간과 더불어 대부분의 로고는 바뀝니다. 그렇지만 그건 진화를 위한 변화입니다. 로고를 시대에 맞게 재해석함으로써 혁신적이고 진보적이라는 인상을 주면서도 소비자들에게 각인된 로고의 본질은 유지하는 것이 이러한 변화의 목적이죠."[115] 경제지들을 펼칠 때마다 우리는 이와 비슷한 부류의 터무니없는 폭탄발언을 피할 수 없다.

인간들이 이렇듯 요동치는 시간을 보내는 동안 실라칸트Latimeria chalumnae는 '살아 있는 화석'이라는 별명에 걸맞게 고집스럽게도 같은 모습을 지켰다. 구석기학자들은 실라칸트가 6,500만 년 전인 백악기 3기 대멸종 시기에 멸종했다고 믿었다. 그도 그럴 것이 그토록 원시적인 동물이 그 같은 대학살에 어떻게 살아남을 수 있을지 도무지 상상할 수 없었다. 티라노사우루스와 그 일당처럼 건장하기 이를 데 없는 수백만 종의 동물들보다 실라칸트가 나을 이유가 없지 않은가? 그러니 어류와 네발 동물 사이의 '미싱 링크' 가운데 하나가 1938년 남아프리카에서 발견되어, 이스트런던 박물관장 마저리 래티머와 제임스 L. B. 스미스에 의해 실라칸트로 확인되었을 때 학계의 놀라움이 어땠을지는 짐작이 가고도 남는다. "거리에서 공룡을 만났더라도 나는 그처럼 놀라지 않았

## 변하는 것과 변하지 않는 것의 비교

**실라칸트**

-400,000,000

**쉘 로고**

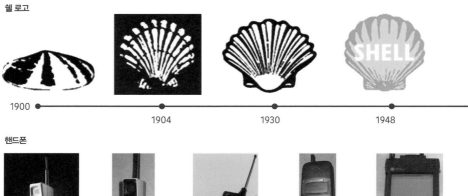

1900

1904

1930

1948

**핸드폰**

1973

1983

1992

1993

1995

● 2010

● 1999

1955　　　　1961　　　　1971

● 2017

1999　　　2002　　　2006　　　2010　　　시간(연도)

을 것"이라고 제임스 스미스는 고백했다.

앵무새 취급을 당하는 한이 있더라도 나 또한 어디를 가든 항상 생물학계에서 가장 무시되고 있는 진실을 목청껏 외칠 것이다. 어머니 자연보다 더 보수적인 것은 이 세상에 없다. 자연은 혁신을 끔찍하게도 싫어한다. 자연은 창의성을 멀리하며 진보를 증오한다. 그럼에도 진화가 일어난다면 자연의 뜻과는 무관하게 그렇게 되는 것이다. 자연선택이 인간사에 끼어들 여지가 있다면 아마도 흑사병이 창궐하던 시기에 쥐를 몰아내듯 변화를 몰아내려 했을 것이다. 변화 일반을 모두 몰아내려 하겠지만 그중에서도 특히 이유 없이 일어나는 변화, 따분함 때문에 발생하는 변화, 개인의 영달이나 대학에서 한 자리 차지하려는 마음이 만들어내는 변화라면 질색이었을 것이다.

생물학자들은 자연을 진화와 동일시한다. 예술가들도 예술을 아방가르드와 동일시함으로써 그들을 흉내 낸다. 70년 동안 계속된 왕성한 창작활동 기간을 통해서 파블로 피카소Pablo Ruiz Picasso는 전통적인 형식주의는 물론 분홍색, 청색, 입체주의, 콜라주까지 가리지 않고 시도했다. 사실상 그는 하늘의 이름으로 거의 모든 것을 시도한 셈이다. "신은 그저 하나의 예술가일 따름이다. 신은 코끼리와 기린, 고양이를 창조했다. 진정한 의미에서 자기만의 스타일이 있다고는 말할 수 없지만 그래도 그는 끊임없이 새로운 아이디어를 실험했다."

그런데 신 또한 무언가를 창조한 예술가임이 틀림없다 하더라도, 피카소와 신 사이에는 넘을 수 없는 골이 존재한다. 태양과 달, 별, 식물, 동물, 인간, 주일 등 신은 자신이 창조한 모든 것에 대해서 "좋다"고 말한 뒤 창조에서 완전히 손을 떼었다. 자연선택도 주어진 환경과 맞설 만한 힘이 있음을 증명하는 생명체의 극히 지엽적인 부분에만 손을 댈 뿐이다. 그런데 인간은 다른 모든 경쟁자들을 물리치고 승리를 거둔 이후 줄곧 혁신의 소용돌이 속에 휘말려 헤어나오지 못하고 있다.

**고양이 거품**이라는 것을 보자. 수십만 년 동안 늘 같은 모습을 유지해오던 고양이는 이집트 사람들 때문에 실험실 모르모트로 변신했다. 그 후 거의 모든 민족이 자기들만의 고양이 모델을 만들어내기에 이르렀다. 샴 고양이, 페르시아 고양이, 버마 고양이, 오스트레일리아 안개 고양이, 아비시니아 고양이, 소말리아 고양이, 아메리칸 쇼트헤어 고양이, 통킹 고양이, 코니시 렉스 고양이, 하바나 갈색 고양이, 러시아 블루 고양이…. 하지만 이들 가운데 어느 한 녀석도 신 또는 자연선택의 원조 프로젝트에는 들어 있지 않았다. 자비로운 이 두 막강 세력은 심지어 실라칸트가 무려 4억 1,000만 년 동안이나 전혀 호감가지 않는 외모를 가지고 살도록 내버려두었다. 반면 새로 나타난 주군인 인간에게 현상유지는 퇴화와 동의어다.

마키아벨리는 이제 막 보위에 오른 군주에게 모든 범죄란 범죄는 즉위 초반기에 자행하고, 그 후로는 모든 에너지를 평화 수립과 백성의 조화로운 삶 건설에 투자하라고 간언했다. 그런데 어째서 아무도 이처럼 현명한 조언을 따르지 않는 걸까? 바로 독재자의 뇌마저도 과잉행동 증후를 보이는 100억 개의 뉴런으로 채워져 있기 때문이다. 미래가 그들에게 행동에 나설 무한한 기회를 제공하며, 그들은 그 기회를 기꺼이 부여잡는다.

호텔 지배인이 된 그루초 막스는 객실 번호를 바꾸라고 지시한다. 놀란 비서가 반문한다. "얼마나 혼란이 클지 생각해 보시죠!" 그루초가

반박한다. "재미를 생각해야지!"(〈룸서비스〉, 1938년)

# 그리고 인간은 유에서 무를 창조했다

"존재하는 것을 말하고 생각할 필요가 있다. 존재는 존재하고, 무는 존재하지 않지 않기 때문이다." 엘레아의 파르메니데스는 이렇게 말했다. 파르메니데스는 원칙적으로는 옳다. 그러나 실천면에서 볼 때는 파스칼이 옳다. "우리는 거의 전혀 현재에 대해서 생각하지 않는다. 우리가 만약 거기에 대해서 생각한다면, 그건 오직 미래를 결정하기 위해 현재로부터 빛을 얻기 위함이다."[116] 달리 표현하자면 미래를 발명한 이후 인간은 존재보다는 무無, 앞으로 일어날 수 있는 일, 일어났어야 하는 일, 일어났으면 좋을 일, 절대로 일어나지 않을 것임을 알고 있는 일, 일어나지 않을 것임을 알면서도 일어날까봐 두려운 일(불안) 등에 대해서 훨씬 많이 이야기하게 되었다.

미래는 존재에게 그의 삼쌍둥이격인 무를 제공했다. 그 이후로 존재와 무, 이 두 가지 가운데 하나만 마주치는 것은 불가능하게 되었다. '저기' 없이는 '여기'가 있을 수 없고, '아직' 없이는 '지금'이 있을 수 없는 상태가 된 것이다.

무란 마치 무작muzak(엘리베이터나 슈퍼마켓 같은 공공장소에서 틀어주는 개성 없는 음악)과도 같아서, 항상 현존하고 있다가 어느 순간 갑자기 귀를 때리지만, 평소엔 거의 들리지 않는다. 무란 그림자와도 같다. 정오에는 짧아졌다가 차츰 길어져서 밤이 오면 쌍둥이 형제의 발목에 매달리면서 자기가 먼저 왔다고 우겨댄다. 무란 마치 달의 감춰진 면과도 같다. 우리는 그것이 분명 거기 있다는 것을 당연하게 받아들이면서 전혀 신경 쓰지 않다가 어느 날 문득 의심에 사로잡힌다. 달의 감춰진 면이 사실은 드러난 면보다 더 환하게 빛나는 것은 아닐까? 무란 분신과도 같다. 독수리가 당신의 간을 쪼아 먹고 전두엽을 톱질하는 등 당신을 가만두지 않고 괴롭히면서 끊임없이 비난을 퍼붓는다. 넌 왜 그렇게 하지 않고 이렇게 했지? 매 순간 무는 당신이 놓친 무수히 많은 시간들, 그 순간들을 제대로 살지 않았다는 후회의 무게로 당신을 짓누른다.

최초로 "내일 보자"라는 말이 입 밖으로 나온 날은 "나한테는 선택의 여지가 없어"라는 말이 최초로 발설된 날이기도 하다. 인간은 한 걸음씩 내딛을 때마다 하나의, 아니 백 개의 대안을 떠올릴 수 있는 유일한 피조물이다. 인간은 "왜?"라는 질문에 "그냥 그래, 어쩔 수 없어"라고 대답하지 못하는 유일한 피조물이다. **도처에 흩어져 있는 무 때문에 인간에게는 항상 '이런 식'이 아니라 '다른 식'이 가능하다.**

미래를 발명한 이후 줄곧 인간은 만성적 불안정 속에서 산다. 다시 몽테뉴를 인용해보자. "그만이 모든 동물들 가운데 유일하게 존재하는 것, 존재하지 않는 것, 원하는 것, 참과 거짓 등을 종횡무진 넘나들며 무절제하게 사유하고 상상할 수 있는 자유를 가진 것이 사실이라면, 인간이 비싼 대가를 치르고 산 혜택이므로 대단히 자랑스럽게 여길 것은 못 된다. 인간을 짓누르는 죄, 병, 우유부단, 심적 동요, 절망 등 고질의 주요 원인이 거기에 있기 때문이다."[117] 따라서 인간이 있는 그대로의 현실, 가령 아내나 자식들, 자신의 외모 같은 것들을 감내하지 못한다고 해서 놀랄 까닭은 없다. 다른 현실을 상상할 수 있는 인간은 주변 풍경

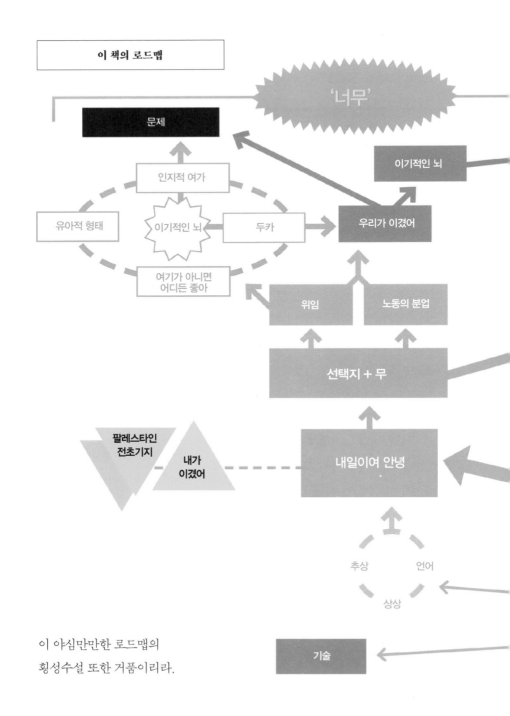

이 책의 로드맵

'너무'

문제

이기적인 뇌

인지적 여가

유아적 형태     이기적인 뇌     두카     우리가 이겼어

여기가 아니면
어디든 좋아

위임     노동의 분업

선택지 + 무

팔레스타인
전초기지     내가
이겼어 ······ 내일이여 안녕

추상     언어

상상

이 야심만만한 로드맵의
횡성수설 또한 거품이리라.     기술

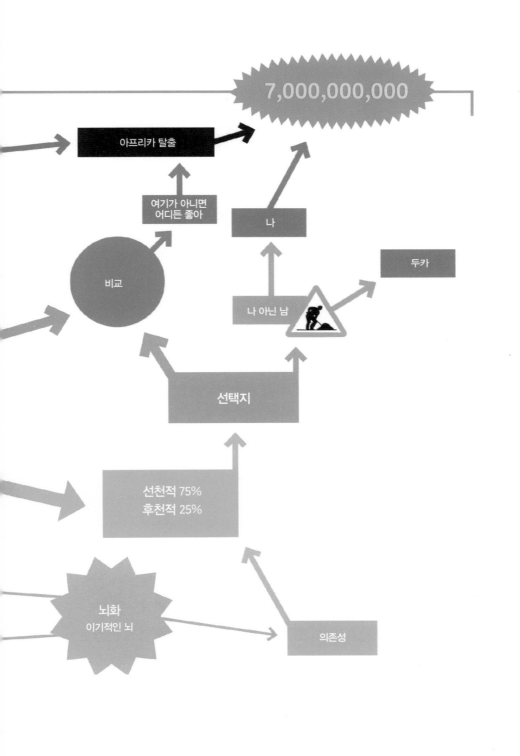

을 바꾸고, 짐승들을 길들이며, 아기를 자기 뜻대로 기르고, 몸과 마음에 수정을 가해왔다. 그리고 최근에 들어서는 DNA마저 조작하기에 이르렀다.

미래와 무가 합심해서 '저세상'과 '그 세상'의 주인들을 탄생시켰다는 사실 또한 특별히 놀라울 것도 없다. 모든 종교는 존재하지 않는 것과 상당히 끈끈한 관계를 유지하고 있다. 기독교인은 하나님의 왕국에서 자리를 얻기 위해 부단히 노력하며, 칼뱅주의자들은 예정된 구원을 묵묵히 받아들인다. 힌두교 요기들은 다음 생에서의 탄생이 현생에서와 같은 지점에서 시작될 수 있도록 영적 신체적 수련을 게을리하지 않는다. 유대인은 메시아의 강림을 위해 하루에 세 번씩 기도한다. 오직 지금 여기에서만 살게 해달라고 기도하는 사람들은 불교도들뿐이다. 그런데 그들의 기도는 이루어질 수 있을까? 그들의 신피질을 절제해야만 가능할 것이다. 가장 깊은 명상 상태에 빠져있을 때조차 인간은 니체가 말하는 "순간의 현재라는 말뚝에 매인" 암소는 될 수 없다.

말이 나왔으니, 새로운 달라이 라마를 간택하는 과정보다 더 전적으로 미래 지향적인 과정은 없을 것이다. 현재의 달라이 라마인 텐진 갸초는 두 살 때 이미 13대 달라이 라마의 환생으로 인정받았다. 중국이 티벳을 침략하는 바람에 그는 열다섯 살이 되던 해에 서둘러서 달라이 라마 자리에 올랐다. 그런데 과연 어린아이의 삶이 미래를 대비하는 것에 있다는 생각에 의문을 품을 수 있을까? 그의 교육에 관여하는 승려들이 불철주야 그의 운명만을 생각하리라는 데에 의심의 여지가 있을까? 1989년에 노벨 평화상을 수상한 텐진 갸초는 줄곧 억압받는 티벳 민족의 미래를 위해 활동 중이다. 이 위대한 정신적 지도자조차 부처의 경지에 도달하기가 너무 어렵다고 한다면, 우리 같은 사람들이 니체의 암소 상태에 도달할 수 있는 가능성은 과연 얼마나 되겠는가?

파리 5구 C. 가의 유치원에 자녀를 보내는 학부형들도 만만치 않은 예견 능력자들이다. 그 유치원만 나오면 명문 대학을 나와 출세 가도를 달리며 화려한 경력을 쌓다가 은퇴하게 되리라는 기대 때문에, 부모들은 아이를 그 유치원에 보내기 위해 프랑스 전국 각지에서 모여들어 유치원 학군 동네에 원룸을 구한다. 잘된 일이라고 해야 할지 어쩐지는 잘 모르겠지만, 20년 후 이 아이들은 동갑내기 중국아이들과 경쟁하는 입장에 놓일 것이다. 이 중국아이들로 말하자면, 때가 되면 하버드대학에 들어가려고 어린 시절 내내 영어로 말하고 읽고 숨 쉬어야 한다. 한편 이들과 동갑내기 미국아이들은 2030년이면 중국이 세계 최강국이 되리라는 예상 때문에 중국인 유모 손에 자란다.

무에 대한 집착은 냉동보존cryonics에 이르러 오른쪽 벽에 부딪혔다. 냉동보존이란 의학적으로 더 이상 생존이 보장될 수 없는 인간 혹은 동물을 훗날, 그러니까 그들의 병을 치료할 수 있게 되었을 때 다시금 살려낼 수 있으리라는 기대를 담아 아주 낮은 온도에서 보존하는 기술을 일컫는다. 알코 라이프 익스텐션 파운데이션Alcor Life Extension Foundation은 머리만 냉동할 경우엔 두당 9만 달러, 몸 전체를 냉동할 경우엔 20만 달러를 요구한다. 2011년 7월 1일, 경쟁사인 크리요닉스 인스티튜트Cryonics Institute의 냉동고엔 온전한 인체 103구, 인체 조직 또는 DNA 173점, 가축 78구, 가축의 조직 또는 DNA 51점이 보관되어 있었다. 비용이 궁금하다면 www.cryonics.org에 들어가 보시라.

뇌는 언어를 만들어낸다. 언어는 통사 구조를 촉발하며, 통사는 미래의 탄생에 기여한다. 미래는 무를 창조한다. 무는 항상 더 많은 옵션(그리고 동의어)을 생산해낸다. 미래 덕분에 우리에게는 모든 것이 가능하다. 그야말로 모든 것, 필요한 것만 빼고.

## 선사시대에서부터 시작된 가공할 음모, 교육

자연에서도 문화에서도 마찬가지지만 전혀 쓸데없는, 아니, 그 정도가 아니라 오히려 해를 끼치는 특성이 그 특성을 지닌 자의 진화에서 매우 중요한 역할을 하는 경우를 종종 본다. 이러한 현상을 가리켜 전前적응preadaptation이라고 한다. 우리 인간 종도 비록 수백만 년 동안 그로 인한 피해를 보았을지라도 미래의 쾌거를 위해 '전적응'되었다고 할 수 있다. 예를 들어 식도 앞에 위치한 기도, 아래로 내려앉은 후두 때문에 적지 않은 사고가 일어났고, 앞으로도 늘 그럴 것이다. 그런데 이러한 장애 덕분에 언어의 인프라가 태어나게 된 것이다.

후천적 의존성 또한 이와 비슷한 시나리오를 밟았다. 후천적 의존성은 기존의 가계를 모조리 파괴한 후 특이성을 앞세우는 전진기지 역할을 하고 있다. 말랑말랑한 뇌를 가진 신생아와 상상력으로 무장한 부모의 공존으로 젖먹이 각각은 작업을 기다리는 재료가 된다. 우리를 영원한 현재로부터 쫓아낸 미래는 이 아기를 무한한 가능성을 지닌 모르모트로 변신시킨다. 미래가 호모 사피엔스에게 최후의 승리를 안겨준 직후부터 조상들을 그토록 짓눌러왔던 이 맷돌은 새로운 가능성을 열어 줬다. 공간만이 새로운 가능성을 가로막을 수 있는 유일한 한계였다.

**아기는 줄기세포와 같아서** 태어난 후에야 변별성과 전문성이 나타난다. 뇌 역량의 25퍼센트만 가지고 태어난 피조물은 조물주의 손에 쥐어진 반죽처럼 자유자재로 길게 늘어날 수도 있고, 짧게 오므라들 수도 있다. 아기 회백질의 75퍼센트가 이와 같은 후처리 과정, 즉 주물러서 형태를 주고 디자인을 입히는 과정에 노출된 상태이기 때문에 아기의 성장 과정에서 마주치는 모든 성인이 이 성장 과정에 자신만의 손길을

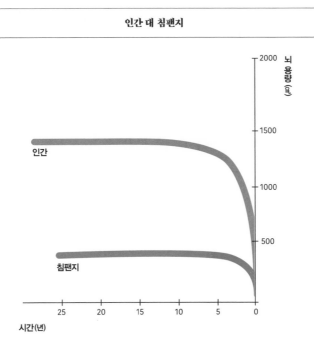

**인간 대 침팬지**

제 3 장 전 이

더할 수 있다. 뇌 용량의 25퍼센트만 완성된 채로 태어난다고 하는 것은 이렇듯 결정적인 이점이 될 수 있다. 그러므로 나머지 75퍼센트를 어떻게 할 것인지에 관한 분명한 목표를 찾아야 한다.

> 인간은 자기가 태어난 땅을 비추는 이미지에 지나지 않는다.
> 어릴 때 그의 귀가 빨아들인 것들에 지나지 않는다.
> 보기에 지치기 전까지 그의 눈이 붙잡아 새겨둔 것에 지나지 않는다.
> 인간은 아침 이슬로 뒤덮인 길에서 만나는 모든 것이다.

히브리 출신 시인 사울 체르니코프스키는 1929년에 이 시를 썼다. 우리는 이보다 더 많은 것을 안다. 우리는 유전학이 우리의 운명에서 결정적인 역할을 한다는 사실을 알고 있다. 그런데 일반적으로는 타고난 것이 개체의 95~100퍼센트인 반면, 인간의 경우 후천적으로 습득한 것이 차지하는 몫도 만만치 않다. 어린 시절의 의존성과 부모의 프로그래밍 역량이 공존하면서 우리들 각자를 내적으로 물려받은 것과 외적으로 강요된 것을 혼합해 독특한 개성을 가진 존재로 만들어가는 것이다.

개를 기르는 사람들이라면 개들에게도 독특한 개성이 있다고 항변할 것이다. 그러나 주인인 로저와 아니타마저도 퐁고와 퍼디를 제외하고는 나머지 달마시안 99마리를 구별하지 못한다. 농부는 똑같은 소는 한 마리도 없다고 주장할 것이다. 하지만 젖소 발랑틴이 마르그리트와 조금이라도 다르다면 전적으로 농부 때문이다. 자동화된 축사에서 자라는 소들은 우유 방울들처럼 똑같이 닮는 법이기 마련이다.

거의 모든 발달 과정이 자궁 내부에서 이루어지는 뇌는 태어난 후에야 전 발달 과정의 4분의 3이 완성되는 뇌에 비해 현저하게 외부 환경의 영향을 덜 받는다. 환경, 곧 아버지와 어머니가 반죽을 만지는 자신들의 역량을 충분하게 인식하고 있을 경우에는 더욱 그렇다. 그렇기 때문에 개나 소의 특이성에서보다 인간의 개인주의에서 훨씬 더 많은 표준 편차가 관찰된다.

프로이트 말이 맞았다. 부모는 자식의 정신을 형성하는 데 중요한 역할을 한다. 최근에 발표된 연구들은 세 살부터는 같은 나이 또래의 친구들이 부모 못지않게, 혹은 그보다 더 지대한 영향을 미친다고 주장한다. 그렇다고 하자. 하지만 그렇다고 해서 출생 직후부터 세 살까지의 기간 동안 아기가 부모에게서 결정적인 영향을 받는다는 점을 의심할 수는 없다. 아버지와 어머니는 자신들의 역할을 너무도 속속들이 잘 알고 있기 때문에 DNA에 각인된 개체발생 스케줄마저도 이들의 경쟁심을 자극한다. 가령 이들은 젖먹이 아기가 일반적인 기준에 따라 생후 3주째에 그들과 처음으로 눈을 맞추기를 바라며, 처음으로 이가 솟아오르기 전에 아기가 밤에 깨지 않고 새벽까지 푹 자기를 소망한다. 마티아스가 이웃집 아이보다 먼저 뒤집기를 시작하면 녀석의 부모는 코치로서 자부심이 용솟음치는 것을 느낀다. 그러다가도 첫돌이 되었는데도 혼자서 숟가락을 잡지 못하면 그 자부심은 곧 수치심으로 바뀌고 만다.

일 년 전에 자궁으로부터 축출된 것만으로도 충분하지 않다는 듯, 사람들은 겨우 한 살 된 아기가 자신만의 개성을 드러내 보여주기를 기대한다. 게다가 아무것이나 개성으로 인정되지도 않는다. 아기는 뭔가 특별하면서도 상냥해야 한다. 아기는 세상에 던져지는 순간부터 이중적인 메시지와 대면한다. "우리 예쁜 아기, 넌 눈동자만큼이나 소중하고 이 세상의 중심이지. 넌 '완벽함'의 상징이니 얼른 서둘러서 '변신'하렴!" 아기 자신을 위해서도 그렇지만 부모를 위해서도 아기는 있는 그대로 받아들여질 수 없다. 아기는 프로이트가 "자아 이상"이라고 부른, 멀리 떨어져 있으나 모호한 유토피아에 부응하기 위해 열심히 스스로를 갈고닦아야 한다. 이 가엾은 어린 것은 그러나 모두를, 그중에서도 특히 자기 자신을 실망시켜야 하는 운명이다.

처음에는 어머니, 아버지, 할아버지, 할머니, 삼촌들, 거기에 몇몇 선한 마음 소유자들이 나서서 아기 가꾸기 프로젝트가 원활하게 진행될 수 있도록 최선을 다한다. 3년 정도 좌절을 거듭하면서 이들은 이 임무가 그들의 능력(그리고 인내심)을 벗어난다는 사실을 깨닫는다. 생존을 위해서는 철저한 프로정신이 요구되며, 흔히들 '인생'에 비교하는 올림픽 시합이 아마추어 코치에게는 너무도 까다로워진("예전엔 모든 것이 훨씬 간단했는데") 시대에는 위임을 하는 수밖에 없다. 부모가 나서서 그렇게 하지 않으면 아이가 다섯 살이 될 때 국가에서 개입한다.

잔혹함이라는 관점에서는 그림 형제의 동화 못지않은 이스라엘 자장가는 아예 대놓고 선언한다. "다섯 살이 지났네. 단이 춤만 추다 보니 학교는? 결석. 일은? 면제. 여섯 살이 되었더니, 현재여 안녕." 마지막 두 구절은 짐작했겠지만 내가 덧붙였다. 하지만 이 시를 쓴 시인 이차크 카츠넬슨도 낙원에서 함께 지낸 세 동무인 고양이 레슈, 개 아드리앵, 그리고 이름 없는 비둘기에게 작별을 고하는 단에 대한 묘사에서는 나와 방향이 일치한다. 이제 그들은 더 이상 서로의 소리를 듣지 못할 것이다.

그 후 이어지는 13년 동안 단은 가장 중요한 국가적 프로젝트로 간주될 것이다. 1882년 3월 28일 프랑스에서 제정된 법, 이른바 〈페리 법〉

제4조는 남녀 구별 없이 여섯 살부터 열세 살 이하 어린이들의 교육을 의무로 규정한다. 국가는 그 후로 점점 더 깊숙하게 개입한다. 2007년부터는 아예 "학교 수업 출석률을 높이기 위해 시장은 해당 구역에 거주하는 학령기 아동들 전체의 관련 자료들이 기록되어 있는 곳에 각 개인의 정보가 자동적으로 입력되도록 필요한 조치를 취할 수 있다"[118]고 못 박았다.

단이 만일 완전히 성숙한 뇌를 가지고 태어났다면, 이처럼 강력한 의지가 그의 개인적인 삶에 끼어드는 일은 겪지 않아도 되었을 것이다. 그가 만일 조상들의 아프리카 탈출이 있기 전에 태어나 의존성의 시대에 살아남았다면, 그는 다른 어느 누구의 간섭도 없이 오직 자신의 근성에 만족해야 했을 것이다.

하지만 그는 시민정신으로 무장한 열혈 계몽주의자들의 포로가 되었다. 이들은 그가 복잡하고 생산적인 삶과 맞닥뜨리도록 준비시키는 것을 자신들의 의무로 여긴다. 전화번호부의 광고면이 1,200개의 하위 분류로 구분되는 시대에 장기 계획은 필수 이상이다.

## 인간은 위임하는 동물이다[119]

**아담__** 이브, 커피 한 잔만!

**이브__** 당신이 카인 기저귀를 갈아준다면야.

**각각의 생명체는 각자만의 레오나르도 다빈치라고 할 수 있다.** 극단적으로 다재다능하다는 뜻이다. 바퀴벌레 한 마리가 바퀴벌레들 몫으로 할당된 모든 범위의 기능을 수행할 수 있으며, 실편백 개체군이 지니는 어떠한 양상도 개별적인 실편백에서 나타나지 않는 경우란 없다. 르네상스시대에 처음으로 모습을 드러낸 피조물인 미생물과 기린은 살아 있는 가운데 번식을 한다는 사실이 내포하는 모든 종의 다양한 임무들을 고스란히 수행할 수 있다.

하물며 인간은 특별한 혜택까지 부여받은 피조물이다. 미래와 상상력, 추상화 능력 덕분에 인간은 적지 않은 양의 성가신 일들을 남들에게 위임함으로써 자신은 그것들 가운데 어느 한 가지의 전문가가 될 수 있다. 물론 아무 분야의 전문가도 되지 않을 수도 있다. 이런 식으로 한 명은 채집을 하고, 다른 한 명은 사냥을 하러 파견되고, 세 번째 인물은 동굴에 남아 돌을 쪼고, 네 번째 인물은 운명을 점치기 위해 돌들을 사용하고, 다섯 번째 인물은 후세의 교육을 맡는가 하면, 여섯 번째 인물은 채집하러 가고, 사냥에 나서고, 돌을 쪼고, 주술사가 되는가 하면 교육자 부모의 육아를 도와주기 위해 필리핀에서까지 와주는 식이다.

확실히 자연에서도 일정 수준의 분업은 존재한다. 부모 사이의 분업 (수컷이 주변에 남아 있을 경우라면)이 있고, 꿀벌이나 개미의 분업도 있다. 하지만 일개미와 덮개 전문가 사이에는 얼마나 큰 표준 편차가 존재하는가?

확실히 조금이라도 발달한 동물에게는 일정 수준의 학습이 필요한 것도 사실이다. 심지어 쥐에서 고래에 이르기까지, 제법 많은 종류의 동물들이 자식들에게 다양한 역량을 전수한다는 사실이 관찰되기도 했다. 이건 후성설epigenesis을 뒷받침하는 한 양태다.[120] 하지만 비비원숭이 선생님과 리모주 지역 교사 사이에는 얼마나 큰 표준 편차가 존재하는가? 보노보 원숭이들 가운데 과연 변호사 아버지, 꼭두각시 조종사 아들, 동성애자인 셰프 손자, 베트남에서 입양된 세미프로 배드민턴 선수 증손자를 만날 수 있겠는가?

인간은 일반적으로 모든 것을 혼자 하는 대신 남에게 위임한다. 인간은 소소한 일들을 하기 위해서 개개인 모두가 나서는 대신 '자원자들'을 정한다. 최초이자 가장 결단력 있는 자원자들 가운데 하나가 개였다. 회색늑대가 가축화되어 "인간의 제일 좋은 친구"가 되기 전까지, 선사시대 인간은 잠시도 경비를 소홀히 할 수 없었고, 두 눈을 동시에 감을 수도 없었다. 그런데 개가 보초로 변신한 이후 인간은 평온한 밤을 보내게 되었다. 중간에 자꾸 깨어날 필요 없이 깊은 잠을 잘 수 있게 된 것이다. 이 책을 읽는 독자들이 렘Rapid eye movement sleep 수면 사이클(꿈이 나타나는 수면의 단계) 때문에 잠에서 깨어난다면 그때마다 가축이 되어준 개Canis lupus familiaris에게 고마워해야 한다. 그리고 정신분석을 전공한 독자라면 "개가 아니었다면 프로이트도 없었다!"는 인사말을 덧붙여야 할 것이다.

계통학 애호가들이라면 다양한 기준에 따라 위임받은 자들을 분류해보는 것도 흥미로울 것이다. 가령 집안에서 조달한 자(터치라인 심판), 자연에서 선발된 자(바람) 이런 식으로 말이다. 그래도 원칙은 변하지 않는다. 자동차, 미생물, 로봇, 파산 및 채무회수 중개사, 태양, 리트레 사전, 파도, 이메일 등 다양한 모든 것이 인간 일반을 위해 종사한다.

"주 하나님이 들의 모든 짐승과 공중의 모든 새를 흙으로 빚어서 만드시고, 그 사람에게로 이끌고 오셔서, 아담이 그것들을 무엇이라고 부르는지를 보셨다. 아담이 살아 있는 동물 하나하나를 이르는 것이, 그대로 동물들의 이름이 되었다. 아담이 모든 집짐승과 공중의 새와 들의 모든 짐승에게 이름을 붙여 주었다."(〈창세기〉 2장, 19~20절). 아담은 이름을 붙여준 다음 그것들을 모아 자신을 위해 사용했다. 그것들은 그러므로 아담의 뇌의 연장이 되었으며, 전 세계에 흩어져서 그를 위해 봉사하는 인공적인 팔다리가 되었다.

머지않아 변호사의 권력이 인공지능에게 넘어가는 날이 올 것이다. 인공지능은 우리를 위해 노동시간과 임금 협상에 나설 것이다.[121] 이미 장례 업무를 하청 주는 일은 얼마든지 가능하다. 상을 당한 사람이 해야 할 일이라고는 상조회사를 선택하는 것뿐이다. 사별한 정인이 영면을 취할 묘지를 구해서 감동적인 장례식을 치루며, 고인의 개성을 반영한 묘석을 세우는 일 등은 모두 그 회사가 알아서 처리할 것이다. 망자들을 망자들끼리 지내도록 보내주기를 원하나 어쩐지 죄책감을 느끼는 이들을 위해 이스라엘 기업 '에덴동산'은 주간 단위 혹은 월 단위로 묘지관리 서비스를 제안한다. 그 같은 서비스에는 기일에 맞춰 기념촛불 켜주기와 기업 홈페이지에 올라 있는 관리 대상 묘지들의 사진 업데이트도 포함된다. 한편 경쟁사인 '마음 놓고 가시기를!' 측에서는 외국에 체류 중인 유족들을 위해 장례식을 중계방송해주며, 고인을 위한 기도에 필요한 남성 열 명을 조달해준다.[122]

모든 피조물과 마찬가지로 인간도 어머니의 뱃속에서 맨몸으로 나왔으며, 맨몸으로 대지의 뱃속으로 돌아간다. 하지만 출발에서 도착에 이르기까지 인간은 절대 혼자 걷지 않는다. 각종 미생물, 식물, 원자, 할머니, 할아버지 등[123] 인간이 필요로 하는 것과 인간의 욕망을 충족시켜주기 위해서라면 사람도 사물도 모두 징발 가능하다.

기후를 예로 들어보자. 모든 생명체는 오로지 자기 몸뚱어리만으로 기후와 맞닥뜨리지만, 인간은 가장 성능 좋은 항온기제로 무장했음에도 의복이며 피신처, 이불, 난방장치, 에어컨디션 장치까지 동원해서 이중 삼중으로 자신을 보호한다. 심지어 "어디를 가든 우리를 열대지방으로 데려다주는 반려동물"의 보호까지도 마다하지 않는다.[124] "모두들 기후에 대해 말하면서도 뭔가를 하는 사람은 아무도 없다"고 말한 마크 트웨인은 틀렸다. 날씨마저도 인간의 의지에 복종하기 때문이다. 인간은 '불임성' 구름에 건조한 얼음인 구름씨를 주입해서 이른바 '인공'비가 들판을 적시도록 신기를 부릴 수 있다.

정치학은 위임이나 합리화, 전문화 등을 현대사회의 복잡성에서 파생된 것으로 본다. 삶이 복잡해질수록, 그로 인해 발생하는 압도적인 임무들의 대다수를 우리가 수행하기란 점점 더 어려워진다는 것이다. 말도 안 되는 오류다! 이 문제에 있어서 원인과 결과의 관계는 사실상 완전히 반대다. **위임이 복잡성이라는 거품을 일으키는 것이다.**

우리는 위임을 통해 대부분의 특권과 기능을 박탈당하게 되더라도 이를 기꺼이 받아들인다. 이는 십중팔구 우리의 실존을 단순화하려는 마음에서다. 하지만 그렇게 함으로써 우리는 우리에게 권한을 위임받은 자들의 경솔함과 맞닥뜨린다.《정신질환 진단 및 통계편람》은 이와 같은 악순환을 특별한 병, 즉 대리인에 의한 허위성 장애라고 부른다. 이 질병은 흔히 '뮌하우젠 증후군'이라는 이름으로 잘 알려져 있다. 이 병에 걸린 환자는 자신이 돌봐줘야 하는 사람에게 병이나 상처를 줌으로써 질병을 타인에게 위임하고, 허위로 환자가 된 사람을 비롯해 주위 사람들의 관심을 끈다는 이중의 이득을 챙긴다.

위임 관점에서 보자면 공급은 수요를 넘어선다. 위장 관련 질병 하나마다 한 떼거리의 딜러들이 우리에게 각종 비타민과 단백질, 항산화제들을 꾸역꾸역 먹인다. 체중이 많이 나가서 고민하는 자들을 위해서 시장은 쉼 없이 새로운 다이어트 방식, 웨이트워처스Weight Watchers(미국에서 생겨난 일종의 다이어트 클럽으로 현재는 기업으로 성장했다_옮긴이) 같은 것을 거치는 수고 없이 단시일 내에 몸무게를 줄여준다는 기적의 상품들을 제안한다. 막힌 화장실 변기 문제와 관련해, 전화번호부의 광고란 옐로우 페이지에는 적어도 열 명이 넘는 배관공들의 명단이 올라 있으며, 우리를 배관공 중독증에서 해방시켜주겠다면서 BHV 백화점은 100가지도 넘는 관련 상품들을 제시한다.

현대 인간은 천 년 전 혹은 아직 나무에서 생활하던 시절에 태어났다면 스스로 알아서 해결해야 했을 임무를 대리인에게 맡기는 단계에 이르렀다. 그 결과 이러한 실태는 점점 더 인간을 거기에 맞도록 개조한다. 뉴런의 기술적 실업 상태, 유아적 행태, 주관성, 여기만 아니면 어디든 좋아 주의ailleurisme, 두카 등이 바로 그렇다. 요컨대 지나침은 모두 위임 탓이며, 인터넷이 일단 현재로는 그 정점을 차지하고 있다.

## 실업 상태에 놓여 음모나 꾸미는 뉴런

먹기, 마시기, 몸을 덥히기, 부모를 돌보기 등과 같은 기능은 오늘날 모두 하청 대상이 되었다. 미국 대통령이나 스티브 잡스를 포함하는 모

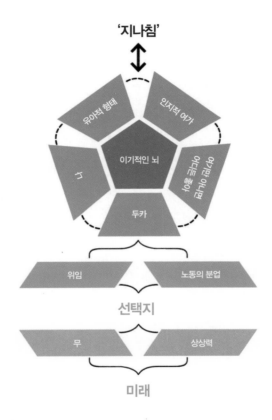

'지나침'

유아적 형태

인지적 여가

나

이기적인 뇌

어느 쪽도 좋아

두카

위임

노동의 분업

선택지

무

상상력

미래

든 인간 성인들은 자신들의 필요를 해결하는 일에 있어서 바퀴벌레나 우리의 아프리카 조상들에 비해서 훨씬 책임지는 몫이 적다. '야만인' 요크 민스터가 런던에 체류하던 시절 그의 머리를 MRI로 촬영했다면, 납치범들이 시키는 대로 사는 상태였던 탓에 무기력해진 전두엽을 발견할 수 있었을 것이다. 당시 그는 영어 학습에만 전념하면 되는 처지였다. 똑같은 검사를 그가 티에라델푸에고로 돌아온 지 일주일쯤 되었을 때 다시 실시했다면 반대로 왕성하게 활동 중인 전두엽이 드러났을 것이다. 이 현상을 어떻게 설명할 것인가?

19세기에 위도 55도 상에 위치한 티에라델푸에고는 어떤 생명체에게도 살기 쉽지 않은 환경이었다. 때문에 생존이라는 기적을 성취하기 위해서 요크 민스터의 회백질은 항상 과열 상태를 벗어날 수 없었다. 그가 런던에서 느꼈을 법한 권태와 멜랑콜리는 순식간에 사라졌을 것이다. 그런 사치는 온대지역의 집밖으로 나가기만 하면 24시간 영업하는 상점들이 즐비하게 서 있는 곳에 사는 복에 겨운 자들, 그리고 4성급 이상의 럭셔리한 호텔에 머물면서 모험을 즐기는 자들의 가이드로 일하는 요크 민스터의 증손자들만이 누리는 것이었다.

해야 할 임무들이 전문적인 하위 범주로 분류되어 있을수록 전문가는 그 일들을 자동 조종하게 되고, 따라서 전문가의 회백질은 휴식을 취하게 된다. 모든 상투적인 표현들이 다 그렇듯이 "인간은 뇌의 3퍼센트만 사용한다"는 거짓말에도 약간의 진리는 담겨 있다. 그렇다면 나머지 97퍼센트는 어떻게 되는 걸까?

한 마디로 97퍼센트는 따분해한다. 좀 더 정확하게 말하자면 이 책에서는 뇌의 파충류적인 부분, 즉 우리가 악어들과 공유하는 부분은 논외다. 이 부분은 혈압과 호흡, 침의 분비와 삼킴 등을 관장하며 따라서 절대 쉬는 법이 없다. 아울러 편도선에 포진한 1,200만 개의 뉴런[125]은 실라칸트에서 아인슈타인에 이르기까지 모든 네 발 동물들에 있어서 '싸울 것이냐 내뺄 것이냐'를 결정짓는 책임자로서 하루 24시간 상당 부분 경계를 늦추지 않는다.

역설적으로 모든 뉴런 가운데 제일 한가한 부류는 전두엽 뉴런들이다. 우리 조상들에게 불을 제어하는 능력을 부여하고 아프리카를 떠나도록 종용했으며 위임하는 역량을 발휘하도록 부추긴 것도 바로 이들 전두엽 뉴런인데, 오늘날에 와서 이들은 일을 한다기보다는 무기력한 상태에 빠져버렸다. 왜 그럴까? 이들의 전문영역이라고 할 수 있는 문제 해결이 전문가들에 의해 이루어지기 때문이다. 그렇다면 가진 것이라고는 남아돌아가는 시간뿐인 이들은 무엇으로 소일할까? 전두엽 뉴런들은 고르디우스의 매듭 같은 인위적인 문제들을 만들어내며 시간을 죽인다. 하긴 그나마 다행이다. 남과 같다는 것은 네 개의 변수가 등장하는 방정식을 푸는 짐승에게는 어울리지 않는다.

## 인류에게 내려진 최고의 축복이자 저주, 내일

올림포스 산이 또 다시 시끄럽다. 신들에게 복수하기 위해 프로메테우스가 불을 훔쳐 인간(당시에 여자는 존재하지 않았다)에게 선물하자 제우스는 동료 신들에게 도움을 청해 '모든 재능'이라는 뜻의 이름을 가진 완벽한 여인 판도라를 창조한다. 헤파이스토스가 형상을 빚고 아프로디테가 아름답게 가꿔주고 아폴론이 음악적 재능과 치유의 능력을 제공한다. 자기 차례가 되자 헤르메스는 판도라에게 절대 열지 말라는 지시와 함께 상자 하나를 준다. 당연하게도 하지 말라고 하면 더 하고 싶은 법이다. 판도라가 상자의 뚜껑을 열자 안에 들어 있던 온갖 질병과 불행이 상자에서 빠져나온다. 당황한 판도라는 서둘러 뚜껑을 닫는다. 그렇게 빠져나오지 못한 희망만 상자 속에 남는다.

이 판도라 '신화'를 지은 이는 헤시오도스다. 그는 자신의 창작이 썩 마음에 들었는지 지금까지 전해지고 있는 그의 두 권의 저작인 《신들의 계보》(신통기)와 《노동과 나날》에서 각각 한 번씩 이 이야기를 언급한다.[126] 《노동과 나날》에 수록된 버전이 훨씬 상세하다. 노동과 근면의 영예에 바쳐진 이 긴 시는 원래 그의 게으름뱅이 동생 페르세스를 향한 일갈이었다고 한다. 다시 말해서 형으로서 동생에게 "일해라, 페르세스야. 빈둥거리지 말고 일을 하라니까!"라고 따끔하게 훈계하기 위해 시를 썼다는 것이다.

일을 하는 것이 왜 그토록 중요할까? 그야 불을 제어하기 시작한 이래 인간은 '단 하루만 충실하게 일해도 일 년 동안 필요한 모든 것을 생산해낼 수 있게 되어 나머지 364일 동안은 아무 일도 하지 않아도 되는' 처지였기 때문이다. 그런데 여기에 뭔가 잘못된 것이라도 있단 말인가? 헤시오도스라면 아마도 그로부터 24세기가 지난 후 파스칼이 내린 진단에 한 표 던졌을 것이다. "인간에게는 완전히 휴식을 취하는 것보다 더 견딜 수 없는 일은 없다. … 그렇게 되면 인간은 자신의 허무, 방치, 불충분함, 의존성, 무기력, 공백을 느낀다. 더 이상 절제하지 못하고 그는 마음 깊숙한 곳에서 권태와 암울함, 슬픔, 서글픔, 원한, 절망 등을 끄집어낼 것이다."[127]

우화가 주는 교훈은 무엇일까? 기술이 실업을 양산하면서 불안이 생산되는 악순환을 이해하기 위해서는 전기나 핵무기, 인터넷까지 발명할 필요도 없었다. 프로메테우스는 인간에게 이로운 일을 해주고 싶어 했지만 결과적으로 인간을 만성적 우울증에 빠뜨렸다. 제우스는 인간에게 벌을 내리려 했으나 다음과 같은 세 개의 구명 튜브를 던져주는 결과를 낳았다.

첫째, "필멸의 존재인 남성들 틈에서 사는 여성들은 고생 줄이 훤하게도 구질구질하게 만드는 빈곤 상태에서는 만족하지 못하고 부유해지기를 원하며, 넘치도록 많은 것(과잉)을 필요로 한다"(《신들의 계보》). 여성들의 사치욕을 충족시키기 위해서라도 남성들은 일 년에 딱 하루 일하는 것으로 만족해서는 안 된다.

둘째, 수많은 직업이 판도라 상자에서 쏟아져 나온 질병과 불행 덕분에 존재한다! 판도라가 유혹에 지지 않았더라면 그 많은 심리학자들과 간호사들, 모험담 작가들, 변호사들은 지금쯤 어디에서 서성거리고 있을까?

셋째, 희망을 질병과 불행에 연결하다니 헤시오도스는 얼마나 기발한가! 희망은 또한 지치지 않고 활동하게 만드는 원천이기도 하다. 헤시오도스 덕분에 "본질적인 것은 눈에 보이지 않는다"(《어린 왕자》)는 것도 알게 되었다. 셀린도 동의한다. "흥미로운 모든 것은 어둠 속에서 이루어진다"(《밤의 끝으로의 여행》).

그런데 본질적인 것이라니, 누구를 위해 본질적인 것인가? 흥미로

판도라의 상자, 워터하우스John William Waterhouse, 1896년.

운 것이라니, 누구를 위해 흥미롭다는 말인가? 그야 당연히 따분해서 죽을 지경인 우리의 뉴런을 위해서 그렇다는 말이다. 수수께끼와 복잡한 것을 좋아하는 그들의 취향을 고려한다면 눈에 보이는 것은 너무 시시하다. 풀어야 할 대부분의 난제들이 인공적이라 할지라도, 그 문제들은 뉴런이 "시간을 보내게 해준다, 그리고 그래야만 우리가 좀 더 많은 여가 시간을 가질 여지가 생긴다"(대니 샌더슨).

### 피비린내 진동하는 가설!

우리 조상들의 뇌는 미래와 관련된 통사 구조가 출현하기 훨씬 전에 최대 크기에 도달했다. 그렇다면 그들의 수십억 개 뉴런은 어떻게 되었을까? 대다수는 실업 상태에 놓였으나 오늘날 우리 사회의 실업자들에게 치유책으로 제공되는 복지정책 같은 것은 없었다. 이들 뉴런의 강제적 실업 상태는 분명 우리 조상들에게 엄청난 좌절이었을 것이다. 그러한 좌절로 뉴런의 주인들은 가공할 만한 야만성을 드러내게 되었을 것이고, 따라서 이들은 서로를 상대로 싸움을 벌이게 되었을 것이다. 이러한 동족상잔적인 행태는 이미 궁지에 몰린 적응도를 한층 더 떨어뜨리는 결과를 초래했을 것이다.

# 인류 역사는 유년기의 시작이자 끝이다

무위無爲와 변이성 사이에는 상관관계가 있다. 다윈은 변이성을 "양식의 과잉" 탓이라고 진단했다. 인간과 함께 사는 동식물들의 기상천외함은 인간의 섭리가 만들어낸 산물이다. 자신이 필요로 하는 것을 혼자 힘으로 조달해야 하는 바위비둘기는 그러한 사치를 부릴 여유가 없다.

가축들은 어린아이들이나 마찬가지이고, 우리도 사실 그렇다. 《오즈의 마법사》에 등장하는 도로시의 개 토토와 도로시 사이에는 무슨 공통점이 있을까? 바로 의존성이다. 둘 모두에게는 그들이 필요로 하는 것을 돌봐주는 누군가가 있다. 도로시가 더 이상 토토를 보호해주지 않는다면, 이 개구쟁이 테리어는 늑대 상태로 돌아가거나(복귀 돌연변이) 굶어죽을 것이다. 문명이라고 하는 방패를 잃게 되면 도로시 또한 그와 비슷한 처지에 직면하게 될 것이다. 그러니 **길들이는 자가 길들여지는 자보다 어른스럽다는 것은 아니라**는 말이 나올 법하다. 우리는 이런 식으로 동물왕국의 웃음거리가 되었다.

처음에 우리 조상들은 그들이 할 수도 있었으나 굳이 자신들이 하려 들지 않는 임무들을 아랫사람들에게 떠넘겼다. 그 후 그들은 그럴 시간이 있었다면 얼마든지 할 수 있었을 일들을 위임했다. 오늘날 우리는 우리 자신이 해낼 용기가 없는 일들, 하청업자들이 우리보다 더 능력 있기 때문에 우리가 달려들지 못하는 일들을 맡긴다. 몸을 따뜻하게 하는 일? 전기공사나 가스공사가 전문이다. 읽기와 쓰기를 자녀들에게 가르치기? 학교 교사가 문맹퇴치 관련 자격증을 지니고 있다. 이 자격증은 해당 언어에 관한 음운론 이해, 음성학, 유창한 구사력, 이해력, 어휘 등의 분야를 모두 포함한다. 자녀 교육에서 마침내 해방된 부모들은 저축에 전력투구하고 싶어 할까? 자산 운용이라면 금융전문가가 더 잘할 것이다. 금융전문가들을 향해서 악의적이라는 비난이 쏟아진다고? 판사들은 변호사 없이 스스로 나서서 자신을 변호하는 원고는 그다지 진지하게 생각하지 않는다.

후천적 의존성과 더디기만 한 성숙은 우리가 오래도록 유아적 행태를 보이는 현상을 설명해준다. 하지만 스무 살이 지나면 개체발생적인 변명은 통하지 않는다. 우리는 의심할 여지없이 이 우주에서 가장 의존적인 생명체다. 우리의 문명이란 거대한 여름 캠핑일 따름이다. 우리는 모두 사회의, 국가의, 인간 일반의 자식들이다. 세상이 복잡해질수록 우리는 더 많은 것을 위임하고, 우리 자신은 더 어린아이 같아진다.

## "나." 그래, 나. 모든 것의 근원!

인간이 생존을 위한 투쟁에서 두각을 나타낼 수 있었던 까닭은 수많은 대리자들 덕분이다. 이 방식이 지닌 높은 효율성을 간파한 인간은 그후 줄곧 별 볼 일 없는 일들은 남의 손에 맡겨왔다. 이미 제2의 천성처럼 되어버린 착취를 정당화하기 위해 인간은 '나한테 손이라고는 두 개밖에 없으니 어쩌겠어', '난 레오나르도 다빈치가 못 되거든' 같은 변명을 지어냈다. 양심의 가책을 덜기 위해서는 이런 식으로 하청을 줌으로써 마침내 자신을 충분히 계발할 수 있는 시간과 에너지를 벌게 되었다고 믿는 것이 필수였다. 사회계약이란 다음과 같은 내용을 의미한다. "몸에 관해서는 의사에게 일임하고, 위를 채우기 위해서는 제빵사에게, 자동차 문제라면 카센터 주인에게 의지한다. 그들이 제공하는 서비스의 대가로 나는 그들에게 내가 가진 노하우를 제공한다. 이렇게 해서 얻은 시간 동안 우리들 각자는 진정한 자아를 배양할 수 있다."

이제 의사, 제빵사, 카센터 주인, 그리고 나는 되는 대로 막 가져다 붙인 자아를 개인적으로 발견할 수밖에 없는 처지가 되고 말았다. 다행히 인간은 혼자 걷지 않는다. 수많은 직업군이 자기성ipséité(어떤 한 사람으로 하여금 오로지 개인적인 특성에 의거해서 다른 사람과 구별되게 해주는 것) 전문가로 난립한 상태다.[128]

대표적인 전문가로 우선 국가가 있다. 국가는 처음엔 우리의 말랑말랑한 정신을 다양한 역량이라는 말에 익숙해지게 만드는 데 치중한다. 다양한 역량 덕분에 어린이들은 제각각 르네상스식(혹은 바퀴벌레식) 기준에 따라 완벽한 교육을 받을 수 있다. 어린 여자아이가 항의한다. "어린이 혹은 청소년은 반드시 역사와 수학, 각종 외국어, 프랑스어, 문학, 윤리 등에 모두 관심을 보여야 한다고요. 도대체 청소년이 무슨 죄를 지었기에 그토록 많은 과목에 빠짐없이 관심을 보여야 하는 거죠? 게다가 왜 다른 과목이 아니고 이런 과목들이어야만 하는 거냐고요?"[129] 국가가 대답한다. "언젠가 당신은 우리에게 고마워하게 될 겁니다. 우리가 이렇듯 폭넓은 기회를 제공하지 않는다면 어떻게 당신의 진정한 소질을 발견할 수 있겠습니까!"

인생의 난관에 부딪히게 되면 이 어린 소녀 또한 전립선 X선 조사照射 또는 성물聖物 수출입 업무 전문가가 되어야 하는 것이 사실이다. 하지만 소녀는 그에 앞서(그럴 기회가 소녀에게 주어지기를 바란다) 누구나 모든 것에서 뛰어날 수 없다는 규칙을 충분히 소화하고 있어야 한다. 소녀가 다재다능을 추구한다면 사회는 그 아이를 '넓고 얕다고' 낙인찍을 것이며, 소녀의 장래를 놓고서는 모든 이들의 종이 되어 어느 누구의 주인도 되지 못한다는 예견이 쏟아질 것이다.

"이 다음에 크면 뭐가 되고 싶어?" 이 질문에 "여섯 가지 색으로 프린트된 가방을 만들고 싶다"거나 "환경보호 담당 관청의 감시를 받으며 석면을 제거하고 보수하고 싶다"고 대답한 아이라고는 이제껏 단 한 명도 없었다. 누가 열여섯 살에 석면제거 기술자, 압연이나 캡슐포장 달인이 될 것을 꿈꾸겠는가? 그럼에도 직업 활동이 가능한 인류의 일부는 하루에 여덟 시간씩 이와 같은 일들을 한다.

위임자는 위임으로 생겨난 에너지를 야만인들과 바퀴벌레들의 손길이 미치지 못하는 곳에 존재하는 자신의 '자아'를 위해 할애한다. 그런데 이 무슨 불행이란 말인가! 의사와 제빵사, 카센터 주인이 고대 그리스시대부터 많은 철학자들을 좌절시켜온 도전, 다시 말해서 자아 찾기에 나설 기회는 극히 드물다. **우리는 여가 시간을 갖게 될수록 '자아' 찾기에서 방황을 거듭한다.** 때문에 우리는 이 일마저 남에게 위임한다. 정신분석이며 각종 포럼, 코칭, 지도자와 함께 하는 상상, 부드러움의 힘, 요즘 유행하는 아들러의 심리학, 탄트라 요가 등은 상징적이라고 하기에는 너무 비싼 비용을 지불해야 그 대가로 기꺼이 우리에게 방향을 제시해주겠노라고 나선다.

우리는 무제한적인 기회의 사회에서 살고 있으며, 우리는 호모 에렉투스가 직면했던 당장의 어려움들에서 벗어났다. 하지만 아드레날린을 만들어내는 우리의 부신은 먹을 것이 없다. **문명은 활동 범위를 넓혀주기**

**는 하나 열정의 불길을 사그라뜨린다.** 일상에서의 흥분 결핍을 보완하기 위해 우리의 뇌는 팜플로나의 투우나 세계 소시지 먹기 챔피언십 같은 행사를 만들어 이를 자아실현으로 치부한다.

## 아담이 쫓겨난 이유, 여기만 아니면 어디든 좋다

한여름의 장례식. 아버지의 무덤 앞에서 한 소녀가 눈물을 참지 못한다. 모인 사람들 위로 갑자기 소나기가 쏟아진다. 빗방울 하나가 탁구공만큼이나 굵다. "어머, 빨래…" 소녀의 머리에 제일 먼저 떠오른 이 생각은 즉시 자기검열의 대상이 된다.

살아남기 위해서는 어느 정도의 주의력 분산이 필요하다. 집중적으로 주의를 기울여야 하는 것, 게슈탈트 심리학에서 말하는 전경figure을 제외한 나머지 것들에는 완전히 귀먹고 눈먼다는 것은 너무 위험부담이 크다. 위험이란 전혀 예기치 않은 곳에서 언제든 튀어나올 수 있기 때문이다. 절대적인 집중은 일종의 디스토피아다. 모든 살아 있는 피조물은 뇌 없는 생명체를 포함해 100퍼센트 집중할 수 없다. 하지만 이 분야에서 인간은 매우 멀리 갔다. 최후의 승리라는 인증서를 주머니에 넣은 인간은 몇몇 시냅스에게 보초 역할을 맡기고는 다른 시냅스들에게는 산책이나 하라고 하고, 또 다른 시냅스들에게는 완전히 다른 생각들만 하라고 할 수도 있게 되었다.

아기들은 태어난 지 6개월쯤 될 때 처음으로 권태를 발견한다. 이 무렵이 되면 매끼 식사가 두 부분으로 나뉜다. 처음엔 엄마 젖꼭지, 우유병 또는 이유식 숟가락에 집중하지만 후반부로 갈수록 아기에게 식사를 먹이는 것만으로는 충분하지 않게 되는 것이다. 녀석은 밥을 주는 사람의 목이나 머리카락을 어루만지는가 하면 이따금씩 먹기를 멈추고 주변을 관찰하면서 까불어댄다. 녀석은 특히 단호한 태도로 식사를 거부한다. 그러면 이제 "엄마 한 숟가락, 할아버지 한 숟가락, 우리 아기 한 숟가락" 등으로 녀석의 정신을 빼가면서 먹여야 한다. 드디어 아기가 동시에 여러 가지 일하기 클럽의 정식회원이 되는 것이다.

우리의 뇌는 일종의 직업소개소 같아서 제일 뛰어난 시냅스에게 모든 제안이 쏟아진다. 시냅스를 니트로겐으로 냉동시켜 그것들의 역량에 맞는 도전이 있을 때에만 해동시켜 사용할 수 있는 기술이 개발되지 않는 한, 이 기술적 실업 상태의 시냅스들은 다른 모든 실업자들과 같은 양태를 보인다. 무료한 나머지 타락하거나 인생을 복잡하게 만드는 것이다. 경우에 따라서는 두 가지 모두가 될 수도 있다.

"일어나서 간다. 추억을 가지고 간다. 별 것도 없다. 달랑 가방 두 개, 아주 긴 꿈, 수건 두 장, 희망 두 개. 여기를 떠난다… 저기로 간다…. 모두 가기 때문에 떠난다."[130] 누구라도 더 나은 삶을 꿈꾸지 않겠는가? 방 세 개짜리 집에 사는 부부는 방 다섯 개짜리 집을 원하고, 꿈을 이뤄 이사를 가기도 전에 남편은 벌써 대저택을 꿈꾼다. 이 저택은 부부가 수영장과 피트니스 클럽이 딸린 고급 고층 아파트의 400제곱미터짜리 복층 집의 계약 협상을 벌이는 순간에도 여전히 건축가의 제도판 위에만 존재한다. 그러나 더 좋은 내 집, 더 높은 연봉을 꿈꾸고자 권태에 빠진 시냅스를 일깨우는 것은 람보르기니를 몰고 동네 슈퍼마켓에 가는 것보다 더 고약한 일이다. E. R. 버로스에 따르면, 10만 명 가운데 한 명은 람보르기니를 "다리와 도시, 제국을 건설하는 데 사용한다". 1억 명 가운데 한 명은 그 차를《안드로이드는 전기양을 꿈꾸는가?》(필립 K. 딕)를 집필하는 데 사용하거나 이중나선을 발견하는 데(왓슨, 크릭&프랭클린) 사용한다.

### 가설!

아프리카 탈출을 계기로 여기만 아니면 어디든 좋아 주의라는 풍조가 생겨났다. 이 풍조는 붐을 일으켰다. 그것도 아주 굉장하게!

'여기만 아니면 어디든 좋아' 주의는 수백 명의 호미니드들이 동굴 속에서 허공을 향해 "내일 보자"라는 말을 외치게 만들었으며, 급기야 이들로 하여금 미지의 땅을 전전하는 모험에 뛰어들도록 만들었다. '이스라엘만 아니면 어디든 좋아'라는 생각이 나를 아내와 두 살배기 딸까지 데리고 서쪽으로 떠나게 등 떠밀었다. 여기만 아니면 어디든 좋아 주의는 나의 늙은 이모님이 이혼을 하는 이유가 되기도 했다. "당신은 나보다 더 젊은 사람을 원해?" "아니." "그럼 더 돈 많은 사람?" "아니." "더 재미있는 사람?" "아니, 난 당신 아닌 다른 사람을 원해."

우리의 시냅스들은 이 채널에서 저 채널로 옮겨가며, 이곳에서 저곳을 넘나들고, 아이폰의 이 모델에서 저 모델로 쉽사리 바꿔 탄다. 인류는 주의력 결핍 또는 과잉행동 장애로 괴로워하는데, 그 증세는 점점 더

악화되는 추세를 보인다. 웬만해서는 리탈린으로도 완화되지 않는다.

그러나 이와 같은 과정을 낙관주의적인 시선으로 바라볼 필요도 있다. 내일의 발명 이후, 대상이 무엇이 되었든 한 가지 독법만으로 그것을 바라본다는 건 실수하는 것이다. **여기만 아니면 어디든 좋아 주의는 우리를 제한적인 여기와 무미건조한 지금으로부터 보호해준다.** 앞으로 다가올 시간, 내일 혹은 내년, 다음 세대를 위한 계획은 그것이 실현된 결과가 아니라 보잘 것 없는 현재를 보완해주는 것으로서 그 가치를 평가해야 한다. 누구도 여기만 아니면 어디든 좋아 주의를 프랑수아 자코브보다 더 열렬하게 예찬하지 못했다. "나의 삶은 주로 앞으로 올 것 속에서 진행된다. 나의 삶은 기다림에 토대를 두고 있다. 요컨대 나의 삶은 준비 과정이다. 내가 현재를 향유할 수 있다면 현재가 미래의 약속인

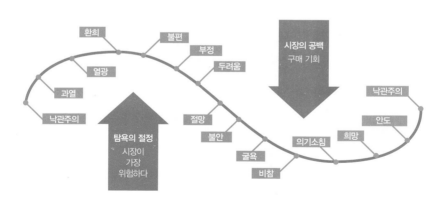

하이먼 민스키의 시간 화살표

한에서 그렇다. 나는 약속의 땅을 찾고 있는 중이다. 나는 내일의 음악을 듣는다. 나를 먹여 살리는 양식은 앞날에 대한 기대다. 나에게 마약은 희망이다."131

파스칼은 한술 더 뜬다. 그가 생각하는 기분전환이라는 개념에서 나는 다음과 같은 내용에 특히 주목한다. "인간의 모든 불행은 단 한 가지 사실, 즉 아무것도 안 하고 휴식을 취하면서 방에 머물러 있지 못한다는 사실에서 비롯된다." 그런데 뒤에 이어지는 내용과 이와 같은 분석의 결론은 방금 소개한 이 말을 180도 뒤집는다. "열심히 생각하고, 그래서 우리의 모든 불행의 이유를 찾아냈을 때 나는 그렇게 된 원인을 알고 싶었으며, 그 결과 아닌 게 아니라 원인이 있음을 알았다. 그 원인이란 나 약하고 죽음을 면할 수 없어 너무도 가엾은 우리의 조건, 우리가 거기에 대해서 곰곰이 생각할 때면 그 무엇도 우리를 위로해줄 수 없는 그 자연스러운 불행 안에 깃들어 있다."132

## 무엇을 할 것인가?133
———○———

What is to be done? 무엇을 할 것인가? Что надо сделать? Que faire? מה תעשה? 要做什麽? Lo que se debe hacer? 何をするか?

지나침에 대항하는 전 세계적인 십자군 전쟁. 나는 이 책으로 소박하게나마 여기에 기여하려 하니, 독자들도 각자 나름대로의 생각을 가지고 동참하시라.

미 래 중 독 자 _____

# 노동은 결코 신성하지 않다

고대로부터 종교처럼 숭배되어 온 노동은 이미 2,700년 전부터 폐해를 끼치고 있는 반면, 민주주의와 개인주의는 얼마 전부터 거품을 만들어내고 있다. 헤시오도스는 《노동과 나날》에서 이렇게 말했다. "불명예스러운 것은 절대로 노동이 아니라 빈둥거리기만 하는 무위다. 네가 일을 하면 게으른 자들은 곧 네가 부자가 되어가는 것을 보면서 너를 질투할 것이다. 미덕과 영광은 부를 따라간다. 그렇게 되면 너는 신과 유사해지는 것이다." 오늘날 제일 딱하고 멸시받는 인간은 실업자들이다. 오직 기나긴 임종의 고통만이 일자리를 갖지 못하는 것보다 더 고약하다. 다음에 나오는 여덟 아이의 할머니인 브라카 S.의 말을 들어보자.

브라카는 최근 닭 도살장에서 해고당했다. "나는 해야 할 일은 가리지 않고 다 했어요. 간과 염통을 제거했죠. 포장도 하고, 검품도 했어요. 굉장히 힘든 일이죠. 몸을 많이 써야 하고요. 매일 새벽 4시에 일어났어요. 내가 속한 팀은 아침 6시에 일을 시작해서 오후 4시에 끝냈죠. 이제 집에 가만 있어야 하리라는 사실을 도무지 믿을 수가 없어요. 하루나 이틀이면 또 모를까, 언제까지 그래야 한다니. 그건 절대 안 될 일이죠!"

일자리가 새로운 십계명의 제일 윗자리를 차지하면 성장은 필요가 된다. 성장도 보통 성장으로는 어림도 없다. 시장이 늘 번창하고 레바논 향나무처럼 계속 성장해야 한다. 성장률이 미미하면 암은 곳곳으로 전이될 것이다. 그러면 사회라고 하는 몸은 쇠약해질 테고, 정부는 무너질 것이다.

《무엇을 할 것인가》_ 니콜라이 체르니솁스키가 1863년에 발표한 미래소설. 여러 세대에 걸친 러시아 혁명주의자들에게 영향을 끼쳤으며, 레닌도 1902년에 발표한 유명한 선언문의 제목으로 '무엇을 할 것인가'를 붙였다.

성장과 미래의 관계는 그 어디에서도 기업인들이 <u>프로그래밍된</u> 고장이라고 부르는 것보다 더 교활하지는 않다. 제조업자들은 고의적으로 수명이 짧은 상품들을 고안한다. 심지어 그들은 이따금씩 의도적으로 기획 단계에서부터 상품에 하자를 만든다. 그 결과 소비자들은 자주 그 하자를 보수해야 한다. 그런데 도대체 무슨 권리로 이 고약한 제조업자들을 원망할까. 그런 꼼수가 직원들의 대량 해고를 막아준다. 이들이야말로 실업률을 낮추는 데 기여하고 있지 않은가?

이러한 악순환의 고리를 끊으려면 어떻게 해야 할까? 유치원에서 아이들에게 가르치는 것들, 그러니까 집중과 음악에 멍 때리기도 포함시키자. 초등학교 3학년부터는 '백수 준비'가 모든 학교에서 중요한 필수 과목이 되어야 한다. 종교단체에서 운영하는 학교라고 해서 예외가 될 수는 없다. 국가는 국립 무위 전문 복귀청을 발족시켜야 할 것이다.

쓸 데 없는 짓거리와 공상은 멸시의 대상이다. 노동이라는 교리는 국가의 칙령만으로 뽑아버리기에는 너무도 깊이 뿌리박고 있다. 악은 우리 안에 깃들어 있다. 아무것도 하지 않고 빈둥거리기의 경력을 쌓기 시작하는 순간부터 나는 후회막급이었다. 나 자신을 정당화하기 위해 나는 돈과 인맥, 백억 개의 뉴런을 일하게 만들어야 한다.

## 반미주의자가 인류의 미래다

"더 이상 이렇게는 안 돼!" 하지만 이렇게 계속되고 오히려 더 나빠진다. 우리 증손주들의 손주들은 벽장 하나를 새로 칠하려고 해도 적어도 천 가지는 되는 크림색들 가운데에서 선택을 해야 할 것이다. 데이빗 오스틴이 사망한 지 10세기쯤이 지난 후에도 장미 재배자들은 계속 새로운 교배를 통해 영국 장미의 종류를 늘려나갈 것이며, 새로운 종은 저마다 경쟁 장미들에 비해 정통성을 지니고 있다고 뽐낼 것이다. 지나침이란 거기에 재갈을 물리려는 노력을 자양분 삼아 자라난다는 사실을 알고 있을지라도, 우리는 결코 포기하지 않을 것이다.

해결책은 무엇인가? 당연하게도, 반미주의자가 되는 것이다. 적어도 그것이 가장 널리 확산되어 있는 전쟁 구호다. 모든 악은 서양에서 온다고들 하지 않는가? 빅맥, 고층빌딩, 기름 먹는 하마인 XL사이즈 머슬카 등 '호모 아메리카누스'는 가장 '□□□'한 동물의 악마적인 화신으로 보인다. 토크빌은 이미 1840년부터 이 문제에 천착했다. "어째서 미국인들은 웰빙을 누리고 있는 가운데에도 그토록 불안해 보이는가?" 붓다라면 두카라고 대답했을 테지만, 토크빌은 오른쪽 벽이라는 개념으로 대답하는 편을 선호한다. "모든 것이 일정 수준에 이르면 아주 작고 사소한 것도 (눈에) 상처를 입힌다. 평등을 더 많이 누리고 있을 때일수록 항상 평등을 향한 욕구가 충족되지 못하는 것도 그렇기 때문이다."[134]

문제의 씨가 된 것은 1776년 독립선언이었다. "모든 인간은 평등하게 창조되었다. 모든 인간은 창조주에 의해 침해할 수 없는 권리를 부여받았으니 곧 생명권, 자유권, 그리고 <u>행복추구권</u>이다." 미국을 세운 국부들은 따로 행복을 정의하지는 않았으므로, 우리는 독립선언서의 초고가 된 〈버지니아 권리 장전〉을 토대로 행복의 의미장을 재구성해보자. "모든 인간은 태어날 때부터 동등하게 자유롭고 자주적이며, 천부의 권리를 지닌다 … 재산을 획득하고 소유할 수 있는 수단과 더불어 생명과 자유를 향유하며 행복과 안전을 추구하고 이를 획득할 권리."[135] 이렇게 볼 때 진정한 인간은 다섯 가지 침해할 수 없는 권리를 지니니 바로 생명권, 자유권, 재산권, 행복권, 안전권이다. 그러니 그 가운데 하나라도 놓치면 당신은 실패자인 셈이다. 그러므로 방정식은 명쾌하고 의심의 여지가 없다. '행복 = 항상 더 많은 것'이다.

세상은 문자 그대로 이 방정식에 달려들었다. 과거에는 동굴에 살았던 수십억 명의 사람들이 적극적으로 미국식 행복 추구에 나선 것이다. 지난 수십 년 동안 미국의 재정 적자는 20배나 증가했음에도, 호치민시의 세탁기와 건조기의 수는 기하급수적으로 증가했으며, 쿠알라룸푸르의 도로는 오토바이로, 거리는 맥도날드로 채워졌다. 몽골의 수도 울란바토르에서 이발사들은 손목에 가짜 롤렉스시계를 차고 거리를 활보한다. 2008년 300만 명의 중국인들이 동계 스포츠 산업 분야에서 일했는데, 15년 전만 하더라도 이 나라에서 이 분야는 존재하지도 않았다. 2000년에 아프리카의 휴대폰 보급률은 2퍼센트였지만 2014년에는 70퍼센트를 넘길 정도로 성장했다.

한편 제3세계에서는 증권 거래소들이 우후죽순처럼 생겨나고 있다. 1989년엔 보츠와나 거래소가 문을 열었으며, 2001년엔 카메룬과 아르메니아 거래소가 각각 설립되었다. 라말라 거래소는 1995년에 개장했다. 만일 웬 뉴에이지 혁명가(이 무슨 모순어법이란 말인가!)가 그들에게 절제의 필요성에 대해 "부자란 누구인가? 자신의 운명에 행복해하는 사람이다"[136]라는 식으로 설교했다면 중국인 스키 강사와 카메룬 증권맨, 베트남의 미엘 가전기구 대리점주는 입을 모아 이렇게 대답했을 것이다. "우리라면 당신의 운명을 더 부러워할 것이오."

가진 것 없이 헐벗은 사람들은 언제나 더 많은 것을 원하지만 가진 것이 많은 자들은 전기 없이 한 시간 지내기, 쇼핑하지 않고 하루 보내기, 브랜드 생각 않고 한 달 버티기, 인도에서 일 년 살기 등의 바람을 호소한다. 가난한 자들은 경제적인 윤택함의 오른쪽 벽과의 차이를 메우기 위해 백방으로 뛰는 반면, 부자들은 디오게네스와 달라이라마를 찬미하고, 저성장과 금욕을 계명처럼 받들며, 비바사나 명상 수련법을 익힌다. 서양에서 **무無는 일종의 트렌드가 되었다.**

**됐거든!** 애덤 셰퍼드는 자신의 인생을 제로에서 다시 시작하기로 결심한다. 돈도 인맥도 없이 주머니에 달랑 25달러만 가지고 말이다. 그가 굉장한 영웅처럼 여겨지는가? 다음 이야기를 계속 들어보라. 이 모험을 시작하면서 애덤은 세 가지 목표(미래가 빠진 계획이라면 무슨 흥미가 있겠는가?)를 설정했다. 일 년 안에 중고 자동차를 한 대 사고, 가구가 비치된 월세 아파트를 구하며, 2,500달러를 저축한다는 것이었다. 그는 이 세 가지 목표를 6개월 만에 달성했다. 새로 구입한 트럭을 타고 부모님 댁으로 돌아가는 그의 주머니엔 5,000달러가 들어 있었다. 그곳에서 그가 쓴 《무에서 다시 시작하기Scratch Beginnings》는 베스트셀러가 되었다.

**됐거든!** 하버드대학의 거시 경제학자인 그레고리 맨큐는 페이스북에서 친구 수 최대, 즉 5,000명이라는 기록을 세운 뒤 페이스북에서 은퇴했다. 그의 팬클럽은 여전히 세를 불려가는 중이지만 맨큐 자신은 "이제부터 나의 친구가 되려면 하버드 스퀘어까지 와서 나와 얼굴을 마주 보아야 한다"고 선언했다.

**됐거든!** 2009년, 버거킹은 새크리파이스 와퍼Sacrifice Whopper 캠페

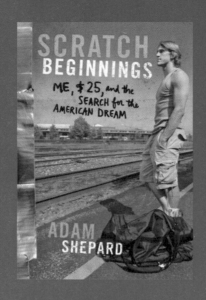

'제로부터 다시 시작한 부'를 이룬 애덤 셰퍼드와

'자족자제'의 삶을 산 디오게네스

인을 진행했다. 당신이 페이스북에서 친구 열 명을 지우면 공짜로 와퍼 하나를 제공하겠다는 내용이었다. 인간혐오 냄새를 풍기는 이 캠페인은 성공적이라 할 만했다. 이 캠페인으로 2,339,063개의 우정이 햄버거의 제단에 바쳐졌기 때문이다.

**됐거든!** '적은 것이 많은 것Less is More'이 되어버린 오늘날, 지속 발전 가능한 산업은 그 어느 때보다도 전성기를 맞고 있다. 각 기업은 생태학적으로 적절하다는 인증을 받기 위해 전문 컨설턴트를 고용해야 한다. 환경이 전문가들이 마치 여객기 조종사라도 된 듯 전 세계를 주파하는 것은 사실이나 그래도 이들은 열대 밀림을 구함으로써 속죄한다. 참고로 1마일 비행은 종이 한 장과 맞먹는다. 어느 누구도 이들이 몸소 나무를 심으리라고는 기대하지 않는다. **인간은 어차피 자신들의 양심 청소마저도 남에게 위임할 테니까.**

**됐거든!** 코쿠닝족들은 안락한 집안에 틀어박혀 오직 소수의 친구들하고만 교류하며 아기들이 젖을 떼듯 쇼핑센터, 극장, 집밖에서의 일 등에 의존하던 성향과 작별한다. 이러한 철학의 원조는 누구일까? 페이스 팝콘(원래 이름은 페이스 플롯킨)이라고 하는 트렌드 예측 전문가이자 응용 미래 전문가(www.faithpopcorn.com)다. 팝콘 씨가 코쿠닝과 홈쇼핑에 싫증을 낼 때가 되면 길거리에는 다시금 사람들이 북적거릴 것이고, 카페들은 만원사례로 즐거운 비명을 지를 것이다. 하긴 스타벅스 역시 페이스의 예언자적인 선견지명이 만들어낸 산물이다.

# 아프리카로 돌아가는 것에 대하여

이제 여담은 이쯤 해두자. 과격한 정책으로 넘어가야 할 때가 되었다. 내가 보기엔 적어도 여섯 가지 정책이 필요하다.

**첫째, 여성의 골반 키우기.** 의존성은 우리 뇌 가소성의 주요 원인이고, 뇌 가소성은 또 우리 인간을 위대하면서 동시에 비참하게 만든 책임자다. 여성의 골반이 넓어지면 태아는 21개월 동안 자궁 속에서 편히 지내다가 세상 밖으로 나올 수 있다. 자궁 밖으로 나오는 시점을 12개월이나 연기하게 되면 태아는 완전하게 형성된 뇌를 가지고 세상에 나온다. 아기 사피엔스가 마침내 알에서 깨어나자마자 화산섬의 팍팍한 현실을 헤쳐가야 하는 말레오 새끼와 동등한 입장이 되는 것이다.

**둘째, 자궁외발생Uterus externe(ectogenesis).** 골반을 키우는 것이 현실적으로 불가능하다면 우리는 인공자궁을 활용할 수 있을 것이다. 인공자궁의 상용화는 21세기 후반부로 예측되고 있다.[137] 몸밖에 있는 체외자궁은 여성들에게 최적화된 상태에서 태아와 함께 21개월의 임신기간을 보내게 해줄 것이다. 심지어 남성들에게도 가능할 수 있을지도 모른다. 이렇게 되면 자궁 밖에서의 태아 상태와 부모의 창의성 부담에 종지부를 찍게 될 것이다. 이러한 몽상이 도공의 손에 쥐어진 점토와 같은 몸을 가진 몸무게 12킬로그램에 무수한 시냅스로 무장한 젖먹이를 앞에 놓고도 과연 설득력이 있을지는 두고봐야 하겠지만 말이다.

**셋째, 뇌 절제cérébroctomie.** 창자와 위를 3분의 2나 절제하는 것이 가능하다면, 호빗족 그러니까 작은 뇌를 가졌던 그들을 요즘에 맞게 개조하는 것은 어떨까? 인간 전두엽의 잠재역량이 150억 개의 뉴런에서 60

억 개 정도로 줄어든다면 뉴런의 인지적 실업 상태 또한 그에 비례해서
완화될 것이다. 그렇게 되면 호빗족 이모가 그저 재미삼아 새로운 남편
을 욕망하는 일도 사라질지도 모르겠다. 최후까지 살아남은 자가 웃는
법이다.

넷째, 분재화. 우리가 우리의 거의 모든 권력을 기술에게 위임했음
을 고려할 때, 크기는 더 이상 생존을 위한 이점이 되지 못한다. 인간의
체구는 다시금 신장 80센티미터, 체중 26킬로그램, 뇌 용량 최대 $750cm^3$
정도로 조절될 것이다. 실험은 여러 섬에서 진행되어야 할 것이다. 브리
스톨 포스터의 말대로라면 섬들이 동물을 난쟁이로 만드는 효과가 있
다니 말이다.138 체구가 작은 사람들이 화를 잘 내고 과대망상증 기질
이 있다는 편견을 받아들인다면 호모 본자이우스Homo bonsaïus는 우리
들만큼이나, 어쩌면 우리보다 훨씬 더 마음의 동요가 심할 수도 있겠지
만 적어도 자리는 덜 차지할 것이다. 이렇게만 된다면 현재 보잉 747기
에 마련된 일등석 공간을 3,000명 정도의 호모 본자이우스가 동시에 이
용할 수 있지 않을까? 인간의 체구가 줄어들게 됨에 따라 소떼, 양떼, 돼
지떼의 규모도 3분의 2 정도는 축소시킬 수 있을 것이다. 녀석들의 복부
팽만 정도도 3분의 2가 줄어들면 오존층은 기적처럼 저절로 회복될 것
이다.

다섯째, 와이 미Why me? 로봇. 이 첨단 기술의 쾌거는 현재 상용화 가
능성을 시험 중이다. 멜랑콜리 증세를 보이는 사람들, 우울증 환자들,
실업자들 일반이 큰 기대를 걸고 있는 이 안드로이드는 우리 모두의 머
릿속에 들어 있는, 람보르기니에게는 어울리지 않을 성 싶은 모든 하찮
은 임무들을 수행할 것이다. 와이 미 로봇은 소변보기, 섹스하기, BNP

같은 대규모 은행 경영하기, 법정에서 운전기사 변호하기, 친구에게 "안녕?"이라고 안부 묻기 등 컴퓨터 프로그램이 동일한 성공도로 수행할 수 있는 모든 활동을 하게 될 것이다. 이처럼 로봇이 기계에게 시시콜콜한 일들을 시키는 동안, 로봇의 주인은 계속 저온냉동 상태에 놓여 있게 될 것이다. 그리고 지극히 반응저항이 큰 시스템은 왕자가 근처를 지날 때마다 우리의 잠자는 숲속의 공주를 깨우거나, 앞서 언급한 람보르기니의 무제한적인 잠재력에 어울릴 법한 도전에 나서기 위할 때마다 작동할 것이다.

**여섯째, 마감날짜 금지.** 생산자들이 데드라인을 지킬 필요가 없었다면 지금 현재 얼마나 많은 물건들이 당신 거실에 있을까? 얼마나 많은 아이들이 엄마의 생체시계가 똑딱거리는 소리를 들었다는 이유만으로 잉태되었을까? 지금 당신이 읽고 있는 책은 도서출판 추수밭에서 마감일을 정하지 않았다면 언제까지고 번역원고 상태에 머물러 있었을 수도 있다. 뇌를 입막음시키기란 불가능하지만, 마감날짜를 금지함으로써 그 많은 수다 가운데 아주 작은 부분만 가상의 상태에서 물성을 갖춘 책이라는 현실로 넘어가게 하는 것 정도는 가능하다.

# 우리는 아무것도 할 수 없으니 인간이다

ـــــــــــــــــــ○ـــــــــــــــــــ

שום דבר, Nada, 아무것도 아니다, Nothing, ничего, 無, Nihil

요컨대 우리는 아무 것도 할 수 없다. 그런데 우리가 포기하려는 바로 그 순간에 내면의 적이 우리 귀에 대고 속삭인다. "그러지 말고 나를 좀 기쁘게 해주지 그래? 나를 상대로 싸워보라고. 뇌란 말이지, 뇌가 가진 무기로만 상대할 수 있는 법이지. 네가 일곱 번을 실패하더라도(사실 년 백 번 천 번 실패할 테지만) 단념하지 마. 이 시합에서 제일 중요한 건 이기는 게 아니라 참가하는 거니까. 그리고 이 시합의 본질은 상대를 제압하는 게 아니라 함께 잘 싸웠다는 데 있거든."139

이처럼 인간적일 수 있다니! 명실공히 승리를 거둔 우리 호모 사피엔스는 놀이야말로 정말 중요한 것이라고 강조한다(*그르디온지수3*).

나가는 글을 대신하는

# 과잉

# 경제적 동물

미래성이 인간의 전유물이라고는 하나, 그것마저도 다른 피조물들에게 나누어주고 싶은 유혹을 뿌리치기란 쉬운 일이 아니다. 2009년 권위를 자랑하는 《네이처》는 박테리아조차 미래를 위한 계획을 수립할 수 있다는 내용의 연구를 게재했다.[140] E. 콜리라는 박테리아들은 아직 일어나지 않은 변화를 예측하는 법을 학습할 수 있다고 알려졌으며, 따라서 미리 그 변화에 대처할 준비를 할 수 있다는 것이었다. E. 콜리 박테리아는 락토스를 대사화代謝化할 때, 말토스라는 이름을 가진 당의 소화에 참여하는 일련의 유전자들도 동시에 활성화시킨다. 이 과정을 관찰하면 인간 내부에서 작동하는 학습 기제가 밝혀질 수도 있다. 말하자면 생물학적 연속성 원칙을 입증하는 새로운 증거가 되어줄 수도 있는 것이다.

즐겨 찾는 사이트에서 이와 같은 특종을 접한 한 네티즌은 이렇게 반응했다. "나는 교수도 학자도 아니지만, 혹시 번개가 번쩍이고 나면

곧 천둥이 치리라고 예상한다는 사실이 곧 우리에게 천둥을 예측하는 역량이 있음을 의미하는 것인지 궁금하다." 이와 같은 연구 결과를 발표한 연구소의 대표인 Y. 필펠이 나서서 잔뜩 고양된 기자들을 다소 진정시켰다. 그에 따르면 이는 파블로프의 반사, 그러니까 종이 울리면 침을 흘리는 개와 마찬가지라는 것이다. **추론은 예측이 아니다.**

같은 식의 오류를 보여주는 또 다른 사례를 보자. 한 무리의 사람들을 모아놓고 화면에 간헐적으로 녹색과 적색 빛을 쏜다.[141] 쏜 빛의 80퍼센트는 녹색이었고, 나머지 20퍼센트는 적색이었다. 플래시로 빛을 쏘는 시간에는 전혀 아무런 계획성이나 규칙성이 없었다. 모여 있던 사람들에게 다음번에 나타날 빛을 예측해보라고 요구했다. 실험의 주최 측은 이들이 시간이 경과함에 따라 빛의 80퍼센트가 녹색이었음을 짐작했을 것이고 따라서 다음번 빛이 녹색일 것이라고 추측하는 대답은 다섯 번 중 네 번일 거라고 예상했다. 똑같은 실험을 쥐를 데리고도 실시했는데 이때는 정답을 댈 때마다 쥐들에게 빵조각을 보상으로 주었다. 그 결과 쥐들은 통계학적인 원칙을 파악했으며, 80퍼센트라는 성공률을 보였다. 역설적으로 인간의 성적은 이보다 초라한 68퍼센트였다. 이는 그들이, 이러한 태도가 절망적임에도 불구하고 고집스럽게도 짐작에만 의존해 다음에 등장할 색을 알아맞히려 들었기 때문이었다. 다윈이 특별히 총애한 바위비둘기도 인간보다는 나은 성적을 기록했다.

이 놀라운 실험을 인용한 경제학자는 전형적이라고 할 만한 분석을 제시했다. "동물들은 이 패러다임에서 인간보다 효율적인 '전략'(다니엘 S. 밀로)을 택했는데, 이는 동물들이 인과관계를 감안한 가설을 추구하고 이를 발표하는 트렌드에 전혀 구애받지 않기 때문이다."[142] 한 경제 전문기자는 이를 다음과 같이 해석했다. "이 실험에 참가한 쥐들은 우연 때문에 일어나는 미래의 사건은 예측할 수 없음을 본능적으로 깨달았다. 때문에 쥐들은 미래를 예측하는 대신 자신들이 시간과 더불어 축적한 정보에 토대를 둔 가장 **'합리적으로 보이는 전략'**(다니엘 S. 밀로)을 택한 것이다. 실험실 쥐들의 행동에서 보듯이, 통계적 확률에 의거해 수립된 **'수동적 투자 전략'**(다니엘 S. 밀로)이 어쩌면 거래소 투자자들의 투자 전략보다 훨씬 효율적이고 더 많은 이익을 가져다줄 수도 있을 것이다."[143] 미래성은 너무도 명백하기 때문에 우리는 쥐들이 그런 생각 없이 산다는 사실을 상상조차 할 수 없다. 전략 따위를 아무리 문밖으로 쫓아낸다 한들 어느 틈엔가 굴뚝으로 슬그머니 돌아올 것이다!

금지된 은유의 사용을 피하기 위해서라도 진화주의자는 자연선택과 호모 에코노미쿠스를 혼동하는 일이 없어야 한다. 경제적 인간이라고 하는 신자유주의적 사고의 영웅은 자신의 이익은 최적화하고 손실은 최대한 줄이는 것을 목표로 삼는다. 그런데 생명체와 유전자가 벌이는 생존을 위한 투쟁을 바라보는 신다윈주의자들의 인식 또한 정확하게 이 같은 용어로 표현된다. 경제학과 생물학이라는 이 두 분야에서는 최적화가 관건이다. 모든 경제 주체 혹은 자연의 주체는 최소한의 노력을 들여 최대한의 양식을 확보하기 위해(Optimal Foraging Theory), 또 최대한 많은 후손을 퍼뜨리기 위해(짝짓기 전략) 투쟁하는 것으로 간주된다. 은행가와 마찬가지로 생명체도 공리주의 이데올로기에서 영감을 얻을 것이라는 말이다. 이를테면 각자는 자신을 위해 존재하며, 이때 합리적인 사고가 근본적인 무기가 되어준다는 것이다.

문제는 패러다임을 떠받치는 두 개의 기둥, 즉 음식물 섭취와 번식을 하나로 묶어서 생각하는 습관에서 발생한다. 사실 이 두 가지 중요한 본능 사이엔 뛰어넘기 어려운 심연이 놓여 있다. 음식물 섭취는 문자 그대로 생명체의 즉각적인 생존을 보장해주는 반면, 번식은 생명체의 은유적이고 확률론적인 생존에 도움이 된다. "나는 살기 위해 먹는다"는 문장과 "나는 나의 게놈이 살아남도록 하기 위해 짝짓기를 한다"는 문장은 각각 전적으로 반대되는 두 영역에 속한다.

생물학자들이 지나치게 경제학 용어에 의존하지 않으려면, 2002년 노벨 경제학상 수상자인 다니엘 카네만의 영향으로 경제학자들 사이에서 점차 확산되고 있는 회의주의에 주목할 필요가 있어 보인다. 1843년 이후 줄곧 자유 시장의 대변자 역할을 해오고 있는《이코노미스트》조차 유감을 숨기지 않았다. "이제껏 터진 모든 경제 거품들 가운데 경제학의 명성만큼 굉장한 볼거리를 제공한 거품은 드물었다. 몇 년 전만 해도 이 맥 빠진 학문은 마약 거래에서 스모 경기에 이르기까지 보다 다양한 인간의 여러 행동들을 설명해줄 수 있는 수단으로 환영받았다. … 그런데 지난 80년 동안 몰아닥친 대대적인 경제 난맥상 앞에서 이러한 명성은 날개에 심각한 타격을 입었다."[144]

경제학자들조차 합리성과 효율성이라는 허구를 극복하려고 안간힘을 쓰는 처지인 것을 보면, 생물학자들은 더 볼 것도 없이 경제학 의존에서 탈피해야 할 것이다. 생명체가 도대체 자기 게놈을 개체군의 모든 구성원 전체에게 확산시키겠다고 기를 쓸 필요가 어디에 있단 말인가?

# 자연에서의 규제 완화

추종자들과는 달리 생물학의 아버지 다윈은 자연선택이 무오류라고는 믿지 않았다. 심지어 그는 하나의 구성 요소 또는 한 생명체 전체가 자신의 감독에서 벗어나 적어도 일정 기간 동안 점검 불능unchecked 상태에 놓이게 되는 네 가지 시나리오를 가정하기도 했다. 호모 사피엔스가 자연선택의 권위에 고의로 반기를 든 유일한 피조물임을 고려한다면, 호모 사피엔스와 그를 이루는 신체기관, 구성요소들 사이의 유사성 목록을 만들어보고 싶은 호기심이 발동한다. 그래서 다음과 같이 정리해봤다.

<u>무용성.</u> 이전엔 고유한 기능을 지니고 있었으나 그 기능이 사라진 요소들은 "성장을 주관하는 다양한 법칙에 맡겨진다."[145] 이론적으로 이러한 과정은 과도한 발달(지나친 성장) 또는 위축으로 이어진다. 생물학자들은 주로 위축 쪽에 집중하며, 이를 법칙으로 제정하려 든다. "문제 요소를 사용하든가, 아니면 그 요소를 제거하라!" 잠자리와 먹을 것을 너무 손쉽게 혹은 아무런 대가도 치르지 않고 얻게 될 경우, 신체 기관은 스스로를 소홀히 하게 된다. 채식주의자들의 섬에서 평화로운 안식처를 찾은 도도새의 날개가 퇴화한 사례가 여기에 해당된다.

우리 인간도 같은 상황에 봉착했다. 경계할 필요가 없는 잔잔한 수면에 이르게 되자 인간은 후각[146]과 시각[147]을 담당하는 수백 개의 유전자들을 상실하게 된 것이다. 그리고 이러한 손실을 보충하려는 듯 인간은 갖가지 향수와 구경거리로 자신을 위로한다. 32만 1,000명의 미

국인이 해마다 충수염 때문에 병원을 찾으며 이들 가운데 300명 내지 400명은 사망한다. 이 불필요한 기관에서 발생한 암으로 인한 희생자는 여기에 포함되지 않았다.[148] 이탈리아 출신으로 미국에서 배우로 활약한 루돌프 발렌티노가 충양돌기로 화를 입은 가장 유명한 희생자일 것이다.

**성적 선택.** 암컷들에게 잘 보이기 위해 동원되는 수컷의 신체 기관은 지나치게 발달되는 경향을 보인다. 그리고 이는 그 기관 소유주의 이익에 반대된다. 그러나 그의 게놈의 이익에는 해가 되지 않는다.

**중립성.** "나는 전에는, 오늘날 우리가 판단하건대 득이 되지도 해가 되지도 않는 구조가 존재한다는 사실에 대해 충분히 고려하지 않았다. 그 점이 바로 내가 이론을 정립하는 과정에서 놓친 중요한 사실들 가운데 하나라고 생각한다."[149] 다윈은 중립성이 분자 차원에서는 가장 지배적인 현상임을 알지 못했으며, 게놈에는 코딩도 조절도 하지 않는 염기쌍이 수두룩하다는 사실도 알 수 없었다. 예를 들어 인간 게놈은 대략 백만 개에 가까운 Alu시퀀스를 지니고 있는데, 6,500만 년 전 영장류의 게놈에서 처음 출현한 이 짧은 DNA 조각들은 그 용도가 무엇인지 전혀 알려지지 않았다. 반면 그것들은 유방암이나 혈우병 또는 2형 당뇨병 등을 일으킬 수 있다.

**길들이기.** "우리가 길들인 종들에서 나타나는 가장 주목할 만한 특성은 우리가 그것들에게 적응력이 있다고 판단한다는 점이다. 물론 이때의 적응력이란 동물이나 식물 쪽에서 보아 좋은 것이 아니라 인간의 욕구에 부응할 수 있는 역량을 뜻한다."[150] 맹목적인 변이와 압력 부재 사이에는 긴밀한 상관관계가 존재한다. 다윈은 그러한 관계를 다음과 같

미래중독자

이 표현했다. "이러한 가변성은 부분적으로는 먹을거리의 과도함에서 기인한다."[151] 가축화된 동물이나 식물들의 기상천외함은 그들의 주인인 인간이 아낌없이 그들에게 퍼부은 '복지 혜택'의 결과물이다.

## 다윈주의와 낭만주의

"생물학에서는 진화와 연결되지 않는 그 어느 것도 의미가 없다."[152] 너무도 자주 인용되는 테오도시우스 도브잔스키의 이 말은 사실 "파리에서는 에펠탑과 연결되지 않은 그 어느 것도 의미가 없다"는 말 만큼이나 황당하기 짝이 없다.

독창성은 인간만의 기벽일 뿐, 코알라나 단백질은 평범함을 선호한다. 생물학자나 문외한 구분 없이 많은 사람들이 갖고 있는 고정관념과는 달리, 진화론에 있어서 중요한 핵심은 변화가 아니라 개인 차원이 되었든(다윈의 입장) 게놈 차원이 되었든(신다윈주의자들의 입장) 생존이다. 환경과 양립 가능한 피조물은 변화를 피하는 것이 유리하다. 돌연변이에 내포된 위험이 그것이 가져다주는 혜택보다 천 배는 더 크기 때문이다. 따라서 DNA가 거의 모든 돌연변이를 제거하기 위한 수많은 기제를 보유하고 있음은 전혀 놀랍지 않다. 지속성 있는 돌연변이는 말하자면 이 예방 체계가 제대로 작동하지 않고 실패함으로써 생겨나는 산물이다. 수십억 개의 염기쌍에서 DNA는 단 한 번의 실수도 없이 맡은 임무를 완벽하게 수행한다. 이렇듯 순조롭게 작동할 경우라면 괜히 더 잘하라고 나설 필요 없다! 스티븐 제이 굴드는 아침마다 바흐의 무반주

첼로 조곡을 연주하는 파블로 카잘스만큼이나 경외심을 담아 "Stasis is Data(정체도 데이터다)"라는 글귀를 암송하곤 했다.

　하나의 특성이 최적화와는 거리가 멀어도 나름대로의 기능을 수행하기에는 충분할 때라면, 어떻게 해서든 그 상태를 그대로 유지해야 한다. 언젠가 애인을 떠나 남편에게로 돌아가기로 결심한 한 여성이 내게 말했듯이 "어차피 문제와 직면해야 한다면, 이미 알고 있는 문제들을 만나는 편을 그렇지 않은 문제들과 새롭게 맞닥뜨리는 것보다 선호"하는 것이다. 짐승들이며 분자들에 있어서 주류에 속한다는 것은 보험에 가입하는 것과 다르지 않다. 혈압검사를 예로 들어보자. 기준과의 차이가 크면 클수록 의사가 주는 경고의 강도도 세진다. 독창적이고 싶다고? 천만에, 환자는 절대적으로 평범함에 집착하는 편이 백 번 나을 것이다. 유의미한 환경의 변화란 아주 극히 드물기 때문에 엄격한 보수주의적인 처신이 어떤 기관이든 신체 기관의 이익에는 훨씬 더 잘 부합한다. 그러기 위해서는 충실하게 복제해내는 기계에 경의를 표해야 마땅하다. 그런 의미에서 나는 소박하나마 한 가지 제안을 할까 한다. 다윈주의를 '정체이론'으로 개명하자는 것이다.

　승리하는 종은 바꾸지 않는 법이다. 실패보다 성공을 더 많이 하는 종은 변화하지 않는다. 시합에서 충분히 선전 중인 종은 바꾸지 않는다. 그런데도 왜 학자들은 다윈주의의 왜곡된 버전에 그토록 끈질기게 집착하는 걸까? 왜 진화론을 '닥치고 변화론'으로 만들지 못해 안달을 하는 걸까? 바로 낭만주의 탓이다. "우리는 모두 고골의 〈외투〉에서 파생되었다"고 주장한 도스토옙스키를 본받아 현대문화는 '슈트룸 운트 드랑Sturm und Drang(질풍노도)'에서 생겨났다고 해야 할 판이다. 슈트룸 운트 드랑이란 괴테, 실러, 노발리스, 슐레겔 형제, 헤겔, 클라이스트 등을 필두로 하는 독일 낭만주의를 일컫는 말이다. **우리가 진화는 곧 생명이며 정체는 곧 죽음이라는 생각을 하게 된 까닭은 다 이들 독일 낭만주의자들 때문이다.** 그때부터 우리는 모두 이렇듯 영웅적인 인식의 포로가되었다. 유치원에 다닐 때부터 우리는 잠재역량을 발전시키지 않으면곧 퇴화하게 될 것이라는 위협 속에서 산다. 좀 더 크면 현상유지만 하는 것은 곧 퇴행이라고 배운다. 살아가는 동안 내내 우리는 사회적 사다리, 경제적 사다리, 지위적 사다리 등 사다리를 계속 올라가라는 부추김을 받는다. **우리는 그것이 브라운 운동의 인간 버전은 아닌지 의심해보기는 하나, 그렇다고 무기력을 향한 경멸적인 시선을 거두는 것은 아니다.**

우리는 속았으며, 우리를 속인 자들은 계속해서 자신을 기만한다. 이와 같은 사기극의 원천은 개체발생(사춘기까지 이어지는 난자의 성장)을 성체의 삶에 투영했다는 데에서 찾아진다. 발생의 초기 단계에서 더러는 대전환을 겪기도 한다. 가령 알이 애벌레가 되고, 애벌레는 송충이가 되고, 송충이는 고치 속에 틀어박혀서 꼼짝 안 하다가 고치가 열리면서 비로소 나비가 되어 나오니까 말이다. 하지만 이 단계를 지나면 나비의 짧은 일생에서는 정체가 지배적이다. 호모 사피엔스에게는 투쟁을벌이는 전사로서의 기간이 상당히 길게 계속된다. 12개월 동안 아기 사피엔스는 배가 터지도록 먹기만 하다가 한 살이 되면 그제야 두 다리로일어선다. 열세 살은 되어야 적보다 다소 유리한 입장에 서게 된다. 그렇지만 나비처럼 인간도 사춘기 이후로는 균형 상태에 익숙해지게 된다. 개체발생 시기에 비하면 성인 시기는 잔잔하게 흐르는 기나긴 강물과도 같아서 산기슭을 타고 천천히 흘러내리기만 한다.

나비는 규칙에 부응하건만 인간은 월계수관을 쓰고 있는 것으로 만족하기를 거부하며, 이 거부는 자연을 오독한 탓이다! 인간이 자연에서 행하는 밀도 높은 활동이야말로 평온과 안정은 사망선고와 다름없음을 보여주는 증거라고 믿는 것이다. 우리의 낭만적인 성향은 멋진 겉포장에 흠뻑 빠져든다. 그러나 일단 베일이 걷히면, 인간은 모든 피조물에게 공통된 운명인 '유사성'에 직면하게 된다. 하부구조와 기초 공사, 비계 등은 바오밥나무며 실라칸트, 치타, 요한 볼프강 폰 괴테 등을 가릴 것 없이 모든 다세포 생명체를 형성하는 공통 요소들로서 지금으로부터 약 6억 년 전 안정되도록 진화했다. 다윈마저도, 비록 우리 모두가 공통의 조상에서 파생되어 나왔음을 짐작했다고는 하나 갈라파고스섬의 방울새Geospiza conirostris, 그 방울새의 양식이 되어주는 선인장Opuntia helleri, 그리고 진화론의 창시자(호모 사피엔스)가 '불멸의 유전자' 수백 개를 공유하고 있다는 사실까지는 믿기 어려웠을 것이다.

이러한 원칙은 또한 우리 문화에도 적용된다. 엔지니어는 건축 설계가에 비해서 덜 근사한 직업으로 보이나, 엔지니어들의 "기술만능주의"가 없었다면 에펠이나 가우디, 프랑크 게리 등은 그들의 떠들썩한 변덕을 현실로 구현할 수 없었을 것이다.[153]

## 그래서 내가 경고했잖아요!

────────◯────────

내가 카산드라 역(남들이 믿어주지 않은 예언자 역_옮긴이)을 맡은 지도 어언 30년째로 접어들었다. 나의 박사학위 논문은 팡테옹이든 페르

라셰즈 묘지든 대학입학 자격고사 출제 범위든 코메디 프랑세즈 극장 공연 프로그램이든 박물관 소장 컬렉션이든 새로 생긴 길에 이름을 붙일 때든 좌우지간 집단 기억 속에 한 자리를 차지하려는 후보자들이 너무 많다는 사실에서 출발했다. 내 논문의 제목은 '문화적 생존의 제반 양상'이었다.

분노를 표출한 선언서 《실험적 역사 또는 즐거운 지식을 위해서》 (1986년)에서 나는 내 동료들에게 더 이상 각종 팩트와 뉴스만을 찾아 다니지 말라고, 고문헌 속에만 파묻혀서 지내지 말라고 촉구했다. "이건 어디까지나 학문이지 저널리즘이 아닙니다, 신사 숙녀 여러분! 여러분들은 천 그루의 나무는 보겠지만 숲은 보지 못할 것입니다!" 우선 제일 먼저 취해야 할 방침으로 나는 존재하는 모든 원고들을 태워버릴 것을 제안했다. 몇 세기 동안 인쇄되지 않은 것이라면 인쇄할 가치가 없었기 때문일 것이고, 그렇다면 그런 것들은 사라져도 괜찮은 것들일 테니까.

소용없는 짓이었다. 그 후 고문헌 보관소에는 이미 죽은 자들과 관련한 각종 뒷담화 수십억 가지들이 차곡차곡 쌓였으며, 아직 죽지는 않았지만 팡테옹에 입성하거나 수도 파리의 어느 한 도로에 이름을 빌려주는 영광을 얻을 확률이 거의 없는 사람들에 대한 떠도는 말들도 수십억 장씩 수집되었다. 2007년 인류는 2,810억 기가바이트에 해당되는 정보를 쏟아냈으며, 이는 1인당 45기가에 해당된다.

그래도 나는 포기하지 않는다. 출판되는 행운을 얻은 세 편의 산문 철학시에서 나는 독자들에게 애원했다. "제발 '아니오'에 '그렇다'고 대답하라!"

그런데 그러는 나는 나 자신이 토해낸 간언을 따랐던가? 당연히 아니다. 나는 인류를 향해 '웨이트워처스Weight Watchers'에 가입하라고 부추기는 〈폭력의 교훈〉이라는 제목의 공연, 제목만으로도 벌써 거식증 관련 메시지를 짐작하게 하는 두 편의 영화 〈소파에서 천정으로Du canapé au plafond〉, 〈예술로서의 기근La faim en tant qu'art〉, 거기에다 변변찮은 소설 한 권과 연극 한 편, 그리고 적은 것의 미덕을 설파하면서도 여전히 열세 개 언어로 더 많은 것을 게재하는 인터넷 사이트 하나 (www.toomuch.us)로 시장을 범람하게 만들었다.

그렇다면 나는 왜
우리 모두를 위해

# 내가 정한 기준에 맞게 살지 않는 걸까?

그야 일자리를 잃은 100억 개의 실업자 뉴런들이
나한테 머릿속에 떠오르는 모든 것들을 가지고
자기들을 즐겁게 해달라고 졸라대기 때문이다.

# 감사의 말

────────

안나 제슬레브는 이 책의 시각적인 요소를 총괄 기획했다. 샤샤르 코타니는 매우 독창적인 지도와 그래프를 그려주었으며, 니르 토베르는 그 자료들을 프랑스식으로 손질해주었다. 나의 오랜 친구인 미셸 데그랑주 덕분에 나는 벨레트르 출판사를 내집처럼 편하게 느꼈다. 오랜 기간 벨레트르의 자리를 비웠다가 다시 일을 시작한 카롤린 누아로는 나를 열렬하게 환영해주었으며, 뤼디 님스게른스는 정성들여 그리고 효율적으로 원고를 만들어주었고, 보슈코 지바디노비치는 세심하게 원고를 교정해주었다. 다니 드 리바에게는 미리 감사를 전한다. 글라디스 보보트─코헨과 기욤 드몽시는 늘 약속에 충실했으며, 숀 B. 캐롤, 니콜라 공펠, 방자맹 프뤼돔, 아당 윌킨스는 나에게 그들만큼의 지식도 없고 의견이 일치하는 경우도 드물었음에도(그래도 그런 경우가 점점 더 늘어난다) 나의 생물학 관련 사색을 진지하게 경청해주었다. 힐라 밀로, 코비 오즈, 노오미 아비브, 그리고 제브 아라드에게도 함께 대화를 나누어준데 대해 고마움을 표한다. 나의 손녀딸 타헬─브루리아도 할아버지의 연구 조사에 참가해줘서 고맙다.

그리고 나를 사람으로, 선택 가운데 으뜸가는 보배인 인간으로 만들어준 우연에 대해서도 더할 나위 없이 감사하다.

# 옮긴이의 말

---

나는 방금 "그래, 내일 보자!"라고 말하면서 친구와의 통화를 끝냈다. 봄부터 얼굴 한 번 보자던 친구와 드디어 약속을 잡은 참이었다.

그런데 평소에 무심코 입에 올리는 "내일 보자"라는 간단하고 소박한 한 마디가 그토록 의미심장한 말인지, 정말이지 예전엔, 그러니까 다니엘 S. 밀로의 《미래중독자》를 읽기 전까지는 미처 몰랐다. 오늘날 호모 사피엔스가 지구상에서 가장 많은 개체 수를 뽐내게 된 것도 알고 보면 다 그 한 마디 덕분이라니! 물론 자세한 내막은 사실 그처럼 명쾌하고 간단하기보다는 상당히 복잡하고 철저한 교차 확인을 요구한다. 역사 거슬러 올라가기라도 좋고.

"내일 보자"는 말은 미래에 대해 생각할 수 있는 역량을 전제로 할 때만 성립 가능하다. 그리고, 저자가 알기로 '지금 여기'가 아닌 '나중에 여기 또는 여기 아닌 다른 곳'을 생각하는 역량(저자는 이를 '미래성'이라고 부른다)은 영장류를 비롯한 다른 동물들에게는 없고 오직 인간만이 가지고 있는 대단히 변별적인 자질이다. 가령 "내일 저녁 일곱 시에 연못가에서 만나자"고 데이트 신청할 수 있는 사랑꾼 잉꼬나 원앙새는 없다(아니, 적어도 지금까지는 알려지지 않았다고 해야 하나?)는 말이다.

도대체 "내일 보자"와 종의 개체 수 사이에는 무슨 관계가 있기에, 도대체 미래성이 얼마나 우수한 자질이기에, 타고난 스펙이 그다지 뛰어나지 못한 인간이 지구상에서 개체 수 챔피언 자리에 등극한 걸까?

이 책을 쓴 다니엘 밀로는 현재 프랑스 파리의 사회과학고등연구원에서 '자연철학'을 강의한다. 처음엔 역사학자였으나 역사는 개별적이고 사실적인 것을 다루는 반면, 철학과 문학은 보편적이고 진리를 추구하는 것을 다룬다면서 역사와 결별했다고 한다. 이후 철학과 문학 관련 '명저 읽기'세미나를 진행했으며, 그 과정에서 생물학과 다윈의 중요성에 심취해 '자연철학'에 끌렸다.

이처럼 독특한 학문적 진화 궤적을 보여주는 저자의 주장에 따르면 미래를 생각하는 능력, 바꿔 말하면 지금 눈으로 볼 수는 없으나 장래에 이루어지리라고 상상할 수 있는 것들이 존재하게 됨으로써 인간의 생활은 복잡해지기 시작했다. '너무 많은' 선택지 앞에서 끊임없이 고민하는 처지가 되었다는 말이다. 그런데 원래 자연은, 진화론에서 주장하는 자연선택은 환경에 적응하는 자만이 살아남는다는 비교적 단순한 원리를 추구한다. '너무 많은'이 들어설 자리가 없다는 것이다. 동시에 '너무 많은'은 개체 수 증가에 역행할 수도 있다는 뜻이기도 하다. 예를 들어 뇌 용량이 '너무' 커지면 그 큰 뇌가 필요로 하는 에너지를 공급하는 데 어려움이 생겨 결국 멸종에 이를 수도 있다. 또, 수사슴의 뿔이 '너무' 커지면 포식자를 만났을 때 도망가기 어려우므로 이 또한 개체 수 증가에 마이너스 요인으로 작용할 수 있다.

《미래중독자》역시 진화론의 관점에서 인간을 생각한다는 입장에 충실한 가운데, 진화론만으로는 설명이 석연치 않아 제기되는 문제들을 공유하며, 이에 대한 저자 나름대로의 해결책을 제안한다. 그가 문제를 제기하는 방식, 그가 해법을 연구하기 위해 사용하는 방식을 따라가다 보면, 우리는 다윈을 필두로 하는 진화론자들은 물론, '너 자신을 알라'고 일갈하던 소크라테스, 무한에 가까울 정도로 방대한 지식 앞에서 '나는 무엇을 아는가?'라며 자기 스스로를 배움의 대상으로 삼은 몽테뉴 같은 철학자들을 자유롭게 넘나드는 경이로움을 맛본다. 탄탄한 지식의 토대 위에 경험에서 비롯된 상상력을 결합시키는 저자만의 독특한 추론 방식은 독자들로 하여금 어디로 튈지 짐작하기 어려운 공처럼 잠시도 눈을 떼지 못하게 만든다.

'과도함'을 평생의 화두로 삼고 천착 중인 저자의 연구 방식이나 그가 내린 (잠정적) 결론에 대해서는 논리의 비약이라는 논란도 있을 수 있고, 또 그래야 마땅하며, 그건 독자들에게 주어진 권리이자 숙제다. 그럼에도. 여러 분야를 종횡무진 내닫는 텍스트를 우리말로 옮기려고 씨름하는 동안, 손녀딸을 안고서 아득히 옛날, 아프리카를 떠나 딱히 정해진 목적지도 없이 유랑 길에 올랐던 인류의 조상들을 상상하는 저자의 모습을 떠올리며 내가 무더위 속에서 머리에 한 줄기 장대비 맞은 듯 시원함을 느꼈던 것처럼, 독자들도 머릿속이 열리고 정신이 탁 트이는 듯한 청량감을 맛보시기를 기대한다.

양영란

# 주석

1     Stephanie Rosenbloom, 'Tightening the Alligator Belt', The New York Time, 2009. 7. 18

2     Robert C. Vannuci et al., "Craniometric ratios of microcephaly and LBI, Homo floresiensis, using MRI and endocasts", PNAS (2011년)를 참조할 것.

3     Jared Diamond (2004년), "The Astonishing Micropygmies", Science 306

4     Mike Morwood & Penny van Oosterzee (2007년), A New Human. The startling Discovery and Strange Story of the "Hobbits"of Flores, Indonesia, Smithsonian Books.

5     A. R. Wallace, "The Limits of Natural Selection as Applied to Man", 1869년(1864년).

6     Charles Darwin (1871년), La Descendance de l'homme et la sélection sexuelle.

7     B. Carroll (2006년), "Immortal Genes", in The Making of the Fittest를 참조할 것.

8     Ross A. Slotten (2004년). The Heretic in Darwin's Court : the life of Alfred Russel Wallace ; Jonathan Rosen (2007년), "Missing Link. Alfred Russel Wallace, Charles Darwin's neglected double", New Yorker.

9     동물들의 놀이와 그에 따르는 위험에 대해서는 Ellen Braaf (2003년), "Why animals love to play?", BNET, Ask.를 참조하라.

10    Raôul R. D. Oudejans et al. (2000년), "Errors in judging offside in football", Nature 404.

11    "Les Porteurs de cerveau", Les Belles Lettres, Paris, 2003.

12    Benjamin Prud'homme, Nicolas Gompel et al. (2011년), "Body plan innovation in treehoppers through the evolution of an extra wing-like appendage", Nature, 473

13    구경꾼들을 맞이한 주최 측의 알렉산더 그랜트 목사의 증언. James Boswell (1791년), The Life of Samuel Johnson.

14    Ashley Montagu (1945년), An Introduction to Physical Anthropology.

15    1886년에 썼으나 1962년, 그러니까 저자가 사망한 지 52년 만에야 출판되었다.

16    1896년 뉴욕에서 열린 "인간은 천성적으로 높은 곳을 바라보는 유일한 동물"이라는 제목의 강연에서 발췌.

17    "Apologie de Raimond Sebond", Essais, II, 12.

18  Julian Finn et al. (2009년), "Preparing the Perfect Cuttlefish Meal. Complex Prey Handling by Dolphins", Plos ONE.

19  http://www.youtube.com/watch?v=j=admRFVNM "Rats Laugh When You Tickle Them".

20  Marina Davila Ross et al. (2009년), "Reconstructing the Evolution of Laughter in Great Apes and Humans", Current Biology.

21  Institut Nielsen (juin 2011), "Women of Tomorrow. A Study of Women around the World".

22  자크 모노와 프랑수아 자콥은 락토스 오페론을 발견했으며, 이로써 유전학에 있어서 유전자를 향해 쏟아지던 관심을 유전자의 조절로 방향을 틀게 했다.

23  자크 모노의 《우연과 필연》에 실린 서문 가운데.

24  Sandra L. Gilbert et al. (2005년), "Genetic links between brain development and brain evolution", Nature Review Genetics.

25  "시각피질 내 시냅스 밀도"라는 제목을 단 이 그래프는 William H. Calvin et Goerge A. Ojerman (1994년), The Neural Nature of Thought and Language에서 따왔다.

26  Gal Chechik et al. (1999년), "Neuronal Regulation : a mechnism for synaptic pruning during brain maturation", Neural Computation archive. Maja Abitz et al. (2007년), "Excess of Neurons in the Human Newborn Mediodorsal Thalamus Compared withthat of the Adult", Cerebral Cortex.

27  Alfred R. Wallace (1858년), "On the tendancy of varieties to depart indefinitel from the original type", Journal of the Proceedings of the Linnean Society (Zoology), Vol. 3. 유년기의 두려움이나 불안은 가지치기로 잘려나가지 않는데, 이는 그러한 감정들이 편도체처럼 우리 뇌에서 가장 시원적이면서 깊숙한 구역에 축적되어 있기 때문이다.

28  Jones (2009년 [1999년]), Almost Like a Whale : the Origins of Species Updated.

29  Raimond Pearl & Lowell J.Reed (1920년), "On the rate of growth of the Population of the United States since 1790 and its mathematical representation", Proceedings of the National Academy of Sciences.

30  Global Invasive Species Database 참조.

31  《종의 기원》, 1장.

32  《종의 기원》, 2장.

33  Charles Darwin, Autobiographie, 1876년.

34  월리스가 월터스에게 1858년 1월에 다윈이 1857년 5월 1일에 쓴 편지를 언급하며 보낸 글.

35  Jared Diamonde, "Evolutionary physiology", in C.A.R. boyd & D. Noble (1993년),

《인간의 유래와 성선택》, 2장.

Jean-Jacques Hublin (2008년), Quand d'autres hommes peuplaient la terre. Nouveaux regards sur nos origines, Paris. John D. Clark (1944년), "The Acheulan industrial complex in Africa and elsewhere", in R. Corrucini & R. Clochon (eds.), Integrative Paths to the Past.

Maciej Henneberg & John Schofield (2008년), The Hobbit Trap : Money, Fame, Science and the Discovery of a "New Species".

단순화시키기 위해, 점 돌연변이라고 불리는 가장 자주 일어나는 복제 오류에만 초점을 맞췄다.

Michael W. Nachman & Susan L. Crowell (2000년), "Estimate of the Mutation Rate per Nucleotide in Humans", Genetics, 156.

Margaret A. Bakewell et al. (2007년), "More genes underwent positive selection in chimpanzee evolution than in human evolution", Proceedings of the National Academy of Sciences, 104.

Philip Tobias (1970년), The Brain in Hominid Evolution (New York : Columbia University Press).

Robert W. Kates (1996년), "Population, technology and the human environment : a thread through time", Daedalus V. 125 adaptépar Paul Gepts 2006. E.S.Deevey (1960년), "The Human Population", Scientific American V.203.

Quentin D. Atkinson et al. (2008년), "mt DNA Variation Predicts Population Size in Human and Reveals a Major Southern Asian Chapter in Human Prehistory", Molecular Biology and Evolution, 25(2). John Hawks et al. (2007년), "Recent a cm⁴eleration of human adptive evolution", Proceedings of the National Academy of Sciences, 104.

《인간의 유래와 성선택》, 1, 6.

Bodo Linz et al. (2007년), "An African origin for the intimate association between humans and Helicobacter pylori", Nature 445.

I.G.Romero et al. (2009년), "How acm⁴urate is the current picture of human genetic variation?", Heredity 102.

Alan Tempeton (2002년), "Out of Africa Again and Again", Nature 416.

Luis W. Albarez, WalterAlvarez et al. (2008년), "Extraterrestrial Cause for the Cretaceous-Tertiary Extinction", Science 208.

유전자 부동 dérive génétique(우연에 의해 세대 간에 무작위적이며 중대한 변형이 일어나는 현상) 또한 자연선택과는 별개로 이루어진다. 유전자 부동은 일반적으로 소규모 개체군 사이에서 관찰된다.

**51** Stanley H. Ambrose (1998년), "Late Pleistocene human population bottlenecks, volcanic winter, and the differentiation of modern humans", Journal of Human Evolution, 34.

**52** 2009년에 발표된 한 논문은 아프리카 탈출 시기를 만 년 앞당기고 있다. 그렇게 된다면 아프리카 탈출 사건과 토바 화산의 폭발은 거의 동시대에 일어난 것이 된다. Pedro Soares et al. (2009년), "Correcting for Purifying Selection : An improved Human Mitochondrial Molecular Clock", American Journal of Human Genetics.

**53** Bienvenido Martinez-navarro et al. (2009년), "The large carnivores from 'Ubeidya (early Pleistocene, Israel) : biochronological and biogeographical implications", Journal of Human Evolution, 56.

**54** 아이작 뉴턴의 주요 저서의 제목은 'Philosophiae Naturalis Principia Mathematica (Principes mathématiques de la philosophie naturelle)'(1687년)이었다.

**55** Daniel Dennett (1995년). "만일 나에게 이제껏 아무도 하지 못했던 뛰어난 생각을 한 단 한 명에게 상을 주라고 한다면, 나는 자연선택이란 생각을 해낸 찰스 다윈에게 그 상을 줄 것이다. 뉴턴이나 아인슈타인보다 훨씬 뛰어나니까." Darwin's Dangerous Idea : Evolution and the Meaning of Life, New York에 실린 글.

**56** 그래도 그는 1952년 자신은 물론 가족들에게까지 자신이 만든 소아마비 백신을 주사한 조너스 E. 소크처럼 앞뒤 안 보고 달려들진 않았다.

**57** Alfred R. Wallace (1896/1870년), "The Limits of Natural Selection as Applied to Man", in Contribution to the Theory of Natural Selection.

**58** Charles Darwin, The Beagle's Diary, 1833년 2월 6일 자.

**59** Stephen Kinsella dans Chris Nicholson, "In Tough Times, Irish Call their Diaspora", New York Times, 2011년 7월 18일 자.

**60** 사울 체르니코브스키 (1875~1943), 히브리 시인.

**61** 예외적인 것의 대표성에 관해 입문하고 싶다면 온라인 박물관 www.toomuch.us를 참조해도 좋다.

**62** Loftur Guttormsson and Ólöf Garðarsdóttir "The Development of Infant Mortality in Iceland, 1800-1920", Hygea Internationalis.

**63** Lucrèce, De la nature des choses, V, 222-227.

**64** http://www.arkive.org/maleo/macrocephalon-maleo/video-09d.html.

**65** 포트만은 후천적 의존성이라는 개념을 1941년에 이미 제안했으나, 이 개념이 발달 생물학에 제대로 자리 잡은 시기는 스티븐 제이 굴드가 1977년에 두 개의 논문 "The

Child as Man's Real Father"과 "Human Babies as Embryos"을 발표한 후였다.

66  Stephen C. Cunnane & Michael A. Crawford (2003년), "Survival of the fattest : fat babies were the key to evolution of the large human brain", Comparative Biochemistry and Physiology Part A, 136.

67  Rus Hoelzel (2002년), Marine Mammal Biology : An Evolutionary Approach.

68  William R. Leonard et al. (2003년), "Metabolic correlates of hominid brain evolution", Comparative Biochemistry and Physiology Part A, 136.

69  그렇다고 해서 늑대나 타마린 원숭이의 충실한 부성애, 모성애가 감소하는 것은 아니다. 자기가 낳은 알을 지키고 보존하기 위해서라면 목숨까지 내어줄 정도로 무한한 사랑을 보이는 문어 암컷의 모성애는 두말할 것도 없다.

70  Johannes Krause et al. (2007년), "The derived FOXP2 variant of modern humans was shared with Neanderthals", Current Biology, 17 (21).

71  "Neanderthals May Have Had a Gene for Speech", New York Times 2007. 9. 18.

72  쉘 실버슈타인의 《햄릿》 랩 버전 "Hamlet as Told on the Street"을 보라. 이 버전은 유명한 작품을 2,888단어로 요약한다. 견본으로 몇 구절만 소개한다. "To be or not to be? That's the fuckin'question. That's givin'me migraines and indigestion. Should I take arms against a sea of trouble, Or just walk around goin'gubble-gubble-gubble?"

73  Ronald M. Lanner & Stephen B. Vander Wall (1980년), "Dispersal of limber pine seed by Clark's nutcracker", Journal of Forestry. 새들의 지혜 앞에서 놀라움을 금치 못하는 사례들이 소개된 논문: Erich D. Jarvis & the Avian Brain Nomenclature Consortium, (2005년): "Avian brains and a new understanding of vertebrate brain evolution", Nature Reviews Neuroscience.

74  Caroline R. Raby et al. (2007년), "Planning for the future by western scrub-jays"/ Sara J. Shettleworth, "Planning ofr breakfast", Nature 445.

75  Erasmus Darwin (1803년), The Temple of Nature, or The Origin of Society.

76  Jared Diamond (1997년), Why Sex Is Fun? Traduction française : Pourquoi l'amour est un plaisir? L'évolution de la sexualitéhumaine (1999년).

77  Jared Diamond (2000년[1997년]), De l'inégalitéparmi les sociétés. Essai sur l'homme et l'environnement dans l'histoire.

78  Erasmus Darwin (1800년), Phytologia.

79  Ibid. 이래즈머스는 이를 두 가지 언어로 썼다: "Sexual reproduction is the chef-d'oeuvre, the master-piece of nature."

80  바빌로니아 탈무드, 에루빈, 13.

81  Olivia Judson (2006년[2002년]), Manuel universel d'éducation sexuelle àl'usage de

미 래 중 독 자

toutes les espèces, selon le Dr Tatiana.

82　T.H.Clutton-Brock (1991년), The Evolution of Parental Care, Princeton.

83　Jon P. Rood (1974년), "Banded mongoose males guard young", Nature 248.

84　애덤 스미스 (1776년),《국부론》.

85　Rachel Caspari (2011년), "The Evolution of Grandparents. Senior citizens may have been the secret of our species's sucm'ess", Scientific American.

86　Gerald Holton (1973년), Thematic Origins of Scientific Thought : Kepler to Einstein.

87　Marc D. Hauser, Noam Chomsky & Tecumseh Fitch (2002년), "The Faculty of Language: What Is It, Who Has It, and How Did It Evolve?", Science V.298. Andrew Nevins, David Psetsky, Cilene Rodrigues (2009년), "PirahãExceptionality: A Reassessment". Daniel L. Everett, "PirahãCulture and Grammar: A Response to Some Criticisms", Language V.85 N.2.pp 355-442.

88　Daniel L. Everett (2005년), "Cultural Constraints on Grammar and Cognition in Pirahã. Another Look at the Design Features of Human Language", Current Anthropology V.46. John Colaptino, "The Interpreter, Has a remote Amazonian tribe upended our understanding of language?", New Yorker, 2007. 4. 16.

89　John Pilley and Alliston Reid (2010년), "Border collie comprehends object names as verbal referents", Behavioral Processes 86:2.

90　Stanley Coren, 2009년 8월 8일, 미국심리학회 연례학술대회에서 공개한 그의 연구 인생 요약담. "Dogs and 2-year-olds on Same Mental Plane", http://newsfeedresearcher.com.

91　Bède le Vénérable (731년), Histoire ecm'lésiastique du peuple anglais.

92　다니엘 S. 밀로 (1991년), Trahir le temps (histoire), Paris, Les Belles Lettres.

93　Full House : The Spread of Excellence from Plato to Darwin (1995년). 그런데 이 책의 프랑스어 번역은 황당하고도 잘못된 제목(L'Éventail du vivant. Le mythe du progrès)으로 2003년에 출판되었다.

94　George W. Koch et al. (2004년), "The limits to tree height", Nature 428.

95　Robert A. Foley & P. C. Lee (1991년), "Ecology and energetics of encephalization in hominid evolution", Philosophical Transactions of the Royal Society of London, B,334.

96　Haaretz에 실린 예호수아와의 인터뷰 기사. 2008. 2. 27.

97　Geoffroy Berthelot et al. (2008년), "The Citius End: World Records Progression Announces the Completion of a Brief Ultra-Physiological Quest", PLoS ONE.

98　Enzo Emanuele et al. (2005년), "Raised plasma nerve growth factor levels associated with early-stage romantic love", Psychoneuroendocrinology.

99 Donatella Marazzitti & Domingo Canale (2004년), "Hormonal changes when falling in love", Psychoneuroendocrinology. Michael Gross (2006년), "Cupid's Chemistry", Chemistry World.

100 개인적인 자료.

101 Ibid.

102 《인간의 유래와 성선택》, II, 2.

103 Ibid., III, 21, 이 책의 마지막 문장이다.

104 William Robert Fogel (2004년), The Escape from Hunger and Premature Death, 1700-2100.

105 토마스 홉스 (1651년), 《리바이어던》, 13장.

106 Alfred Russell Wallace (1864년), "The Origin of Human Race and of the Antiquity of Man Deduces from the Theory of Natural Selection", Journal of the Anthropological Society of London, Vol. 2.

107 《종의 기원》, V.

108 "레몽 스봉을 위한 변명", 《수상록》, II, 12.

109 Chris Anderson (2004년), "The Long Tail", Wired.

110 Karen Rosenberg, "Miró's Odd Homage to Dutch Masters", New York Times 지 2010 년 11월 4일 자.

111 Alexis S. Chaine & Bruce E. Lyon (2008년), "Adaptive Plasticity in Female Mate Choice Dampens Sexual Selection on Male Ornaments in the Lark Bunting", Science.

112 Jakob Bro-Jørgensen et al. (2007년), "Uninformative Exaggeration of Male Sexual Ornaments in Barn Swallows", Current Biology.

113 Daniel S. Milo (1995년), Pour Narcisse. Traitéde l'amour impartial, Paris, Les Belles Lettres.

114 Daniel S. Milo (2002년), La Dernière Mort de Socrate, Paris, Les Belles Lettres.

115 Baruch Naeh, The Marker 지, 2009. 5. 19.

116 《팡세》, Brunschvicg 판본, 172.

117 "레몽 스봉을 위한 변명", 《수상록》, II, 12.

118 2007년 3월 5일자 법령 2007-297호의 12조, 범죄 예방과 관련한 법.

119 다니엘 S. 밀로 (1993년), "Clefs"(Les Belles Lettres)의 주제.

120 Eva Jablonka & Marion J.Lamb (2005년), Evolution in Four Dimensions : Genetic, Epigenetic, Behavioral and Symbolic Variation in the History of Life, MIT Press.

121 Raz Lin et al. (2008년), "Negotiating with Bounded Rational Agents in Environments with Incomplete Information Using an Automated Agent", Artificial Intelligence Journal 172.

122 다니엘 S. 밀로 (2003년), "Les Porteurs de cerveau", Paris, Les Belles Lettres.

123 Hawkes K., Kim P.S., Kennedy B. Bohlender R., Hawks J. (2011년), "A reappraisal of grandmothering and natural selection", Proceedings of the Royal society of Biological Sciences.

124 Steve Jones (2009년), Darwin's Island. The Galapagos in the Garden of England, London.

125 Cynthia M. Schumann & David G. Amaral (2005년), "Stereological Estimation of the Number of Neurons in the Human Amygdaloid Complex", Journal of Comparative Neurology.

126 이와 매우 유사한 방식으로 로마의 시인 오비디우스는 나르시스의 '신화'를 지어냈다. 다니엘 S. 밀로의 1995년 저술 "Pour Narcisse"(Paris)를 참조할 것.

127 파스칼, 《팡세》 Brunschvicg판, 622.

128 프랑스어 어휘를 집대성한 사전 《Trésor de la Langue française》.

129 "Vous nous ennuyez!", Haaretz. 2009. 8. 5.

130 Yonathan Geffen, "La ballade de Hedva et Shlomik".

131 François Jacob (1987년), La Statue intérieure.

132 파스칼, Ibid., 139.

133 Николай Гаврилович Чернышевский (1862-1863년), "Что делать?".

134 알렉시 드 토크빌 (1840년), 《미국의 민주주의에 대하여》, II, ii, 13.

135 1776년 6월 12일에 작성된 버지니아 권리장전.

136 유대인 경전 미슈나, 아버지 논문 편, IV, I.

137 Henri Atlan, L'Utérus artificiel, 2005년.

138 J. Bristol Foster (1964년), "The evolution of mammals on islands", Nature 202.

139 피에르 드 쿠베르탱 남작이 남긴 명언.

140 Amir Mitchell et al. (2009년), "Adaptive prediction of environmental changes by microorganisms", Nature 460.

141 Jason Zweig가 2007년에 발표한 Your Money and Your Brain, basésur George Wolford et al. (2000년), "The Left Hemisphere's Role in Hypothesis Formation", Journal of Neuroscience 책에서 인용.

142 Zweig, op. cit. 강조는 저자가 했다.

143 The Marker, 2008. 12. 21.

144 "What went wrong with economics and how the discipline should change to avoid the mistakes of the past", The Economist, 2009. 7. 16.

145 《종의 기원》, 5장.

146 Yoav Gilad et al. (2003년), "Human specific loss of olfactory receptors genes", Proceedings of the National Academy of Sciences, 100.

147 Sean B. Carroll, The Making of the Fittest, op. cit.

148 Andras Sandor & Irvin M.Modlin (1998년), "A retrospective analysis of 1570 appendiceal carcinoids", American Journal of Gastroenterology.

149 《인간의 유래와 성선택》, 2장.

150 《종의 기원》, 1장.

151 Ibid.

152 Theodosius Dobzhansky (1973년), "Nothing in Biology Makes Sense Except in the Light of Evolution", American Biology Teacher.

153 에펠탑의 설계도는 귀스타브 에펠의 사무소에서 일하는 엔지니어 모리스 쾨슐랭과 에밀 누기에의 작품이었다. 이들에게 싼 값에 저작권을 넘기도록 강요한 에펠은 두 사람의 설계를 약간 멋지게 수정했으며 덕분에 영원한 명성을 얻었다.

THE INVENTION
OF TOMORROW

멸종 직전의 인류가 떠올린
가장 위험하고 위대한 발명, 내일

# 미 래 중 독 자

| | |
|---|---|
| 1판 1쇄 발행 | 2017년 9월 26일 |
| 1판 3쇄 발행 | 2018년 1월 11일 |

| | |
|---|---|
| 지은이 | 다니엘 S. 밀로 |
| 옮긴이 | 양영란 |
| 펴낸이 | 고병욱 |

**기획편집1실장** 김성수 **책임편집** 허태영 **기획편집** 김경수
**마케팅** 이일권 송만석 황호범 김재욱 김은지 양지은 **디자인** 공희 진미나 백은주 **외서기획** 엄정빈
**제작** 김기창 **관리** 주동은 조재언 신현민 **총무** 문준기 노재경 송민진

| | |
|---|---|
| 펴낸곳 | 청림출판 (주) |
| 등록 | 1989-000026호 |

| | |
|---|---|
| 본사 | 06048 서울시 강남구 도산대로 38길 11 청림출판 (주) |
| 제2사옥 | 10881 경기도 파주시 회동길 173 청림아트스페이스 |
| 홈페이지 | www.chungrim.com |
| 이메일 | cr2@chungrim.com |
| 페이스북 | https://www.facebook.com/chusubat |

| | |
|---|---|
| ISBN | 979-11-5540-113-2 03100 |